gramsci

CB013966

antonio gramsci

os líderes e as massas

escritos de 1921 a 1926

seleção e apresentação de gianni fresu
tradução de carlos nelson coutinho e rita coitinho

© Boitempo, 2023

Direção-geral Ivana Jinkings
Edição Thais Rimkus
Coordenação de produção Livia Campos
Assistência editorial João Cândido Maia
Tradução Carlos Nelson Coutinho e Rita Coitinho
Leitura crítica Marcos Del Roio
Notas de rodapé Luciana Aliaga
Cronologia Alvaro Bianchi
Preparação Mariana Echalar
Revisão Clara Altenfelder Caratta
Capa Maikon Nery
Diagramação Antonio Kehl

Equipe de apoio Elaine Ramos, Erica Imolene, Frank de Oliveira, Frederico Indiani,
Higor Alves, Isabella Meucci, Ivam Oliveira, Kim Doria, Luciana Capelli, Marcos Duarte,
Marina Valeriano, Marissol Robles, Maurício Barbosa, Pedro Davoglio,
Raí Alves, Tulio Candiotto, Uva Costriuba

CIP-BRASIL. CATALOGAÇÃO NA PUBLICAÇÃO
SINDICATO NACIONAL DOS EDITORES DE LIVROS, RJ

G773L

Gramsci, Antonio, 1891-1937
Os líderes e as massas : escritos de 1921 a 1926 / Antonio Gramsci ; seleção e
apresentação Gianni Fresu ; tradução Carlos Nelson Coutinho, Rita Coitinho. -
1. ed. - São Paulo : Boitempo, 2023.

(Escritos gramscianos ; 3)

"Coletânea de diversos artigos"
"Notas de rodapé Luciana Aliaga"
"Cronologia Alvaro Bianchi"
ISBN 978-65-5717-184-4

1. Ciência política - Filosofia. 2. Poder (Ciências sociais). 3. Trabalhadores
- Atividades políticas. 4. Movimentos sociais. I. Fresu, Gianni. II. Coutinho,
Carlos Nelson. III. Coitinho, Rita. IV. Título. V. Série.

	CDD: 320.01
22-81542	CDU: 321.01

Meri Gleice Rodrigues de Souza - Bibliotecária - CRB-7/6439

É vedada a reprodução de qualquer parte deste livro sem a expressa autorização da editora.

1ª edição: janeiro de 2023

BOITEMPO
Jinkings Editores Associados Ltda.
Rua Pereira Leite, 373
05442-000 São Paulo SP
Tel.: (11) 3875-7250 | 3875-7285
editor@boitempoeditorial.com.br
boitempoeditorial.com.br | blogdaboitempo.com.br
facebook.com/boitempo | twitter.com/editoraboitempo
youtube.com/tvboitempo | instagram.com/boitempo

SUMÁRIO

Apresentação 7

Nota da tradução 37

O Estado operário 39

Controle operário 45

Água parada 48

Que fazer? 51

A Confederação Geral do Trabalho 54

Burocratismo 57

O controle operário no Conselho do Trabalho 60

Disciplina 63

O oportunismo confederativo 65

Prosseguir na luta 69

Gestão capitalista e gestão operária 73

Palavra de ordem 76

Que se fale claramente 79

As massas e os líderes 82

Amsterdã e Moscou 87

Algumas perguntas aos dirigentes sindicais 90

O Partido Comunista e os sindicatos, 92

A União Sindical 123

A experiência dos metalúrgicos a favor da ação geral 127

Nosso programa sindical 131

Chefe 137

A ESCOLA DO PARTIDO 142

INTRODUÇÃO AO PRIMEIRO CURSO DA
ESCOLA INTERNA DO PARTIDO 145

A VIDA DA ESCOLA 155

A SITUAÇÃO INTERNA DO NOSSO PARTIDO E AS TAREFAS
DO PRÓXIMO CONGRESSO 161

OS LÍDERES E AS MASSAS 176

A ORGANIZAÇÃO POR CÉLULAS E O II CONGRESSO MUNDIAL 178

A ORGANIZAÇÃO DE BASE DO PARTIDO 183

LENINISMO 190

OUTRA VEZ A CAPACIDADE ORGANIZATIVA
DA CLASSE OPERÁRIA 194

INTERVENÇÃO NO COMITÊ CENTRAL 199

O CONGRESSO DE LYON 202

A SITUAÇÃO ITALIANA E AS TAREFAS DO PCI 214

O SIGNIFICADO E OS RESULTADOS DO III CONGRESSO DO
PARTIDO COMUNISTA DA ITÁLIA 258

CRONOLOGIA – VIDA E OBRA 283

SOBRE A COLEÇÃO ESCRITOS GRAMSCIANOS 301

APRESENTAÇÃO

Gianni Fresu

Este volume dos escritos de Antonio Gramsci sucede à publicação de *Homens ou máquinas* e dá continuidade ao trabalho nele encaminhado sobre a democracia dos conselhos, a nova ordem em que deveria expressar-se a vontade transformadora das grandes massas populares[1], enraizando o processo revolucionário no seio da realidade produtiva[2]. Trinta e quatro documentos – 29 dos quais inéditos no Brasil – escritos entre 1921 e 1926 mostram uma fase densa de contradições e muito importante para a maturação intelectual de Gramsci, em particular sobre o tema resumido no título deste volume.

A natureza dualista das relações entre *líderes e massas* é um tema central na elaboração teórica de Gramsci por diversas razões, sobretudo porque, internamente a essa contradição, encontram-se tanto as origens como a força persuasiva das relações de exploração e domínio características

---

[1] Segundo Carlos Nelson Coutinho, o novo paradigma do socialismo que Gramsci constrói ao longo dos anos implica uma nova visão de democracia que, em seu desenrolar, destaca-se tanto da tradição marxista quanto daquela liberal. Retomando a contradição entre governantes e governados desenvolvida por Rousseau, já em sua elaboração juvenil, podemos encontrar um modo distinto de conceber não apenas a democracia representativa, como também o socialismo, que seriam distintos tanto do "comunismo histórico" quanto do significado meramente formal de democracia próprio do liberalismo clássico. Ver Carlos Nelson Coutinho, "Democrazia e socialismo in Gramsci", em Giorgio Baratta e Guido Liguori, *Gramsci da un secolo all'altro* (Roma, Riuniti, 1999), p. 39-94.

[2] "A gênese da elaboração ordinovista é prático-política, seja como individuação de novas formas institucionais nas quais organizar o impulso revolucionário objetivamente presente, seja como canal pelo qual passa a transformação do partido, do sindicato e das relações entre eles. Em outras palavras, a luta de classe não investe apenas a sociedade burguesa, mas passa pelas instituições da classe operária." Franco de Felice, "Introduzione" em Antonio Gramsci, *Quaderno 22: americanismo e fordismo* (Turim, Einaudi, 1978), p. xi.

8 | Os líderes e as massas

da sociedade burguesa. Diante desse problema, as organizações do movimento operário mostraram-se inadequadas para derrubar os velhos padrões da arte política, acabando por aplicá-los internamente e atribuindo mais uma vez às classes populares o papel de "massa de manobra" para os líderes. Na opinião de Gramsci, o apelo do socialismo maximalista às massas era meramente retórico, não orgânico; não pressupunha nem prefigurava nenhum esforço educacional e político para elevar sua consciência e vontade. Nesse sentido, qualquer declaração sobre a necessidade de interpretar a "vontade das massas" era instrumental, porque configurava um tipo de relação militar e bonapartista entre líderes e povo. As massas serviram de base de legitimação para os líderes, que interpretaram sua vontade para seu próprio uso, para procurar *post factum* o consentimento popular às diretrizes políticas que, de fato, eram apenas o resultado da intuição intelectual exclusiva dos grupos dirigentes, não o fruto de um processo molecular de elaboração coletiva popular[3].

Contra tudo isso, nesse período Gramsci começa a elaborar de forma mais orgânica o problema organizativo da luta para a emancipação, com a convicção de que a predominância de organismos coletivos e amplos de direção política teria levado à superação dos antigos esquemas "naturalistas" da arte política e, mais amplamente, da relação entre líderes e massas na sociedade. A disseminação dos partidos de massa e sua adesão orgânica à vida mais íntima das classes populares, juntamente com a formação de sua consciência crítica de classe, entendida como a superação de uma forma desorgânica, casual e mecânica dos sentimentos populares, são os elementos essenciais dessa mudança na qual já se vislumbram os germes da sociedade futura.

Nesse sentido, no artigo escrito por ocasião da morte de Lênin em 1924[4], Gramsci se faz algumas perguntas sobre as relações necessárias entre o partido e as massas no processo de objetivação institucional da nova ordem. Cada Estado é uma ditadura e, enquanto houver a necessidade de

---

[3] Antonio Gramsci, "Os líderes e as massas", *L'Unità*, ano II, n. 159, 11 de julho de 1925; ver p. 176 deste volume.

[4] Idem, "Chefe", *L'Ordine Nuovo*, ano III, v. 1, n. 1, março de 1924; ver p. 137 deste volume.

Estado, surgirá o problema de direção, do "líder". No entanto, no contexto da transição para o socialismo, o problema essencial não é a existência ou não de um "líder", mas a natureza das relações entre ele e as massas. Em outras palavras, se vigoram relações puramente hierárquicas e militares ou, ao contrário, relações de caráter orgânico. Para que o "líder" e o partido não sejam uma excrescência, uma sobreposição não natural e violenta no corpo das massas, ambos devem primeiro fazer parte da classe, ou pelo menos representar seus interesses e aspirações mais vitais. Para Gramsci, Benito Mussolini representou perfeitamente todas as características mais negativas do chamado "líder carismático", tentou seduzir as massas com sua oratória brilhante e golpes teatrais, mas nunca teve (nem tentou instaurar) uma conexão orgânica com elas[5].

ENTRE EMANCIPAÇÃO E OFENSIVA REACIONÁRIA

O fracasso do Biênio Vermelho (1919-1920) foi logo seguido pelo Biênio Negro (1921-1922), que, com o advento do fascismo, em pouco tempo desencadeou a ofensiva mais violenta e reacionária da história contra as organizações do movimento operário e camponês italiano. Já nesse período e não apenas nos *Cadernos*, Gramsci entrevia no violento subversivismo reacionário da classe média, golpeada pela crise do pós-guerra, e na falta

---

[5] "Temos o regime fascista na Itália, temos Benito Mussolini à frente do fascismo, temos uma ideologia oficial em que o 'líder' é divinizado, declarado infalível, preconizado como organizador e inspirador de um Sacro Império Romano renascido. [...] Vejamos as fotografias: a máscara mais endurecida de um rosto que já vimos em comícios socialistas. Conhecemos esse rosto: conhecemos esse revirar de olhos nas órbitas que no passado, com sua mecânica feroz, causava calafrios na burguesia e hoje causa o mesmo no proletariado. Conhecemos esse punho sempre fechado, ameaçador. Conhecemos todo esse mecanismo, toda essa parafernália e entendemos que pode impressionar e emocionar os jovens das escolas burguesas; é realmente impressionante, quando visto de perto, e surpreendente. Mas 'chefe'? [...] Ele era naquele momento, como hoje, o tipo concentrado do pequeno-burguês italiano, raivoso, feroz mistura de todos os detritos deixados em solo nacional pelos vários séculos de dominação de estrangeiros e padres: ele não poderia ser o líder do proletariado; tornou-se o ditador da burguesia, que ama uma face feroz quando se torna novamente bourbonista, que espera ver na classe operária o mesmo terror que sentiu por aquele revirar de olhos e aquele punho cerrado ameaçador." Ibidem, p. 139-41 deste volume.

10 | OS LÍDERES E AS MASSAS

de senso de responsabilidade das classes dirigentes nacionais as consequências das contradições imanentes ao processo de unificação e construção do Estado nascido pelo *Risorgimento*. Mais em geral, salienta Leonardo Rapone, "a crise das classes médias, na perspectiva de Gramsci, não constituía um fenômeno separado, mas estava estritamente ligado à crise do regime capitalista, que não mais satisfazia as exigências do povo italiano"[6].

Ao longo de sessenta anos, a fraqueza íntima da burguesia italiana forçou suas classes dominantes a se comprometerem continuamente a permanecer no poder; não houve na Itália, como no resto da Europa, uma luta entre empresários industriais e latifundiários, mas houve, pelo contrário, uma conciliação cujo custo foi pago por todo o país e, em particular, pelo *Mezzogiorno*, forçado ao subdesenvolvimento e a uma condição de regime colonial. Até a falta de definição de verdadeiros partidos políticos das classes dominantes – que realmente foram colocadas como alternativa, de acordo com uma perspectiva liberal ou conservadora – foi uma consequência dessa dinâmica social. Daí a natureza indistinta e pantanosa das facções liberais e das práticas transformistas estabelecidas. A única argamassa do país era um aparelho burocrático guiado por grupos sem nenhuma base objetiva na sociedade e movido apenas por uma exigência: garantir a sobrevivência de relações passivas entre as classes por meio das quais impedir a irrupção na vida política nacional das grandes massas populares.

Nesse sentido, já no primeiro artigo desta seleção, o intelectual sardo opõe à desintegração moral das classes dominantes o civismo, o lealismo e a disciplina do movimento operário, escrevendo que

> na Itália, a permanente presença dos "D'Annunzio" (é "D'Annunzio" o viajante que tenta falsificar o bilhete ferroviário, o industrial que esconde seus lucros, o comerciante que falsifica os balanços para fraudar o fisco) e a ausência de todo espírito de civismo e lealdade nos burgueses em face das instituições sempre impediram a existência de um Estado parlamentar bem organizado.[7]

---

[6]   Leonardo Rapone, "Di fronte alla crisi e al consolidamento del fascismo (giugno 1924-novembre 1925)", em Gianni Francioni e Francesco Giasi (orgs.), *Un nuovo Gramsci: biografia, temi, interpretazioni* (Roma, Viella, 2020), p. 77.

[7]   Antonio Gramsci, "O Estado operário", *L'Ordine Nuovo*, ano I, n. 1, 1º de janeiro de 1921; ver p. 43-4 deste volume.

A respeito de tudo isso, Nicola Badaloni explicou bem como Gramsci chegou a ver na democracia dos conselhos uma resposta à profunda crise do Estado liberal[8]. O fio condutor de sua elaboração seria justamente a procura de uma ideia de "democracia forte" como resultado da "expansão e do autogoverno" popular, no qual o problema da transição para o socialismo não é reenviado ao momento fatídico da tomada do poder, mas praticado no dia a dia, já no seio da sociedade capitalista em crise, por meio das instituições pelas quais uma classe progressiva consegue assumir uma função dirigente[9].

GRAMSCI E O LENINISMO

Os anos marcados pela violenta ofensiva fascista na Itália foram também os da fundação (1921) e da refundação (1926) do Partido Comunista. Se na primeira etapa Gramsci desempenhou um papel secundário e marginal, na segunda ele foi o protagonista indiscutível não só porque no Congresso de Lyon também se tornou formalmente secretário-geral do partido, mas sobretudo porque, tanto nas *Teses* como no debate do congresso, veio a definir de forma ainda mais sistemática sua complexa concepção do partido como parte orgânica da classe trabalhadora, levando à síntese experiências e concepções amadurecidas durante a década anterior.

No período de 1922 a 1926, Gramsci exerceu plenamente seu papel de líder do movimento comunista nacional e internacional, encontrando uma fonte constante de inspiração nas elaborações do Lênin teórico da virada

---

[8] "É a grande guerra que abre uma laceração incosturável entre essa ordem política e os sujeitos (individuais e coletivos). A experiência comum de uma ordem que não garante mais as vidas individuais, mas larga-as na lama das trincheiras e mantém-nas em constante perigo de morte leva o espiritual a separar-se do temporal: a forma não mantém mais a vida das massas." Marcello Montanari, "Crisi dello Stato e crisi della modernità: Gramsci e la filosofia política del Novecento", em Giuseppe Vacca, *Gramsci e il Novecento*, v. 1 (Roma, Carocci, 1999), p. 27.

[9] Nicola Badaloni, "Marxismo e teoria politica in Gramsci", em Biagio Muscatello (org.), *Gramsci e il marxismo contemporaneo* (Roma, Riuniti, 1990), p. 7-23.

12 | Os líderes e as massas

da "frente única"[10]. É de fato a partir das reflexões de Lênin sobre o fracasso das revoluções no Ocidente – portanto, da necessidade de repensar a ação comunista à luz da transição da "guerra manobrada" para a "guerra de posição" – que Gramsci começa a repensar o marxismo em termos originais, lançando as bases para a futura elaboração dos *Cadernos do cárcere**. Assim, se um filósofo como Norberto Bobbio considerava o leninismo "não tanto uma teoria da revolução como práxis, mas como estratégia"[11], porque os temas abordados pelo revolucionário russo, "grande admirador de Carl von Clausewitz", seriam os da organização do Exército, ou seja, do partido, e a escolha do momento oportuno para iniciar a revolução, a avaliação de Gramsci da contribuição de Lênin é radicalmente diferente.

Em sua concepção do marxismo como "filosofia da práxis", ele interpretou em termos unitários e dialéticos o elo entre teoria e prática, identificando precisamente em Lênin a figura que mais avançaria o marxismo no nível filosófico[12]. Justamente a partir da relação de igualdade ou "equação" entre "filosofia e política"[13], segundo o autor dos *Cadernos*,

---

[10] O III Congresso do Comintern, o último sob a direção de Lênin, "está na origem de um repensamento geral que vai levar Gramsci a uma nova visão não apenas dos problemas do movimento operário italiano, mas também de todo o conjunto de questões relativas à teoria e à prática dos partidos comunistas ocidentais". Leonardo Paggi, *Le strategie del potere in Gramsci* (Roma, Riuniti, 1984), p. 3.

* Ed. bras.: *Cadernos do cárcere* (ed. e trad. Carlos Nelson Coutinho, 5. ed., Rio de Janeiro, Civilização Brasileira, 2010). (N. E.)

[11] Norberto Bobbio, *Mutamento e rivoluzione: lezioni di filosofia politica* (org. Laura Coragliotto, Luigina Merlo Pich e Edoardo Bellando, Roma, Donzelli, 2021), p. 440.

[12] Além do papel antipositivista de Lênin, de acordo com Stefano Petrucciani, no sublinhado e positivo papel de Croce como teórico do momento espiritual e da dimensão ético-política, está a originalidade de Gramsci e sua exortação para renovar o materialismo histórico. Ver Stefano Petrucciani, *Pensare con Marx: letture e interpretazioni* (Roma, Carocci, 2022), p. 42-3.

[13] "A proposição na introdução à *Crítica da economia política* de que os homens tomam consciência dos conflitos de estrutura no terreno das ideologias deve ser considerada uma declaração de caráter gnosiológico e não uma declaração puramente psicológica e moral. Daí resulta que o princípio da práxis teórica da hegemonia também tem um alcance gnosiológico e, portanto, a abordagem teórica máxima da filosofia da práxis de Ilici se encontra neste campo. Ilici avançaria efetivamente na filosofia, na medida em que avançaria na doutrina e na prática política. A realização de um aparelho hegemônico, na medida em que cria um novo terreno ideológico, traz uma reforma da consciência e dos métodos de conhecimento, é um

APRESENTAÇÃO | 13

a afirmação de Engels que identifica no movimento operário alemão o herdeiro da filosofia clássica alemã tornar-se-ia compreensível[14]. Nesse sentido, a teorização simultânea e a realização prática da hegemonia (que se configura como uma nova teoria e prática de revolução) feita por Lênin é, para Gramsci, "um grande evento metafísico"[15]. Por todas essas razões, como sublinhado em várias ocasiões, uma compreensão profunda das concepções e das categorias de Gramsci, além das ligações teóricas entre seu trabalho e o pensamento de Lênin, é, em nossa opinião, impossível.

Gramsci chegou a elaborar suas concepções mais avançadas e estudadas internacionalmente sobre as articulações privadas da hegemonia civil, não "apesar de Lênin"[16], mas precisamente a partir das reflexões do revolucionário russo. Isso não é para reduzir Gramsci a Lênin nem para considerá-lo um continuador dogmático de seu trabalho[17], mas, muito mais banalmente, para reconhecer a importância dos fios que unem a

fato filosófico." Antonio Gramsci, *Quaderni del carcere: edizione critica dell'Istituto Gramsci a cura di Valentino Gerratana* (Turim, Einaudi, 1975), Q. 10, § 12, p. 1.249-50.

[14] "A nova tendência, que descobriu na história da evolução do trabalho a chave para compreender toda a história da sociedade, dirigiu-se, preferencialmente, desde o primeiro momento, à classe operária e encontrou nela a acolhida que não buscava e não esperava da ciência oficial. O movimento operário da Alemanha é o herdeiro da filosofia clássica alemã." Friedrich Engels, *Ludwig Feuerbach e il punto di approdo della filosofia classica tedesca* (trad. Palmiro Togliatti, Roma, Rinascita, 1950) [ed. bras.: *Ludwig Feuerbach e o fim da filosofia clássica alemã*, trad. Vinícius Mateucci de Andrade Lopes, São Paulo, Hedra, 2022].

[15] Antonio Gramsci, *Quaderni del carcere*, cit., Q. 7, § 35, p. 886.

[16] Segundo Michael Walzer, apesar de Lênin e do sovietismo, Gramsci faz sua maior contribuição estudando a conformação particular das sociedades avançadas. "Gramsci é uma vítima da teleologia marxista. O progresso é a fórmula de seu desprendimento, e é um obstáculo a uma política de camaradagem. Quanto mais avançada é sua teoria, mais ele se desprende na prática do atraso da classe trabalhadora." Michael Walzer, *L'intellettuale militante: critica sociale e impegno politico nel Novecento* (Bolonha, Il Mulino, 1999), p. 130.

[17] Georges Labica enquadrou bem o relacionamento dialético entre Gramsci e Lênin. O revolucionário russo foi importante para o intelectual sardo não apenas no momento romântico da revolução, mas principalmente na fase dramática do recuo estratégico gerado por duas condições entrelaçadas e reciprocamente determinantes: as dificuldades no processo da transição para o socialismo, que levaram à escolha da NEP; o fracasso das revoluções no Ocidente, que mostrou a necessidade de uma virada tática por meio da frente única. Ver Georges Labica, "Gramsci, Lenin e la rivoluzione", em Alberto Burgio e Antonio A. Santucci, *Gramsci e la rivoluzione in Occidente* (Roma, Riuniti, 1999), p. 33-47.

14 | OS LÍDERES E AS MASSAS

concepção de hegemonia de Gramsci aos problemas abordados pelo revolucionário russo em nível teórico e prático. Não uma simples repetição do original, pois, para usar as palavras de Giuseppe Prestipino, "a função hegemônica, que a versão leninista do jacobinismo atribuía à vanguarda, é por Gramsci reinterpretada e deslocada na esfera mais geral das formas e das categorias analíticas da práxis histórica"[18].

De acordo com Gramsci, Lênin teria sido "o iniciador de um novo processo de desenvolvimento da história", "o expoente e o último momento mais destacado de todo um processo" que durou trinta anos. Uma seleção muito árdua, escreveu o intelectual sardo em 1924, que teve lugar "no campo internacional, em contato com as civilizações capitalistas mais avançadas da Europa central e ocidental, na luta dos partidos e facções que compunham a Segunda Internacional antes da guerra"[19].

Assim, no verão de 1925, em uma de suas palestras na escola do partido para secretários provinciais e regionais da Federação da Juventude Comunista da Itália, Gramsci definiu Lênin como aquele que "continuou e atualizou Marx", elaborando uma nova e peculiar teoria, embora "intimamente ligada ao marxismo"[20]. Em tal trabalho de continuidade e inovação, Gramsci identifica duas contribuições de Lênin de particular importância política: 1) ter desenvolvido o marxismo no contexto histórico marcado pela guerra e pela fase imperialista do capitalismo; 2) ter conseguido repensar a centralidade da questão agrária e das reivindicações camponesas, daí a natureza complexa do processo revolucionário, com a ambição de sintetizar as demandas do proletariado com as reivindicações dos trabalhadores rurais.

Essa distinção, que abriria ao marxismo as portas do mundo submetido ao domínio colonial, tornou-se clara no choque entre Trótski e Lênin no âmbito da Revolução Russa de 1905: "Lênin teve de lutar com frequência contra Trótski, que apoiava ora os bolcheviques, ora os

---

[18] Giuseppe Prestipino, "Gramsci filosofo della politica", in Biagio Muscatello (org.), *Gramsci e il marxismo contemporaneo*, cit., p. 37.

[19] Antonio Gramsci, "Chefe", cit.; ver p. 138 deste volume.

[20] Idem, "Leninismo", *L'Unità*, ano II, n. 210, 10 de setembro de 1925; ver p. 190 deste volume.

mencheviques, porém mais amiúde estes que aqueles"[21]. Segundo Gramsci, na visão de Trótski, a revolução socialista era a revolução apenas dos operários; portanto, a Rússia não poderia tê-la feito se ela não tivesse se desenvolvido ao mesmo tempo nos países ocidentais, onde as condições subjetivas e objetivas necessárias estavam presentes. Lênin, por sua vez, acreditava que os trabalhadores poderiam ter feito uma revolução socialista, mantendo o poder diante da reação tsarista, aliando-se aos camponeses: "Para Lênin a palavra de ordem era: ditadura democrática dos operários e camponeses; para Trótski, ditadura operária baseada em sua teoria da revolução permanente. Os acontecimentos provaram que Lênin estava certo, e Trótski, errado"[22].

Graças a essa visão, Lênin também foi capaz de compreender um fato em grande parte subestimado ou explicitamente negado no movimento socialista: a importância dos povos oprimidos pelo domínio colonial ocidental para a revolução socialista[23].

Isso significa que trabalhadores, camponeses e povos coloniais são igualmente interessados na luta contra o capitalismo. Portanto, devemos nos esforçar para mobilizar todas as forças anticapitalistas, para unir suas lutas: essa é a única maneira de facilitar a luta dos trabalhadores pelo poder[24].

Por essa concepção articulada e dialética do bloco social-revolucionário, Gramsci viu na estratégia revolucionária de Lênin um novo foco na função de liderança política que ele definiria mais tarde, particularmente no *Caderno 7*, com o termo "hegemonia":

---

[21] Ibidem, p. 192 deste volume.

[22] Idem.

[23] De acordo com Domenico Losurdo, entre seus muitos significados, a Revolução Russa representou um ponto de não retorno na história mundial, antes de tudo, por causa de seu conteúdo e seu compromisso anticolonial, e exatamente nesse auge está a distinção entre o marxismo "oriental" e o marxismo "ocidental" após Marx. É precisamente o mal-entendido, a subestimação ou o paternalismo em relação à questão colonial (e, dentro dela, a centralidade da questão agrária), não por acaso, que produziu leituras contraditórias que explicam muito da subalternidade ideológica, da inconclusividade e da marginalidade da esquerda nos países capitalistas avançados. Ver Domenico Losurdo, *Il marxismo occidentale: come nacque, come morì e come può rinascere* (Roma, Laterza, 2017), p. 182.

[24] Antonio Gramsci, "Leninismo", cit.; ver p. 190 deste volume.

O leninismo tende, inteiramente, à constituição do Estado operário. Esse é seu objetivo central. Na medida em que o partido do proletariado consegue, pela ação política, trazer todas as camadas anticapitalistas para suas lutas, ele cumpre sua missão. A classe operária deve conseguir liderar as massas anticapitalistas e, com sua ajuda, tornar possível a constituição da nova sociedade comunista.[25]

REFLUXO E LUTA OPERÁRIA

No curso do Biênio Vermelho, o movimento dos conselhos, não obstante seu enorme desenvolvimento, deparou-se com a dupla desconfiança do partido e do sindicato, o que o constrangeu ao isolamento político até conduzi-lo outra vez aos prosaicos contratos sindicais tradicionais, com o acordo de 28 de setembro de 1920 entre sindicato e industriais. Embora o acordo tivesse levado a muitos melhoramentos nos salários e nas condições de trabalho, representou uma derrota para o movimento operário, causando uma profunda divisão que, junto com o descrédito do Partido Socialista Italiano (PSI), demoliu as esperanças daquela fase revolucionária. O fracasso das perspectivas revolucionárias é também um episódio fundamental no percurso que um ano depois leva, no Congresso de Livorno, à cisão do PSI e ao nascimento do Partido Comunista da Itália (PCd'I). Assim sintetizou tudo isso o historiador do Partido Comunista Italiano (PCI) Paolo Spriano:

> A ocupação das fábricas metalúrgicas está na origem da cisão de Livorno não menos que dos 21 pontos da Internacional Comunista: acelera e radicaliza o processo já aberto em Moscou, numa situação que marca o refluxo da onda vermelha e assinala o início de uma longa fase de atraso e de retirada do movimento operário, ou melhor, de derrota.[26]

Um dos principais temas no centro das lutas industriais durante o Biênio Vermelho dizia respeito ao controle dos trabalhadores sobre a

---

[25] Ibidem, p. 193 deste volume.

[26] Paolo Spriano, *Storia del Partito Comunista Italiano*, v. 1: *Da Bordiga a Gramsci* (Turim, Einaudi, 1967), p. 78.

produção. Em um artigo de 7 de fevereiro de 1921, Gramsci definiu esse tema como "o terreno no qual burguesia e proletariado lutam para conquistar a posição de classe dirigente das grandes massas populares"[27]. Nesse terreno, a classe trabalhadora, ao ganhar o consentimento e a confiança das amplas massas trabalhadoras com base em suas habilidades, exerce sua função de classe dirigente em relação às outras classes exploradas, lançando as bases de sua nova ordem futura. Essa batalha, necessária ao processo de conscientização do proletariado de sua autonomia espiritual e funcional, devia encontrar sua estrutura organizativa em uma nova forma institucional, diferente do sistema tradicional de representação parlamentar, articulada em conselhos de fábrica, conselhos urbanos e, por fim, no Conselho Nacional da classe trabalhadora. Num contexto marcado pela crise econômica, com crescimento do desemprego e da inflação, além do aumento do nível de exploração e do agravamento das condições de vida e trabalho das massas populares, Gramsci acreditava ser essencial construir um bloco social articulado para a emancipação, dentro do qual a classe trabalhadora teria de desempenhar um papel hegemônico. Nesse sentido, a principal tarefa que ele identificou para as forças revolucionárias foi dar conteúdo político geral às lutas econômicas, superando a dimensão corporativa das disputas que impediram a unificação das demandas de trabalhadores, camponeses, pastores, funcionários, soldados, marinheiros[28].

Durante o Biênio Vermelho, os sindicatos e o Partido Socialista haviam abdicado de seu papel histórico como centros para a unificação e síntese das grandes massas trabalhadoras por meio da luta de classes. A Confederação Geral do Trabalho, em particular, foi responsável por desempenhar a mesma função em relação ao proletariado que os generais do Exército desempenharam durante a derrota militar da desastrosa Batalha de Caporetto.

Como no Exército italiano antes de Caporetto, os altos comandos confederados não se importavam nem se preocupavam com a dor e o

---

[27] Antonio Gramsci, "Controle operário", *L'Ordine Nuovo*, ano I, n. 41, 10 de fevereiro de 1921; ver p. 46 deste volume.

[28] Idem, "Que fazer?", *L'Ordine Nuovo*, ano I, n. 48, 17 de fevereiro de 1921; ver p. 51 deste volume.

18 | Os líderes e as massas

sofrimento das tropas confiadas à sua liderança; todos os fardos e as responsabilidades eram deixados e caíam sobre os ombros dos comandos subordinados. A ação geral desmoronou em uma multiplicidade de ações desconectadas e desordenadas; uma brigada ignorava o que as outras estavam fazendo, um regimento ignorava o que os outros estavam fazendo: a responsabilidade pela solução foi deixada às fábricas individuais, às unidades individuais, à consciência individual das pessoas[29].

Se durante as lutas do Biênio Vermelho o sindicato se recusou a assumir um papel de liderança em relação ao movimento dos conselhos, depois da derrota, no V Congresso de Livorno, realizado em 1921, a Central Geral do Trabalho, apesar da severa e sangrenta repressão contra os trabalhadores, teve o cuidado de não expressar sua solidariedade com as dezenas de trabalhadores mortos:

> A maioria do congresso não se comoveu com tais acontecimentos; a tragédia das multidões populares, que se defendiam desesperadamente contra inimigos implacáveis e cruéis, não foi capaz de levar à seriedade, de infundir o sentido das próprias responsabilidades históricas a essa maioria formada por homens de coração frio e cérebro dessecado.[30]

Se no artigo intitulado "O oportunismo confederativo", de 10 de julho de 1921, Gramsci indicava claramente uma encruzilhada histórica na luta entre capital e trabalho – "a 'crise' atual desaguará na morte ou na renovação do capitalismo?"[31] –, um mês depois ele contava com uma ofensiva cada vez mais sangrenta, apresentando a grave crise em que o país se encontrava como consequência da guerra travada pelas classes dirigentes nacionais[32].

---

[29] Idem, "Água parada", *L'Ordine Nuovo*, ano I, n. 46, 15 de fevereiro de 1921; ver p. 48 deste volume.

[30] Idem, "Burocratismo", *L'Ordine Nuovo*, ano I, n. 63, 4 de março de 1921; ver p. 57-8 deste volume.

[31] Idem, "O oportunismo confederativo", *L'Ordine Nuovo*, ano I, n. 190, 10 de julho de 1921; ver p. 65 deste volume.

[32] Idem, "Prosseguir na luta", *L'Ordine Nuovo*, ano I, n. 232, 21 de agosto de 1921; ver p. 69 deste volume.

APRESENTAÇÃO | 19

O PROBLEMA SINDICAL

A questão do poder em Gramsci desenvolveu-se em aberta polêmica tanto com o reformismo socialista, que achava possível resolver os problemas da contradição entre capital e trabalho por meio da prática parlamentar, quanto com o sindicalismo, que se desinteressava da conquista do Estado. Nenhum, segundo ele, conseguia ir além do horizonte da sociedade capitalista – o reformismo porque achava possível procurar a emancipação do homem dentro do Estado burguês; o sindicalismo porque concebia e organizava os operários como salariados, não como produtores[33].

O sindicato é comparado por Gramsci a uma sociedade comercial, que, no interesse do proletariado, tende a realizar um preço máximo para a mercadoria-trabalho, diferindo do mercantilismo capitalista apenas no nível subjetivo. Sendo composto de trabalhadores, o sindicato tende a despertar neles "a consciência de que, no âmbito do sindicalismo, é impossível alcançar a autonomia industrial dos produtores"; para alcançá-la, é necessário "apoderar-se do Estado" e usá-lo para "reorganizar todo o aparelho de produção e troca"[34]. Nesse processo emancipatório, o sindicato, por sua estrutura e seu modo de operar, não pode ser "a célula da futura sociedade dos produtores"[35]. Na verdade, o sindicato manifesta sua subjetividade nas assembleias de seus membros e pela atividade de sua burocracia gerencial. Se as primeiras são convocadas apenas para discutir as relações entre empresários e trabalhadores, ou seja, os problemas da sociedade capitalista, a seleção de funcionários sindicais não se dá no terreno da técnica industrial, isto é, das habilidades que tornam um dirigente potencialmente capaz de administrar uma indústria ou governar uma cidade, ou nação. O sindicalista, que muitas vezes passa de uma categoria para outra sem nunca ter exercido sua profissão, é escolhido com base em leis puramente comerciais:

---

[33] Michele Martelli, "Gramsci e la democrazia consiliare", em Ruggiero Giacomini, Domenico Losurdo e Michele Martelli (orgs.), *Gramsci e l'Italia* (Nápoles, Istituto Italiano per gli Studi Filosofici/La Città del Sole, 1994), p. 340.

[34] Antonio Gramsci, "As massas e os líderes", *L'Ordine Nuovo*, ano I, n. 302, 30 de outubro de 1921; ver p. 83 deste volume.

[35] Idem.

Ele não é obrigado a conhecer as condições técnicas reais da indústria, mas apenas a legislação privada que regulamenta as relações entre empresários e mão de obra. [...] O movimento sindical nada mais é que um *movimento político*; os dirigentes sindicais nada mais são que *leaders* [líderes] políticos que chegam à posição que ocupam por incorporação, em vez de eleições democráticas.[36]

Gramsci chega a comparar o sindicalista com a figura do "banqueiro qualificado", que tem senso empresarial e capacidade de prever as tendências do mercado de ações e contratos, sugerindo as melhores formas de investimento para maximizar os retornos: um "líder sindical que sabe prever os resultados possíveis do entrechoque das forças sociais em luta atrai as massas para sua organização, torna-se um banqueiro de homens"[37].

Se o internacionalismo é um valor fundador do movimento operário, no contexto da crise global do capitalismo, segundo Gramsci, era ainda mais urgente desenvolver uma luta internacional pela reorganização da produção que levasse à criação de um órgão supremo de defesa da classe trabalhadora em todas as partes do planeta. No caso específico da Itália, onde a crise foi associada à ofensiva armada do fascismo contra o trabalho e em defesa do capital, os sindicatos tiveram de considerar seriamente o perigo de um golpe de Estado e preparar-se para resistir e responder militarmente, não com as petições de princípios: "A literatura liberal do Renascimento italiano sustenta que, em última análise, a única garantia existente contra possíveis intervenções autoritárias reacionárias é o direito popular à insurreição armada. Os líderes da confederação são pelo menos tão liberais quanto os liberais do Renascimento?"[38].

No auge da ofensiva fascista, em uma situação extremamente difícil para as organizações sociais e políticas do proletariado italiano, Gramsci interveio para reiterar sua oposição à criação de um novo sindicato de classe autônomo, pois, historicamente, cada tentativa nessa direção só havia conseguido aumentar a hegemonia dos líderes sindicais reformistas sobre

---

[36] Ibidem, p. 84-5 deste volume.

[37] Ibidem, p. 85 deste volume.

[38] Idem, "Algumas perguntas aos dirigentes sindicais", *L'Ordine Nuovo*, ano I, n. 315, 12 de novembro de 1921; ver p. 90 deste volume.

os trabalhadores. Os operários poderiam ter representado o momento mais alto da consciência de classe, desde que mantivessem contato orgânico com as massas, a ponto de compartilhar "seus erros, suas ilusões e suas decepções"[39]. Embora a Central Geral do Trabalho tenha sido reduzida a um décimo de seu poder numérico de 1920, ela ainda representava a classe trabalhadora italiana como um todo. A fração reformista levou-a a manter todo o seu aparato de quadros dirigentes e intermediários, para enraizar seus militantes mais capazes e inteligentes no local de trabalho, demonstrando objetivamente perseverança e tenacidade muito maiores que a dos quadros sindicais comunistas. Toda a esfera de elementos revolucionários, que demonstraram capacidade de liderança e organização no passado, havia sido dispersada ou tornada inofensiva pela violência fascista.

A classe trabalhadora era como um grande exército que fora subitamente privado de todos os seus oficiais subordinados; em tal exército seria impossível manter a disciplina, o espírito de luta, a unidade de direção pela mera existência de um Estado-maior. Toda organização é um complexo articulado que só funciona se houver uma relação numérica congruente entre as massas e os líderes. Não temos quadros, não temos vínculos, não temos serviços para abraçar a grande massa com nossa influência, para capacitá-la, para torná-la um instrumento eficaz de luta revolucionária[40].

Diante dessa crise de subjetividade e capacidade organizacional fora da fábrica, a comissão interna continuou a cumprir sua função, pois, mesmo para os fascistas e os capitalistas, era necessária uma forma de organização na fábrica para manter a disciplina e o bom funcionamento da produção. A fábrica continuou a existir e, naturalmente, organizou os trabalhadores, colocando-os em contato uns com os outros, e foi precisamente isso que tornou os trabalhadores fortes dentro das fábricas, mesmo que fora delas fossem fracos e isolados. De tudo isso, os comunistas tiveram de extrair as indicações para seu trabalho político, desenvolvendo sua ação o máximo possível em contato estreito com as grandes massas, juntando-se

---

[39] Idem, "Nosso programa sindical", *Lo Stato Operaio*, ano I, n. 8, 18 de outubro de 1923; ver p. 133 deste volume.

[40] Idem, "Nosso programa sindical", cit.; ver p. 131 deste volume.

plasticamente à vida da classe trabalhadora, a fim de construir no meio delas seus próprios quadros dirigentes. Mais concretamente, as indicações que Gramsci captou da situação contingente estavam diretamente ligadas à elaboração nascida no coração do movimento comunista, encontrando mais uma vez no trabalho dentro das fábricas e nas comissões internas a esfera privilegiada da subjetividade revolucionária para os comunistas.

Gramsci havia compreendido que, para o fascismo e o capitalismo, "é necessário que a classe operária seja privada de sua função histórica de guiar as demais classes oprimidas da população (camponeses, especialmente do Sul e das ilhas – pequeno-burgueses urbanos e rurais)"[41]. Numa fase histórica marcada por uma "crise orgânica" do capitalismo, que era ao mesmo tempo "crise de hegemonia" das ideologias tradicionais, para os grupos dirigentes italianos o fascismo cumpriu um papel indispensável: impedir que a classe trabalhadora assumisse uma função de "classe universal", quer dizer, de exercer uma hegemonia mais ampla não só sobre as massas exploradas, mas também rumo à pequena burguesia empobrecida pela crise. É sempre importante lembrar que Benito Mussolini entrou para o Parlamento com outros 35 deputados fascistas graças à bondosa hospitalidade das listas do expoente mais importante da história liberal italiana: Giovanni Giolitti. Mas certamente não foi caso isolado; ao contrário, o editor do jornal histórico da burguesia italiana (*Il Corriere della Sera*), Luigi Albertini, o principal político de referência daquele jornal, Antonio Salandra, e o principal filósofo de todas as camarilhas liberais nacionais, Benedetto Croce, saudaram calorosamente a irrupção da violência fascista e sua chuva de socos sobre o movimento de trabalhadores e camponeses rebeldes. O fascismo chegou ao poder por um golpe de Estado preparado e realizado com o apoio da monarquia, das Forças Armadas e da burocracia estatal, mas foi possível porque o liberalismo italiano decidiu apostar em Mussolini, na crença de que o homem da providência seria constitucionalizado, ou seja, absorvido pelas práticas usuais de composição por cooptação individual das classes dirigentes italianas, de modo a colocá-lo a serviço das formas conservadoras

---

[41] Ibidem, p. 135 deste volume.

tradicionais de modernização italiana que, depois, Gramsci definiu pelo paradigma da "revolução passiva".

A VISÃO PEDAGÓGICA DO PARTIDO

Como sabemos, ao longo de sua trajetória teórica e política Gramsci sempre atribuiu ao partido político um papel pedagógico fundamental para elevar o nível de consciência funcional das massas populares e levá-las a uma função dirigente na luta pela emancipação. Isso era determinante para encaminhar de forma molecular o processo de autodeterminação espiritual e material por meio do qual alcançar a plena autonomia dos produtores[42]. De forma coerente com essa visão, no período que antecedeu o Congresso de Lyon, o intelectual sardo atribuiu grande importância ao trabalho de formação interna, justamente para marcar uma profunda descontinuidade com a concepção do partido de Amadeo Bordiga.

Já nas colunas de *L'Ordine Nuovo* Gramsci explicou que as intenções das várias tentativas de "'universidades' proletárias", embora louváveis, falharam pela pretensão de dar a essa instituição de treinamento um caráter sociopolítico neutro. Além de serem esporádicas e sem coesão unitária, elas não deixaram marcas profundas e foram incapazes de ir além da "aridez e infertilidade dos restritos movimentos 'culturais' burgueses", pois não tinham nenhuma ligação com um "movimento de caráter objetivo"[43].

Entretanto, na perspectiva do chamado "espírito de cisão", alimentado pela construção orgânica de uma visão crítica e coerente do mundo, a ferramenta educacional tinha de ser entendida de forma radicalmente diferente da velha educação burguesa, liberando-a de qualquer tentação pedagógica desinteressada: "Nenhum 'estudo objetivo' e nenhuma 'cultura desinteressada' podem ter lugar nas nossas fileiras; portanto, nada que se

---

[42] Alberto Burgio, "Il problema dell'arretratezza delle masse e la teoria del partito negli scritti precarcerari", em Ruggiero Giacomini, Domenico Losurdo e Michele Martelli (orgs.), *Gramsci e l'Italia*, cit., p. 365.

[43] Antonio Gramsci, "A escola do partido", *L'Ordine Nuovo*, s. III, ano II, n. 2, 1º de abril de 1925; ver p. 142 deste volume.

24 | OS LÍDERES E AS MASSAS

assemelhe àquilo que é considerado um objeto normal de ensinamento segundo a concepção humanista, burguesa, da escola"[44].

Pelo contrário, a escola do partido devia ser coerente com os objetivos dessa nova subjetividade política que estabelece para si mesma a tarefa histórica de transformar o atual estado de coisas e, portanto, fornecer os instrumentos de crescimento intelectual necessários para refinar as capacidades de luta dos indivíduos e de toda a organização. O estudo e as ferramentas culturais deviam contribuir para criar uma "consciência teórica de nossos objetivos imediatos e supremos" que não estava ainda presente no organismo do partido em medida suficiente para sua tarefa histórica. "A escola do partido deve procurar preencher a lacuna entre o que deveria ser e o que não é."[45]

Nesse sentido, em 1925, Gramsci escreveu uma introdução ao primeiro curso da escola interna ao PCd'I[46], cujo objetivo de reforçar ideológica e politicamente os quadros e os militantes era visto como a tarefa principal de um partido que tinha a intenção de tornar-se um partido de massas. A formação era uma maneira de transformar o operário comunista em dirigente e não deixar a luta ideológica exclusivamente nas mãos dos intelectuais burgueses.

> A atividade teórica, isto é, a luta no *front* ideológico, sempre foi negligenciada no movimento operário italiano. Na Itália, o marxismo [...] foi mais estudado pelos intelectuais burgueses, com o intuito de distorcê-lo e direcioná-lo ao uso da política burguesa, que pelos revolucionários. [...][serviu] de tempero para todos os molhos mais indigestos que os mais insolentes aventureiros da caneta quiseram pôr à venda. Foram marxistas desse feitio Enrico Ferri, Guglielmo Ferrero, Achille Loria, Paolo Orano, Benito Mussolini...[47]

Na introdução ao curso da escola do partido, Gramsci expressou, antes de tudo, sua preocupação de que a condição de ilegalidade ou semilegali-

---

[44] Ibidem, p. 143 deste volume.

[45] Ibidem, p. 144 deste volume.

[46] Publicado em Paris, na edição de 3-4 de março-abril de 1931 da revista *Lo Stato Operaio*, esse artigo escrito por Gramsci entre abril e maio de 1925 faz parte de um folheto encontrado no Arquivo PCI da Fundação Gramsci, em Roma; ver p. 145 deste volume.

[47] Ibidem, p. 149-51 deste volume.

dade, imposta ao movimento operário pela ofensiva reacionária desencadeada pelo fascismo, pudesse mudar molecularmente a maneira como os militantes revolucionários concebiam sua luta. Com a supressão forçada das liberdades de imprensa, reunião, associação e propaganda, a repressão e a destruição da sede associativa do movimento, a própria formação dos quadros não podia mais recorrer a métodos e formas tradicionais que precederam a Marcha em Roma. Diante dessa condição forçada, o medo de Gramsci era de que, em um partido que agora estava acostumado à clandestinidade, ocorresse uma mudança do tipo blanquista na forma de interpretar a ação política. Tirando uma lição do violento golpe de Estado com o qual "minorias armadas e militarmente organizadas" haviam tomado e retido o poder, o risco era que uma visão sectária semelhante de organização e ação política pudesse também se afirmar no movimento comunista, distanciando-o da "concepção marxista da atividade revolucionária do proletariado"[48].

O ressurgimento dos partidos políticos revolucionários, após um período de ilegalidade, é com frequência caracterizado por um impulso irreprimível de ação pela ação, sem nenhuma consideração sobre as relações reais das forças, o estado de espírito da grande classe trabalhadora e das massas camponesas, as condições de armamento etc. Aconteceu com demasiada frequência que o partido revolucionário se deixasse massacrar por uma reação que ainda não havia se desintegrado e cujas reservas não haviam sido corretamente apreciadas, em meio a indiferença e passividade das massas, que, após cada período reacionário, se tornavam muito mais cautelosas e eram facilmente tomadas de pânico sempre que um retorno à situação em que haviam sido deixadas era ameaçado[49].

A partir de 1923, com o apoio direto do Comintern, Gramsci entrou abertamente em conflito com Bordiga, tendo a declarada ambição de determinar uma nova direção política para o partido. Nesse período, o intelectual sardo exerceu toda a sua influência política para determinar uma ruptura com o velho "chefe", porque as diferenças com ele não se

---

[48] Ibidem, p. 146 deste volume.

[49] Idem.

reduziam à posição na "frente única" ou às relações com os socialistas, mas diziam respeito à ação política dos comunistas italianos e mesmo à concepção do partido. Gramsci, dirigindo-se antes aos antigos camaradas do grupo de Turim, apresentou em termos inequívocos a necessidade de um novo grupo de liderança, tão distante do sectarismo de Bordiga quanto do confuso maximalismo de direita de Angelo Tasca[50]. No fim dessa intensa dialética, entre fevereiro e março de 1923, Gramsci conseguiu vencer a batalha, convencendo os antigos camaradas a alinhar-se a suas posições. O resultado positivo do processo foi influenciado pelo lançamento da nova série de *L'Ordine Nuovo*, em 1º de março de 1924. Gramsci envolveu todo o grupo dirigente do PCd'I no projeto editorial, inclusive Tasca e Bordiga, mas, acima de tudo, fortaleceu aqueles laços essenciais ao estabelecimento de uma nova maioria. Enquanto isso, nas eleições políticas de 6 de abril, Gramsci foi eleito deputado no colégio eleitoral do Vêneto. Graças à imunidade parlamentar, finalmente conseguiu deixar Viena e retornar à Itália, em 12 de maio. No mesmo período, ocorreu em Como a Conferência Nacional que determinou a virada no grupo dirigente do partido; a fase seguinte, até o Congresso de Lyon, caracterizou-se pela consolidação da nova maioria em torno de Gramsci, novo secretário-geral do partido, e pela intensificação da atividade fracionista e de oposição de Bordiga[51]. A introdução ao primeiro curso da escola, até agora comentada, foi escrita em meio a esses conflitos, antecipando, assim, os temas centrais do Congresso de 1926; nela podemos ler a duríssima crítica de Gramsci às concepções de partido expostas por Bordiga nas *Teses* sobre a tática do Congresso de Roma:

> A centralização e a unidade eram concebidas [nas *Teses*] de um modo muito mecânico: o Comitê Central – aliás, o Comitê Executivo – era todo o partido, em vez de representá-lo e dirigi-lo. Se essa concepção tivesse sido aplicada permanentemente, o partido perderia suas características políticas próprias

---

[50] Ver Antonio Gramsci, "Lettera a Palmiro Togliatti del 18 maggio 1923", em Palmiro Togliatti, *La formazione del gruppo dirigente del Partito Comunista Italiano (1923-1924)* (Roma, Riuniti, 1984), p. 64.

[51] Aprofundamentos em Gianni Fresu, *Antonio Gramsci, o homem filósofo: uma biografia intelectual* (trad. Rita Matos Coitinho, São Paulo, Boitempo, 2020), p. 135-85.

e tornar-se-ia, no melhor dos casos, um exército (e um exército de tipo burguês), perderia sua força de atração, separar-se-ia das massas. Para que o partido viva e esteja em contato com as massas é preciso que cada um de seus membros seja um elemento político ativo, seja um dirigente. [...] A preparação ideológica de massa é, portanto, uma necessidade da luta revolucionária, é uma das condições indispensáveis da vitória.[52]

A VIRADA DO CONGRESSO DE LYON

As *Teses* do Congresso de Lyon de 1926 foram definidas como o ponto de virada fundamental na história dos comunistas na Itália, tanto em relação à concepção do partido como em relação à análise da sociedade italiana. Em ambos os casos, as *Teses* elaboradas por Bordiga para o Congresso de Roma foram de todo superadas após a profunda mudança na direção política do partido sob a liderança de Antonio Gramsci. Segundo David Bidussa, o repensamento estratégico imposto pela mudança de contexto interno e internacional envolvia também as concepções da democracia operária. Nesse sentido, segundo ele, já no período de 1924 a 1925, o grupo que se junta sob a liderança de Gramsci sente "a necessidade de refundar uma linha política". Um processo autocrítico que levaria o novo grupo dirigente a

> perguntar-se se as formas da política assumidas como vencedoras em 1917 não são mais as adequadas para o sucesso do processo revolucionário. E se, portanto, o tema da possibilidade da revolução no Ocidente não necessitaria também se despedir do modelo dos conselhos e, portanto, não os considerar mais a forma capaz de produzir a transformação.[53]

O Congresso de Lyon aconteceu em meio ao segundo golpe de Estado de Mussolini, quando o regime se livrou de vez das proteções constitucionais residuais em defesa da pluralidade democrática, anulando pela

---

[52] Antonio Gramsci, "Introdução ao primeiro curso da escola interna do partido", cit.; ver p. 152 deste volume.

[53] David Bidussa, "Il consiliarismo come pratica di governo", em Paolo Capuzzo e Silvio Pons (orgs.), *Gramsci nel movimento comunista internazionale* (Roma, Carocci, 2019), p. 77.

28 | Os líderes e as massas

própria legislação aquelas liberdades individuais e coletivas que já haviam sido de fato conculcadas.

Os líderes do Partido Comunista e, antes de todos, Gramsci, foram presos, iniciando-se sua provação nos Tribunais Especiais, entre a prisão e o confinamento forçado. A ação repressiva foi extremamente eficaz em dezembro de 1926: um terço dos aderentes do partido estava detido; no entanto, a organização comunista foi a única força antifascista que conseguiu manter uma estrutura operacional clandestina dentro do país. Tudo isso é confirmado pelos relatos do muito poderoso e eficiente chefe de polícia Arturo Bocchini, que em 1927, em seu relatório de fim de ano, observou com satisfação que, após a implementação da Lei Consolidada de Segurança Pública, qualquer atividade dos partidos de oposição ao regime poderia ser considerada completamente esmagada. Como apontam as notas do *"viceduce"*, houve uma exceção: o Partido Comunista Italiano[54]. Essa organização, apesar das ondas de repressão que decapitavam sua rede de tempos em tempos, sempre manteve uma estrutura clandestina, graças ao influxo de novos aderentes, em especial os jovens. Entre 1926 e 1943, das 4.671 pessoas condenadas pelo Tribunal Especial fascista, 4.030 eram membros do Partido Comunista, e dos 28.671 anos de prisão a que foram condenados, quase 24 mil diziam respeito a seus líderes e seus militantes[55].

Pouco antes dessa nova ofensiva que desbaratou o partido, no Congresso de Lyon confrontaram-se e chocaram-se duas ideias radicalmente opostas de partido, assim resumidas: 1) o partido entendido como parte da classe, ou seja, uma organização com ambições de massa, articulada em células de fábrica e empenhada na formação permanente de todos os seus quadros; 2) o partido considerado órgão externo à classe, ou seja, uma organização restrita a dirigentes revolucionários intransigentes e incorruptíveis, capazes de ler no quadro econômico e social as contradições fundamentais das quais brotariam, no momento oportuno, as causas do estopim revolucionário. No primeiro caso, temos a ideia de um partido

---

[54] Domizia Carafoli e Gustavo Bocchini Padiglione, *Il viceduce: Arturo Bocchini capo della polizia fascista* (Milão, Mursia, 2013).

[55] Arturo Colombi, *Nelle mani del nemico* (Roma, Riuniti, 1971), p. 123.

APRESENTAÇÃO | 29

com a ambição de aderir organicamente à estrutura produtiva – em cuja base está uma concepção molecular e processual de revolução, metodologicamente adversa a qualquer messianismo – e a intenção de moldar plasticamente sua atividade à ação cotidiana dos trabalhadores, a chamada luta econômica. No segundo, uma elaboração que considera a luta pela melhoria das condições de vida e trabalho, bem como a luta política pela conquista cotidiana de posições de força na sociedade, o veículo de mentalidade corporativa e de corrupção da pureza revolucionária. Por essa interpretação, a conexão entre partido e massas só aconteceria no momento específico do conflito de classes. O período compreendido entre o início de 1925 e o congresso de janeiro de 1926 foi crucial para a evolução do pensamento de Gramsci relativo ao partido, à relação deste com as massas e às funções nele desempenhadas pelos intelectuais; um período no qual amadureceram completamente as experiências de direção e orientação política assumidas a partir de 1923.

Uma fase em que sua análise se desenvolveu com o objetivo de questionar o papel desempenhado na sociedade italiana pelos intelectuais e pelos aparelhos culturais, que, segundo Gramsci, representavam o momento fundamental da centralização ideológica exercida pelas classes dominantes no terreno da sociedade civil. Nessa análise já estava presente a redefinição do conceito de Estado que antecipou a categoria hegemônica. As reflexões de Gramsci nessa fase são a base essencial da teoria sobre os intelectuais desenvolvida em *A questão meridional** e nas reflexões dos *Cadernos do cárcere*. Ao mesmo tempo, esta é o ponto de chegada daquela e, no todo, tem suas raízes na experiência ordinovista. A plataforma congressual da esquerda, publicada em *L'Unità* de 7 de julho de 1925, assentava sobre três eixos fundamentais as posições já expressas diversas vezes por seu líder, Amadeo Bordiga: 1) o partido deveria ser entendido como o órgão da classe que sintetiza e unifica os anseios individuais, de modo que se diferencie dos particularismos de categoria e atraia os elementos provenientes do proletariado de diversas categorias, dos camponeses, dos desertores da classe burguesa; 2) rejeitava-se

---

* Ed. bras.: *A questão meridional* (trad. Carlos Nelson Coutinho e Marco Aurelio Nogueira, São Paulo, Paz e Terra, 1987). (N. E.)

30 | Os líderes e as massas

a "bolchevização" (dada no V Congresso e reafirmada pelo "grupo centrista" dirigido por Gramsci), isto é, a repartição organizativa do partido em células nas bases das fábricas; 3) recusava-se a luta contra as frações determinada pelo Comintern.

Esse posicionamento ganhou sua expressão mais completa no projeto das *Teses* para o congresso. Segundo Bordiga, era impossível alterar a essência das situações objetivas, decorrentes do quadro mais geral das relações sociais de produção, por meio de determinada forma organizativa. Uma organização imediata de todos os trabalhadores com base na economia acabaria constantemente dominada pelos impulsos das diversas categorias profissionais de satisfazer os próprios interesses econômicos particulares determinados pela exploração capitalista. Daí provinha a profunda desconfiança, manifestada já na época dos conselhos, diante do empenho da organização nas disputas dos trabalhadores, no sindicato. No mesmo número de 7 de julho de *L'Unità*, Gramsci encarregou-se de dirigir-lhe uma réplica importante. Nela já se manifestava plenamente a continuidade com as elaborações dos anos de *L'Ordine Nuovo* sobre o tema da autonomia dos produtores, e era abordada pela primeira vez a ideia do "intelectual orgânico", segundo a qual cada trabalhador, ao entrar para o Partido Comunista, tornava-se um dirigente e, portanto, um intelectual. A esquerda concebia o partido como síntese dos elementos individuais e não como um movimento de massas e classe, e essa era a raiz da teoria do partido em Bordiga.

> Nessa concepção há uma coloração de marcado pessimismo quanto à capacidade dos operários enquanto tais, uma vez que apenas os intelectuais poderiam ser homens políticos. Os operários são operários e não podem mais que isso enquanto o capitalismo os oprime: sob a opressão capitalista, o operário não pode se desenvolver completamente, não pode fugir do espírito típico de sua categoria. E o que é, assim, o partido? Restringe-se tão somente ao grupo de dirigentes que refletem e sintetizam os interesses e as aspirações genéricas da massa, mesmo no partido. A doutrina leninista afirma e demonstra que essa é uma concepção falsa e extremamente perigosa; ela levou, entre outros problemas, ao fenômeno do mandarinismo sindical. [...] Os operários entram para o Partido Comunista não apenas como operários (metalúrgicos, marceneiros, construtores etc.), mas como operários comunistas, como homens

APRESENTAÇÃO | 31

políticos, isto é, como teóricos do socialismo, portanto não como simples rebeldes; e no partido, por meio das discussões, das leituras, da escola do partido, desenvolvem-se continuamente, tornam-se dirigentes. Somente no sindicato o operário entra em sua qualidade de operário, não de um homem político que segue determinada teoria.[56]

Segundo Gramsci, a concepção de Bordiga estava presa à primeira fase do desenvolvimento capitalista. Em 1848 ainda seria possível afirmar que "o partido é o órgão que sintetiza e unifica os anseios individuais e coletivos provocados pela luta de classes", mas, na fase de maior desenvolvimento capitalista (o imperialismo), o proletariado era profundamente revolucionário e já assumia uma função dirigente na sociedade. Em seu informe à reunião da Comissão Política para o congresso, Gramsci comparou os pontos de divergência entre "o centro do partido" e a "extrema esquerda" em três níveis de relação: 1) entre grupo dirigente do partido e demais filiados; 2) entre grupo dirigente e classe operária; 3) entre classe operária e o restante das classes subalternas:

> Nossa posição deriva da conclusão de que se deve dar o máximo destaque ao fato de que o partido é unido à classe não apenas por laços ideológicos, mas também por ligações de caráter físico. [...] Segundo a extrema esquerda, o processo de formação do partido é um processo sintético; para nós, é um processo de caráter histórico e político, estreitamente ligado ao desenvolvimento da sociedade capitalista. Essa diferença de entendimento nos leva a determinar de modo distinto as funções e as tarefas do partido. Em decorrência das concepções equivocadas da extrema esquerda, todo trabalho que o partido deve realizar para elevar o nível político das massas, para convencê-las e trazê-las ao terreno da luta de classes revolucionária, vem sendo desvalorizado e dificultado, em razão da separação inicial que se criou entre o partido e a classe operária.[57]

A questão teórica da organização por células ressaltava a necessidade de "ligações físicas" entre partido e classe num conjunto, enquanto, na afirmação de uma necessária "tutela" dirigente por parte do grupo especializado,

---

[56] Antonio Gramsci, "Il Partito si rafforza combattendo le deviazioni antileniniste", *L'Unità*, 5 de julho de 1925.

[57] Ibidem, p. 482.

Bordiga apresentava como problema central o risco de corporativismo entre os operários. Para Gramsci, isso evidenciava uma concepção paternalista que desvalorizava muito a capacidade de direção da classe operária, de modo a reduzi-la a sujeito menor, incapaz de autodeterminação política.

Já no decorrer do debate que antecedeu o Congresso de Lyon, e em maior medida no próprio evento, Gramsci apresentou a teoria sobre o partido da esquerda em continuidade com toda a história intelectual da Itália, com a filosofia de Croce e a tradição elitista e oligárquica da filosofia política idealista e liberal. Tal conceito seria retomado nos *Cadernos*, nos quais Gramsci colocou no mesmo plano o comportamento intelectualista do "intelectual puro" de Bordiga e o de Croce.

> O que importa para Croce é que os intelectuais não se rebaixem ao nível da massa, que entendam que uma coisa é a ideologia, instrumento prático para governar, e outra coisa é a filosofia e a religião, que não devem ser prostituídas na consciência dos mesmos sacerdotes. Os intelectuais devem ser governantes e não governados, construtores de ideologias para governar os outros e não charlatães que se deixam envenenar e morder por suas próprias víboras. [...] A posição de "intelectual puro" vem a ser um verdadeiro "jacobinismo" deteriorado e, nesse sentido, guardadas as diferentes estaturas intelectuais, Amadeo pode ser comparado a Croce.[58]

Ao tratar do tema da relação entre a classe operária e o restante dos explorados e fazer dele a base das teses congressuais, Gramsci enfatizou o valor estratégico atribuído por Lênin à questão camponesa e à política de alianças[59]. Para Lênin, se existia a aspiração de não apenas iniciar uma revolução, mas sobretudo vencê-la e conservar o poder, era necessário preparar profundamente a revolução, "conquistar as grandes massas", "obter a simpatia das massas": "Atrair para nós não apenas a maioria da classe operária, mas também a maioria da população trabalhadora e explorada do campo"[60].

---

[58] Idem, *Quaderni del carcere*, cit., Q. 10, § 1, p. 1.212-3.

[59] Vladímir Ilitch Lênin, *Opere complete* (Roma, Riuniti, 1955-1970), v. 32, p. 457.

[60] Idem, *Sul movimento operaio italiano* (org. Felice Platone e Paolo Spriano, Roma, Riuniti, 1970), p. 233.

APRESENTAÇÃO | 33

Esse era um tema fundamental para um país como a Itália, onde o proletariado era uma minoria sem caráter nacional. Mais precisamente, Gramsci tratou de traduzir para a Itália o grande tema debatido entre o III e o IV congressos da Internacional Comunista. Como já exaustivamente explicado, naquela ocasião, atentos às dificuldades internacionais e à complexidade dos processos revolucionários no Ocidente, Lênin e a Executiva do Comintern lançaram a palavra de ordem da conquista da maioria das classes subalternas e da unidade da classe operária por meio da tática da "frente única", essencial para a definição das categorias de hegemonia em Gramsci. A diferenciação de Gramsci a respeito de Bordiga em relação às tarefas do partido e sua problemática relação com o Comintern no Terceiro Plenário também deve ser interpretada à luz da questão da tradutibilidade filosófica[61]. Nesse sentido, como aponta Francesco Giasi, até mesmo a famosa carta ao Executivo do Partido Comunista Italiano de 12 de setembro de 1923[62] sobre a fundação do jornal *L'Unità* representa uma primeira tentativa de adaptar e traduzir o "governo dos trabalhadores e camponeses, uma palavra de ordem aprovada alguns meses antes no Terceiro Plenário, para a realidade histórica e política italiana"[63]. Mais uma vez, o tema da tradutibilidade foi fortemente colocado com relação à questão da "bolchevização".

As teses de Lyon representam um divisor de águas fundamental, certamente o ponto mais alto no qual a elaboração teórica e a direção política de Gramsci encontram o momento de maior acordo. Na biografia de Gramsci, representam uma ponte entre as batalhas anteriores a 1926 e suas reflexões na prisão, o testemunho mais vivo de que é impossível separar o Gramsci político e militante do Gramsci "desinteressado" ou "homem de cultura". A virada de Lyon constitui a premissa essencial para compreender o papel histórico assumido pelo Partido Comunista

---

[61] Gianni Fresu, *Antonio Gramsci, o homem filósofo*, cit., p. 317-32.

[62] Antonio Gramsci, "Lettera all'Esecutivo del PCd'I, 12 settembre 1923", em Antonio Gramsci, *Epistolario*, v. 2: *Gennaio-novembre 1923* (Roma, Istituto della Enciclopedia Italiana Treccani, 2011), p. 126-9.

[63] Francesco Giasi, "La bolscevizzazione tradotta in 'linguaggio storico italiano'", em Paolo Capuzzo e Silvio Pons (orgs.), *Gramsci nel movimento comunista internazionale*, cit., p. 160.

Italiano tanto na resistência como na fase seguinte à libertação do nazifascismo; é o antecedente mais grávido da profunda mudança na iniciativa comunista entre o VII Congresso do Comintern e a "virada de Salerno" de 1944. O resultado mais fértil dessa mudança foi conceber em termos orgânicos as questões da luta contra o fascismo e as da reconstrução democrática a partir da época constituinte. O ponto de acordo entre esses dois momentos foi a ideia de democracia progressiva, ou seja, a perspectiva de uma ampliação permanente dos espaços de democracia econômica, social e política, de modo a permitir ao mundo do trabalho ganhar posições de força, em um processo de transição democrática para o socialismo.

CONCLUSÕES

Como salientou Domenico Losurdo, os autores mais queridos da esquerda após o colapso do socialismo histórico são geralmente figuras de revolucionários derrotados, que não tiveram a oportunidade de participar dos problemas da gestão do poder, assumindo a responsabilidade pelas escolhas não tão fáceis associadas à transição socialista. Dessa forma, permanecem fiéis aos valores do socialismo e críticos do capitalismo, mas sem tomar posição sobre os eventos controversos dos processos revolucionários do século XX. Por mais que Gramsci faça parte desse *pantheon*, juntamente com figuras como Che Guevara e Rosa Luxemburgo, em suas considerações, Losurdo sublinha os importantes problemas de interpretação do pensamento de Gramsci que tal colocação inevitavelmente solicita e, concretamente, tem gerado nas últimas décadas:

> Tal abordagem revela-se completamente incapaz de compreender o pensamento e a personalidade de Gramsci. Ele também foi um importante líder comunista e não pode ser transformado numa espécie de Horkheimer ou Adorno italiano, comprometido com a construção de uma teia crítica sem relação ou com uma relação exclusivamente polêmica com o movimento comunista e o "movimento real para a transformação da realidade". [...] Gramsci se empenha num esforço de compreensão empática do novo mesmo quando, aos olhos de um observador superficial, desconhecedor da terrível

complexidade do processo revolucionário, parece trair as próprias razões de seu nascimento.[64]

Assumindo essa solicitação hermenêutica, o estudo dos materiais contidos no volume que aqui apresentamos não pode de forma alguma abstrair-se dos problemas associados à luta pela emancipação no mundo de hoje. A investigação sobre a obra de Gramsci deve resultar da constante interação entre filologia e tradução filosófica, pois os dois termos, reciprocamente funcionais um a outro, são imanentes à concepção do mundo do intelectual sardo. Sem o rigor filológico da investigação científica, é impossível traduzir Gramsci de forma coerente, de modo a tornar suas concepções adequadas à interpretação e transformação do mundo de hoje. Sem a ambição de traduzir filosofia em práxis, por meio da transição política da interpretação para a transformação do mundo, Gramsci seria privado de sua principal contribuição ao pensamento crítico, monumentalizando seu trabalho como se fosse um clássico que pouco ou nada tem a dizer sobre a realidade de hoje. Lidando com essa ordem de problemas, um grande estudioso gramsciano como Joseph Buttigieg polemizou com as tendências acadêmicas que pretendiam retirar o pensamento de Gramsci do terreno da política contemporânea, até arquivar suas concepções e suas categorias entre os vestígios arqueológicos da filosofia política antiga. Na parte final de sua vida, Gramsci foi preso no cárcere do fascismo – e hoje corre o risco de ficar prisioneiro de uma outra cadeia, o academismo; para liberar seu pensamento de qualquer tentativa de esterilização política, não existe abordagem mais gramsciana que estas palavras de Buttigieg, com as quais, por essa razão, concluímos esta apresentação:

> Ao enfatizar a atenção e o cuidado especiais que devem ser dados aos textos de Gramsci, deve-se também alertar para o perigo que espreita, ou seja, o de transformar o legado de Gramsci em uma memória literária que induza à gratificação reverencial ou em um códice próprio para a gratificação dos estudiosos da Antiguidade. É claro que nada tornaria os escritos de Gramsci mais inúteis e irrelevantes que sua apoteose como momentos de um intelecto

---

[64] Domenico Losurdo, *Antonio Gramsci dal liberalismo al comunismo critico* (Roma, Gamberetti, 1999), p. 249-50.

atemporal. Para que o legado de Gramsci seja preservado de alguma forma útil, seus curadores, intérpretes e leitores devem garantir que os escritos não sejam remetidos ao museu da história das ideias onde eles existiriam para agradar ao epicurismo contemplativo de guardiões de arquivos e aos admiradores acadêmicos destacados. No museu das obras-primas e das ideias, os livros de Gramsci se tornarão tão estéreis quanto a urna funerária que contém suas cinzas.[65]

Cagliari, 8 de novembro de 2022

---

[65] Joseph. A. Buttigieg, "L'eredità di Antonio Gramsci" [1986], em Salvatore Cingari e Enrico Terrinoni (orgs.), *Gramsci in inglese: J. A. Buttigieg e la traduzione del prigioniero* (Milão, Mimesis, 2022), p. 78-9.

NOTA DA TRADUÇÃO

Esta edição traz ao público brasileiro 34 textos de Gramsci produzidos entre 1921 e 1926, anos cruciais da construção do Partido Comunista Italiano (PCI); há, entre eles, publicações de jornais, materiais vinculados aos cursos de formação política do partido e intervenções e documentos preparados para congressos. "A situação italiana e as tarefas do PCI", "As massas e os líderes", "Controle operário", "Burocratismo" e "O Estado operário" já circularam no Brasil em traduções realizadas por Carlos Nelson Coutinho que constavam em *Antonio Gramsci: escritos políticos* (Rio de Janeiro, Civilização Brasileira, 2004). Os demais chegam agora ao público brasileiro traduzidos por Rita Coitinho, e nestes mantiveram-se as notas originais das edições italianas *Scritti giovanili (1914-1918)* (Turim, Einaudi, 1975) e *L'Ordine Nuovo (1919-1920)* (Turim, Einaudi, 1972). As novas notas de rodapé (sem siglas de identificação), em todos os artigos, foram inseridas por Luciana Aliaga.

Tal como no segundo volume desta coleção (*Homens ou máquinas?*), a edição brasileira preocupou-se em oferecer uma tradução fidedigna dos originais em linguagem atual, evitando ao máximo expressões em desuso e sem, no entanto, perder o vínculo com o sentido pretendido pelo autor. Duas expressões, em particular, merecem uma explicação mais minuciosa, pois a tradução foi além da busca de um termo corrente e referenciou-se na tradição marxista brasileira: 1) nos originais de Gramsci, ao tratar do grupo mais à esquerda do PCI, cuja maior expressão foi Amadeo Bordiga, utiliza-se a palavra "estremismo". Em tradução literal, utilizar-se-ia o termo correlato em português, que é o mesmo, com uma diferença na grafia: "extremismo". No entanto, ao apresentar sua crítica aos "estremisti", Gramsci faz alusão direta à obra de autoria de Lênin, cuja publicação em português tem o título, já consagrado, *Esquerdismo, doença infantil do comunismo*, enquanto sua versão italiana é *L'estremismo, malattia infantile del comunismo*.

Em todos os textos desta edição, onde Gramsci utiliza o termo "*estremismo*", consta "esquerdismo", de modo a localizar corretamente o debate político travado por ele no interior de seu partido e da Internacional Comunista em relação, precisamente, aos agrupamentos esquerdistas; 2) a expressão "*classe a sé stante*" foi traduzida como "classe autônoma", uma vez que o sentido está vinculado à construção sindical voltada à organização independente e autossuficiente da classe operária em sindicatos e comitês de fábrica. O termo usado por Gramsci nos originais poderia remeter ao conceito de *classe em si e para si*, presente no debate marxista, como classe consciente de si e orientada à superação de sua condição de classe. No entanto, o contexto, diretamente relacionado à organização sindical, indica um uso menos ambicioso do termo, o qual o dirigente italiano nem sequer se preocupa em esmiuçar, pois não é seu objetivo. *Classe a sé stante* aparece no texto "O significado e os resultados do III Congresso do Partido Comunista da Itália", no ponto em que Gramsci relata de que maneira o congresso do partido abordou a questão sindical: "A questão sindical [...] é essencialmente uma questão de organização das mais amplas massas como classe autônoma [*classe a sé stante*], com base em interesses econômicos imediatos, e como base para a educação política revolucionária". Entendeu-se que a tradução da expressão como "classe em si" daria à passagem um sentido de profundidade teórica não pretendido pelo autor.

Os textos já traduzidos por Carlos Nelson Coutinho, pioneiro nas traduções de Gramsci no Brasil, foram por nós revisados, de modo a adequá-los à linguagem e à ortografia atual. Nosso trabalho ateve-se primordialmente a essas padronizações, com poucas interferências no trabalho original. Todo o conteúdo foi preparado por Mariana Echalar a fim de respeitar as normas da Boitempo e manter um padrão estilístico; na sequência, passou por leitura crítica de Marcos Del Roio e revisão ortográfica de Clara Altenfelder.

LEGENDA

N. E. I. – nota da edição italiana
N. T. – nota da tradução da Boitempo
Notas sem indicação foram produzidas para esta edição

O ESTADO OPERÁRIO[1]

Uma associação pode ser denominada "partido político" somente quando possui sua própria doutrina constitucional, quando consegue concretizar e divulgar sua própria noção de Estado, quando consegue concretizar e divulgar entre as massas um programa de governo capaz de organizar praticamente – ou seja, em condições determinadas, com homens reais, não com fantasmas abstratos de humanidade – um Estado[2].

O Partido Socialista Italiano sempre teve a pretensão de ser "o partido político" do proletariado italiano. Essa pretensão ideológica lhe impunha tarefas práticas e deveres imediatos. O Partido Socialista Italiano deveria ter tido consciência de sua máxima e mais imediata tarefa histórica: fundar um novo Estado, o Estado operário, criar e organizar as condições "políticas" para a criação do novo Estado. E deveria ter tido uma consciência clara dos limites e das formas dessa sua tarefa, nos campos nacional e internacional. A crítica dessa pretensão ideológica do Partido Socialista

---

[1] Não assinado, *L'Ordine Nuovo*, ano I, n. 1, 1º de janeiro de 1921. (N. E. I.) [Primeiro número do jornal sob a direção de Gramsci.]

[2] A definição do partido político como um "proto-Estado" que tende a desaparecer na medida em que concretiza seu objetivo fundamental, isto é, quando o partido supera a fase econômico-corporativa e se torna capaz de fundar um novo Estado, será um dos grandes temas desenvolvidos nos *Cadernos do cárcere*. Em nota escrita no cárcere entre maio e junho de 1932, Gramsci define o partido "como um mecanismo que realiza na sociedade civil a mesma função que é desempenhada pelo Estado, de modo mais vasto e mais sintético, na sociedade política", que seria justamente a construção e a manutenção da hegemonia de um grupo social sobre toda a sociedade. Ver Antonio Gramsci, *Quaderni del carcere: edizione critica dell'Istituto Gramsci a cura di Valentino Gerratana* (Turim, Einaudi, 1975), Q. 12, § 1, p. 1.522; ver também o Q. 13, inteiramente dedicado ao tema do partido político e do Estado. Esse tema é de fundamental importância neste período prévio ao XVII Congresso de Livorno, quando a fração comunista do Partido Socialista Italiano (PSI) decide fundar o Partido Comunista da Itália (PCd'I).

40 | Os líderes e as massas

é feita pelo próprio desenrolar dos eventos históricos: a situação atual desse partido é o quadro real dessa obra de crítica e dissolução, realizada não por indivíduos, mas por todo o processo de desenvolvimento da história de um povo.

Logo após o Congresso de Bolonha[3], o Partido Socialista se apresentou ao povo italiano como um partido de governo revolucionário: os resultados das eleições parlamentares de novembro de 1919[4] eram a indicação política que devia dar ao partido a energia e o ardor necessários para uma rápida passagem da propaganda à ação[5]. As eleições de novembro criaram na Itália uma situação política que pode ser resumida da seguinte maneira: existem dois governos. Toda a classe operária e amplos estratos camponeses declararam-se explicitamente a favor do Partido Socialista, afirmando que estavam decididos a seguir até o fim o partido da ditadura proletária, o partido que queria inserir a nação italiana, o povo trabalhador italiano, no quadro da Internacional Comunista, no quadro do Estado operário mundial que estava se organizando tenazmente em torno do primeiro Estado operário nacional, a república russa dos sovietes, em torno do primeiro germe de governo operário mundial, o Comitê Executivo da Terceira Internacional. O encaminhamento da luta eleitoral pelos outros partidos de massa italianos, o Partido Popular[6] e os grupos de ex-combatentes demonstrava que até mesmo as mais amplas massas

[3] No Congresso de Bolonha, que ocorreu entre os dias 5 e 8 de outubro de 1919, o PSI aprovou sua adesão à Internacional Comunista (IC).

[4] Nas eleições para a XXV Legislatura, em 15 de novembro de 1919, o Partido Socialista conquistou 156 dos 593 assentos. Outros 109 assentos foram conquistados pelo Partido Popular. Em Milão, os socialistas obtiveram metade dos votos. (N. E. I.)

[5] Para Gramsci, a fortíssima votação recebida pelo PSI nessas eleições de 1919, que fez com que o partido triplicasse seu número de deputados em relação ao que tinha antes da Primeira Guerra Mundial, somada ao crescimento do PSI (que passou de 50 mil inscritos antes da guerra para 300 mil) e ao crescimento da Confederação Geral do Trabalho (CGL), que passou de 500 mil filiados para 2 milhões no pós-guerra, eram forte indicação de que chegara o momento da ação revolucionária.

[6] O Partito Popolare Italiano [Partido Popular Italiano] foi uma organização de orientação católica fundada em 1919 pelo sacerdote Luigi Sturzo (1871-1959) depois que o Vaticano suspendeu a proibição que impedia os católicos de participar da vida política da Itália.

O Estado operário | 41

atrasadas do povo trabalhador eram favoráveis a uma mudança radical de regime, tanto assim que, para esses partidos pequeno-burgueses, tornou-se necessária a adoção de posturas radicais, de uma retórica demagógica, de uma posição ao menos aparentemente revolucionária.

A ideologia burguesa fracassou na tentativa de fazer convergir a atenção das massas para o mito wilsoniano[7], de dar uma satisfação no âmbito do Estado burguês à necessidade sentida pelas massas de uma solução internacional para os problemas postos pela guerra: o mito grosseiro de "Wilson, imperador dos povos" estava sendo substituído pela paixão política por "Lênin, líder da comuna internacional". Com sua propaganda, com o prestígio que conquistou durante a guerra, o Partido Socialista foi efetivamente capaz de criar as condições políticas gerais para a fundação do Estado operário; conseguiu criar um aparelho de amplíssimo consenso popular para o advento de um governo revolucionário. A mais elementar noção de psicologia política autorizava a previsão de que um tal governo, depois da violenta apropriação do organismo estatal, teria a seu lado a maioria da população, teria sido de fato um governo da maioria.

O Partido Socialista não conseguiu organizar a situação que havia criado, não conseguiu consolidar e pôr em funcionamento permanente o aparelho de governo que se formou logo após o Congresso de Bolonha, na primeira consulta política ao povo italiano após a eclosão da guerra mundial. A história que vai de 2-3 de dezembro de 1919[8] até hoje é uma demonstração contínua da incapacidade do partido de organizar a vida política do povo italiano, de lhe dar uma direção, de orientar a vanguarda da revolução popular de modo a lhe infundir uma consciência precisa de suas tarefas particulares, de suas responsabilidades específicas. O Partido

---

[7] Referência à política externa do presidente dos Estados Unidos Woodrow Wilson (1913-1921), que atribuía aos EUA a missão de mediador e garantidor da paz na Europa após a Primeira Guerra Mundial.

[8] Em 1º de dezembro de 1919, grupos de monarquistas e fascistas atacaram e espancaram os deputados socialistas que naquela mesma semana, na sessão inaugural da XXV Legislatura, manifestaram-se no Parlamento contra a monarquia, deixando o recinto durante o discurso da Coroa. Em 2 e 3 de dezembro, ocorreram greves gerais e agitações em todo o país. Ver "Gli avvenimenti del 2-3 dicembre", *L'Ordine Nuovo, 1912-1920*, p. 61-7. (N. E. I.)

Socialista demonstrou que não possui uma noção de Estado que lhe seja própria, um programa de governo revolucionário; demonstrou que não é um "partido político" capaz de assumir a responsabilidade da ação, a responsabilidade de assegurar o pão e o teto às dezenas e dezenas de milhões de integrantes da população italiana. Ao contrário, demonstrou ser uma associação de homens bem-intencionados e de boa vontade, que se reúnem para discutir – com escassa originalidade e abundante ignorância – o significado lexical exato que se deve dar à nova terminologia política inventada pela irrequieta fantasia dos bolcheviques russos: ditadura, soviete, controle, conselho de fábrica, semiproletário, terror etc. etc.

O Partido Socialista ignorou e negligenciou sistematicamente qualquer movimento das massas populares, quer se tratasse dos movimentos dos operários industriais, quer dos camponeses pobres politicamente atrasados. Não assimilou nenhuma noção da ideia de "hierarquia": permitiu que fosse esmagado em abril de 1920[9] o movimento turinense em favor dos conselhos de fábrica e do controle operário, deixou que em setembro[10] o gigantesco movimento dos operários metalúrgicos se encerrasse

---

[9] Em março de 1920, após uma controvérsia entre o conselho de fábrica e a direção da Fiat acerca da aplicação da hora legal (vem daí o nome de *greve dos ponteiros*), os metalúrgicos de Turim entraram em greve. Os industriais, para dar um golpe decisivo no movimento dos conselhos de fábrica, proclamaram o fechamento das fábricas e fizeram com que as forças públicas ocupassem os estabelecimentos. Os operários responderam com a greve geral, que começou em 18 de abril e estendeu-se ao Piemonte, mas depois de dez dias, não havendo o apoio da direção do Partido Socialista e da Confederação Geral do Trabalho, eles foram obrigados a capitular. Ver "Il movimento torinese dei Consigli di fabbrica", *L'Ordine Nuovo*, p. 176-86, e "Aprile e settembre 1920", *L'Ordine Nuovo*, 7 de setembro de 1921, seção "Cronache Torinesi" [Crônicas turinesas]. (N. E. I.)

[10] No decurso de uma agitação por reivindicações salariais, os operários metalúrgicos decidiram pela obstrução, que teve início em toda a Itália em 19 de agosto de 1920. Os industriais anunciaram o fechamento das fábricas, mas os operários recusaram-se a abandonar o trabalho e ocuparam cerca de quinhentas unidades fabris. A falta de uma direção segura e a recusa da Confederação Geral do Trabalho e da Federação Italiana dos Operários Metalúrgicos de ampliar o movimento levaram, após um mês, a um acordo promovido por Giolitti, então presidente do conselho, com base no qual o governo se comprometia a apresentar um projeto de lei para o controle operário sobre as indústrias e fazer o patronato conceder aumento salarial e não adotar medidas de represália. Foi a maior derrota do movimento operário depois do fim da guerra. Nem o governo nem os industriais cumpriram o prometido:

miseravelmente num compromisso giolittiano e no evidente engodo do controle sindical, do mesmo modo que já havia deixado em completo abandono as massas rurais em luta pela conquista da terra. Incapaz de formular uma doutrina de Estado operário nacional e de elaborar um método de ação capaz de alcançar o fim imediato de sua existência, precisamente a fundação de um tal Estado, o partido não podia ter a capacidade de compreender a doutrina do Estado operário mundial, a doutrina da Internacional Comunista, e, por isso, era indubitavelmente necessário que ocorresse o atual embate entre a maioria do partido e seu comitê executivo. O desenrolar dos eventos é a última instância crítica das posições políticas e das ideologias: foi esse desenrolar que mostrou a real natureza do Partido Socialista, que forneceu a explicação de suas atitudes passadas, de seus erros passados. O Partido Socialista Italiano – que não compreendeu a necessidade de basear sua ação exclusivamente na classe operária urbana, mas quis ser o partido de "todos os trabalhadores" – terminou sendo o partido de "ninguém". Foi simplesmente um partido parlamentar, que podia se propor "corrigir" ou sabotar o Estado burguês, mas não podia se propor fundar um novo Estado. Demonstrou na prática que não foi capaz de compreender a posição hierárquica que, no âmbito nacional, deve ser ocupada pela vanguarda revolucionária (o proletariado urbano) em relação aos mais amplos estratos do povo trabalhador; e isso desde o momento em que sua maioria (trata-se, ao que parece, da maioria) afirmou que pretende recusar obediência ao mais alto poder do movimento operário mundial, ou seja, o Congresso Internacional e o Comitê Executivo, que é sua expressão legítima e seu organismo de governo. A falta de "civismo", a falta de "lealdade" do partido em face do Estado operário mundial demonstra sua íntima incapacidade até mesmo de conceber apenas um Estado operário nacional.

Na Itália, a permanente presença dos "D'Annunzio" (é "D'Annunzio" o viajante que tenta falsificar o bilhete ferroviário, o industrial que esconde

---

o projeto de lei não foi respeitado; e os industriais, nem bem se sentiram fortes o suficiente, passaram à ofensiva, reduzindo os salários e aplicando medidas de represália alguns meses depois. Ver "Domenica rossa", *L'Ordine Nuovo*, p. 163-7; Paolo Spriano, *L'occupazione delle fabbriche* (Turim, Einaudi, 1964). (N. E. I.)

44 | Os líderes e as massas

seus lucros, o comerciante que falsifica os balanços para fraudar o fisco)[11] e a ausência de todo espírito de civismo e lealdade nos burgueses em face das instituições sempre impediram a existência de um Estado parlamentar bem organizado (como o que existe na Inglaterra). Esses hábitos burgueses foram acolhidos pelo movimento operário. Manifestaram-se de modo clamoroso, nestes últimos meses, demonstrando que podem desagregar a Internacional, depois de terem conseguido paralisar por quase um ano as energias imanentes à classe operária nacional. Com sua posição clara e precisa, com sua firme intransigência, os comunistas querem defender da corrupção italiana, do ceticismo italiano, dos vícios da vida política italiana, o ainda frágil organismo do Estado operário mundial, pois os comunistas acreditam que, ao defender a Internacional Comunista, estão defendendo de modo eficaz também o futuro da revolução proletária italiana, o futuro do povo trabalhador italiano. E isso porque estão intimamente convencidos de terem assim iniciado o trabalho concreto de orientação e educação política que hoje é a condição primordial para a fundação do Estado operário italiano.

---

[11] Alusão a Gabriele d'Annunzio (1863-1938), poeta e dramaturgo italiano, a quem Gramsci se refere no cárcere como aquele de quem se podia esperar "todos os fins imagináveis, desde os mais à esquerda aos mais à direita". Antonio Gramsci, *Quaderni del carcere*, cit., Q. 9, § 141, p. 1.202.

CONTROLE OPERÁRIO[1]

Antes de examinar em seu conteúdo e em suas possibilidades o projeto de lei enviado à Câmara dos Deputados pelo ilustre Giolitti, é preciso esclarecer o ponto de vista adotado pelos comunistas para a discussão do problema[2].

Para os comunistas, definir o problema do controle significa definir o maior problema do atual período histórico, significa definir o problema do poder operário sobre os meios de produção e, por conseguinte, o problema da conquista do Estado. Desse ponto de vista, a apresentação de um projeto de lei, sua aprovação e sua execução no âmbito do Estado burguês são eventos de importância secundária: o poder operário tem e só pode ter razão de ser e de impor-se no interior da classe operária na capacidade política da classe operária, na potência real que a classe operária possui como fator indispensável e insuprimível da produção e como organização de força política e militar. Toda lei sobre isso que emane do poder burguês tem um único significado e um único valor: significa que realmente, e não só verbalmente, o terreno da luta de classes mudou, na medida em que a burguesia é obrigada, nesse novo terreno, a fazer concessões e a criar novos institutos jurídicos; ele tem o valor demonstrativo real de uma debilidade orgânica da classe dominante.

Admitir que o poder de iniciativa possa sofrer limitações, que a autocracia industrial possa se tornar "democracia", ainda que formal, significa

---

[1] Não assinado, *L'Ordine Nuovo*, ano I, n. 41, 10 de fevereiro de 1921. (N. E. I.)

[2] Giovanni Giolitti (1842-1928), político e estadista italiano, foi deputado em 1882 e 1924, ministro do Tesouro entre 1889 e1890, ministro do Interior entre 1901 e 1903 e presidente do conselho de ministros em 1892-1893, 1914, e 1920-1921. No contexto das mobilizações por melhores salários em agosto de 1920 e diante dos embates entre operários e industriais, com as ocupações de fábricas, Giolitti apresentou um projeto de lei que previa e normatizava o controle operário sobre a produção, encerrando as mobilizações operárias do período.

46 | Os líderes e as massas

admitir que a burguesia está agora efetivamente alijada de sua posição histórica de classe dominante, que a burguesia é efetivamente incapaz de garantir às massas populares as condições de existência e de desenvolvimento. Para livrar-se de ao menos uma parcela de suas responsabilidades, para criar um álibi para si mesma, a burguesia se deixa "controlar", finge deixar-se tutelar. Certamente seria muito útil, para os objetivos da conservação burguesa, que um avalista como o proletariado assumisse, diante das grandes massas populares, a tarefa de testemunhar que ninguém deve ser culpabilizado pela atual ruína da economia burguesa, mas que é dever de todos sofrer pacientemente, trabalhar com tenacidade, esperando que as atuais fraturas sejam soldadas e que um novo edifício seja construído sobre as atuais ruínas.

O terreno do controle, portanto, aparece como o terreno no qual burguesia e proletariado lutam para conquistar a posição de classe dirigente das grandes massas populares. O terreno do controle, portanto, aparece como o fundamento sobre o qual a classe operária, tendo conquistado a confiança e o consenso das grandes massas populares, constrói seu Estado, organiza as instituições de seu governo, chamando para integrá-lo todas as classes oprimidas e exploradas, e inicia o trabalho positivo de organização do novo sistema econômico e social. Com a luta pelo controle – luta que não se trava no Parlamento, que é luta revolucionária de massas e atividade de propaganda e organização do partido histórico da classe operária, o Partido Comunista – a classe operária deve adquirir, nos planos espiritual e organizativo, consciência de sua autonomia e de sua personalidade histórica. É por isso que a primeira fase da luta se apresentará como luta por determinada forma de organização. Essa forma de organização só pode ser o conselho de fábrica e a organização, nacionalmente centralizada, do conselho de fábrica. Essa luta deve ter como resultado a constituição de um conselho nacional da classe operária, que será eleito – em todos os níveis, do conselho de fábrica ao conselho urbano e ao conselho nacional – mediante sistemas e procedimentos estabelecidos pela própria classe operária, não pelo Parlamento nacional, não pelo poder burguês. Essa luta deve ser encaminhada no sentido de demonstrar às grandes massas da população que todos os problemas existenciais do atual período histórico, os problemas do pão, do teto, da luz, do vestuário, só podem ser resolvidos quando todo o poder econômico – e, portanto, todo o poder político – tiver sido transferido para a classe operária. Ou seja, essa luta deve ser encaminhada no sentido de organizar em torno da classe operária todas as forças populares em revolta contra o regime capitalista, com o objetivo de fazer com que a classe operária se torne efetivamente classe dirigente e guie todas as forças produtivas a se emanciparem mediante a realização do programa comunista. Essa luta deve servir para pôr a classe operária em condições de escolher, em seu próprio seio, os elementos mais capazes e enérgicos, para fazer deles seus novos dirigentes industriais, seus novos guias no trabalho de reconstrução econômica.

Desse ponto de vista, o projeto de lei apresentado pelo ilustre Giolitti à Câmara dos Deputados representa apenas um instrumento de agitação e propaganda. É assim que ele deve ser examinado pelos comunistas, para quem tal projeto, além de não ser um ponto de chegada, não é nem mesmo um ponto de partida e de apoio.

ÁGUA PARADA[1]

Existe a Confederação Geral do Trabalho? Por que existe a Confederação Geral do Trabalho? A Confederação Geral do Trabalho deve existir apenas para prodigalizar salários à sua longa lista de funcionários? Deve existir apenas para permitir que as pequenas vaidades de seus altos funcionários se elevem acima de uma pirâmide de 2 milhões de filiados e afirmem pomposamente: nós, poucos indivíduos, equivalemos a 2 milhões de homens e devemos ser tomados como representantes de 2 milhões de homens?

A confederação surgiu da necessidade, reconhecida pelas grandes massas operárias, de unificar e concentrar a luta de classes; da necessidade, reconhecida pelas grandes massas operárias, de dar à luta de classes uma direção e um impulso único; da necessidade, reconhecida pelas grandes massas operárias, de elaborar planos de ação unitários e coordenados, de implementá-los na realidade, de modo a evitar a dispersão de energia e a golpear mais fácil e rapidamente o adversário em seu centro vital. Hoje vê-se como a confederação, agora nas mãos dos reformistas e dos oportunistas, transformada em feudo dos reformistas e dos oportunistas, falhou absolutamente na realização de sua tarefa, no cumprimento de sua missão[2]. A confederação é como uma grande fábrica moderna cujo trabalho de direção caiu nas mãos de um bando de especuladores que não

---

[1] Não assinado, *L'Ordine Nuovo*, ano I, n. 46, 15 de fevereiro de 1921. (N. E. I.)

[2] O movimento das ocupações de fábrica de agosto de 1920 foi encerrado com a negociação entre o conselho nacional da Confederação Geral do Trabalho e Giovanni Giolitti, primeiro-ministro da Itália, que intermediou o acordo com os industriais, celebrado por meio do *referendum* de 24 de setembro de 1920. Gramsci comumente se referia aos dirigentes do Partido Socialista Italiano (PSI) como "oportunistas" e "reformistas", nesse caso especialmente porque haviam abdicado de sua tarefa de vanguarda revolucionária, permitindo que o movimento conselhista se encerrasse por um acordo de cúpulas.

têm nenhuma capacidade técnica industrial: a disciplina se degrada, a centralização se torna mera expressão verbal, o caos sufoca toda a energia vital, o organismo se desarticula e desmorona. A confederação, no entanto, nasceu, afirmou-se e desenvolveu-se por meio da polêmica de ideias e da disputa prática com o anarcossindicalismo, inimigo da centralização e da unidade de ação segundo um plano preconcebido. Vê-se agora que não há nenhuma diferença substancial entre o anarquismo e o reformismo: o reformismo revelou-se, como o anarquismo, incapaz de criar uma organização de classe potente, que assegure ao proletariado pelo menos o mínimo de condições necessárias à existência. Um problema hoje angustia e enche de incerteza a vida de toda a classe operária italiana: o desemprego. Esse é um problema existencial tanto do indivíduo operário quanto de toda a classe organizada nos sindicatos e nas federações. Qual é a visão da confederação sobre isso? Qual palavra de ordem a confederação lançou às massas arregimentadas em suas fileiras? Qual orientação dará aos organismos a ela subordinados? A confederação não fez nenhum comunicado, entendeu não ser necessário dizer nada sobre esse problema: a mesma tática de silêncio é rigorosamente seguida pelas grandes federações. Para que serve essa centralização? De que servem os medalhões do estado-maior da confederação? Qual é a função dos generalíssimos? Como no Exército italiano antes de Caporetto[3], os comandantes estão ausentes do campo de batalha; tal como no Exército italiano antes de Caporetto, os altos comandantes da confederação não se ocupam e não se preocupam com a dor e o sofrimento das tropas sob seu comando; todo o peso e todas as responsabilidades são largados nas costas dos comandantes subalternos. A ação geral se desintegra em uma multiplicidade de ações desconexas e desordenadas; uma brigada ignora o que faz a outra, um regimento ignora o que fazem os outros: a responsabilidade pela solução do problema está sendo deixada às fábricas isoladas, às divisões particulares, à consciência dos indivíduos.

A organização sindical nasceu para melhorar as condições de jornada e salário do proletariado, para guiar as grandes massas exploradas rumo à sua

---

[3] A batalha de Caporetto (na Eslovênia) ocorreu em 1917, durante a Primeira Guerra Mundial, a partir de uma ofensiva de Viena e Berlim contra o Exército italiano, que foi derrotado.

emancipação integral do jugo capitalista. Hoje, a organização sindical, nas mãos dos reformistas e transformada em feudo dos reformistas, não apenas se mostra incapaz de guiar o proletariado em direção à revolução, à sua independência econômica e política, não apenas demonstra ser incapaz de realizar melhorias efetivas no campo do salário e da jornada, mas se revela inapta também para garantir a continuidade do trabalho, isto é, a continuidade do pão de cada dia, da vestimenta, da moradia. Houve uma enorme concentração de massa humana, foi mobilizado um grande exército; mas de que serve o melhor e mais potente instrumento de guerra nas mãos de generais ineptos, nas mãos de politiqueiros sem programa e sem ideias?

Nesse período de preparação febril do congresso da confederação é necessário que as massas operárias coloquem os dirigentes sindicais em face de suas responsabilidades imediatas. Os chefes sindicais devem ser constrangidos a sair de seu torpor. Por que permitiram que a situação chegasse a esse ponto? O que fizeram para evitar que a classe operária fosse jogada na angústia em que hoje se debate? O que pretendem fazer no futuro? Qual é seu plano de ação? Acaso desejam que o proletariado se afogue nas águas paradas de sua irresponsabilidade e de sua inépcia?

QUE FAZER?[1]

O flagelo do desemprego que assola cruelmente a classe operária industrial é um fenômeno que pode manter indiferente a grande massa da população? O camponês, o empregado de escritório, o soldado, o marinheiro ou o pastor devem e podem ver no problema do desemprego industrial, da crise da produção industrial, uma questão puramente corporativa, uma questão puramente sindical, a ser resolvida por meio de um duelo argumentativo entre os delegados operários e os representantes dos industriais, por meio de uma discussão de pontos de vista sobre este ou aquele ponto de uma convenção?

O desemprego tem sua principal origem em um conflito de poder. Os industriais querem fabricar armas e munições; os industriais querem retomar, em grande escala, a produção bélica; os industriais estão dispostos até mesmo a ampliar as instalações, recrutar novos trabalhadores e aumentar os salários. Os operários não querem trabalhar para a preparação de uma nova guerra, os operários desejam que todo o aparato industrial seja voltado à produção dos objetos indispensáveis para a retomada da vida civil, para a satisfação das necessidades mais urgentes da sociedade. Nesse conflito encontra-se a principal origem da crise de desocupação que hoje assola a classe operária. Mas esse conflito é somente entre os operários de uma fábrica e o proprietário dessa mesma fábrica? Subsiste somente entre os trabalhadores de uma cidade e os empresários que atuam nessa mesma cidade? Não se trata, então, de uma questão que interessa a todo o povo de um país, que interessa a todo o povo que não deseja novas guerras, que não deseja que sejam desperdiçadas matérias-primas disponíveis em trabalhos socialmente improdutivos, enquanto a agricultura definha por falta de maquinário, enquanto não há casas, não há sapatos, não há combustível, e toda a

---

[1] Não assinado, *L'Ordine Nuovo*, ano I, n. 48, 17 de fevereiro de 1921. (N. E. I.)

52 | OS LÍDERES E AS MASSAS

organização civil desmorona e se decompõe? O camponês, o soldado, o empregado de escritório, o marinheiro, o pastor são todos parte interessada nessa questão: quem não deseja que sejam preparadas novas guerras (e por que se fabricam armas, se não para novas guerras?), quem deseja que as forças produtivas nacionais sejam dedicadas à produção útil, a curar as feridas profundas deixadas pela guerra no corpo social, a pôr de novo a organização da vida civil em condições de funcionar e poder satisfazer as exigências da vida dos homens, todos esses são interessados em apoiar a luta dos operários industriais, todos devem poder intervir na discussão e expressar suas opiniões.

De que modo podem as grandes massas intervir nessa questão? Por quais mecanismos? Basta colocar-se essa questão para que se ponha em termos reais o problema mais urgente do período atual. O povo não tem à disposição nenhuma instituição em que se realize sua vontade, por meio da qual possa encontrar uma expressão sincera e imediata de sua vontade.

O Parlamento não se preocupa minimamente com o problema: ele o ignora. Grandes massas sofrem desesperadamente, e o Parlamento ignora esse sofrimento. A classe dos operários industriais luta e sacrifica-se para impedir que o aparato industrial seja dedicado à fabricação bélica, para impedir que a disponibilidade de matérias-primas seja desperdiçada na fabricação de artilharia letal; a classe operária quer produzir arados e não metralhadoras, quer produzir sapatos para a população civil e não para os armazéns militares, quer produzir meios de transporte úteis e não carros de assalto, e o Parlamento ignora essa vontade, e o Parlamento, que pretende ser o depositário da vontade e da soberania popular, que pretende ser a mais alta expressão dos interesses vitais da nação, ignora até mesmo a existência desses problemas e dessas discussões.

A Confederação Geral do Trabalho [CGL] pretende representar os interesses coletivos. Mas qual palavra de ordem lançaram os chefes da confederação para dar às grandes massas uma orientação para a luta? A CGL revelou não ser nada além de uma organização burocrática, tão afastada das massas quanto o Parlamento. A questão do controle, a questão de saber se os industriais podem ter liberdade ilimitada para esbanjar forças produtivas e matérias-primas em fabricações inúteis e perigosas para a paz social, foi colocada pela confederação, mas sem convicção, sem propósito real, sem programa. Hoje, quando a questão adquire um caráter histórico, hoje, que aparece de modo evidente quanto é necessário convocar as grandes massas à luta para dar sustentação aos operários industriais que desejam assumir o controle pelo interesse das grandes massas, hoje, a confederação se cala, não quer assumir a responsabilidade, deixa os operários à própria sorte.

Apresenta-se, pois, com toda a urgência, o problema de como as grandes massas populares poderão expressar sua vontade, de como as grandes massas populares poderão exprimir seu parecer acerca da crise industrial, que não interessa apenas ao operário, mas também ao camponês, ao empregado de escritório, ao soldado, ao marinheiro, ao pastor, que interessa a toda a população que trabalha e sofre. Os capitalistas gostariam de restringir o debate; também os chefes da confederação gostariam de restringi-lo. Os capitalistas têm todo o interesse em manter em um campo limitado e estreito as discussões que se referem à formação de seu lucro. Os operários, ao contrário, têm todo o interesse em generalizar essa discussão; os operários podem sempre mostrar que sua luta não é egoísta; os operários podem sempre mostrar que seus interesses coincidem com os da maioria da população. Já que os industriais querem o confronto, já que os industriais desejam, com o desemprego, com a fome, constranger os operários a fabricar armas, é necessário encontrar um campo de discussão em que toda a classe trabalhadora possa intervir. Queremos saber o que pensam os camponeses, queremos saber o que pensam os soldados, queremos saber o que pensam os empregados de escritório, queremos saber o que pensam os marinheiros, queremos saber o que pensam todas as categorias que não são imediatamente ocupadas na indústria. Em torno dos conselhos de fábrica, que organizam os empregados industriais, é preciso promover assembleias mais abrangentes, nas quais sejam representados todos os outros trabalhadores, às quais possam ser enviadas todas as opiniões, inclusive as dos soldados das casernas. É necessário que, por meio dessa representação direta, a grande massa da população que vive e trabalha em torno das grandes cidades industriais responda a estas questões precisas: devem os operários continuar com a fabricação de armas? A recusa dos operários de fabricar armas pode ser punida com a fome? O que a massa popular pretende fazer para apoiar os operários na luta, que de um momento para outro pode se tornar muito dura?

A CONFEDERAÇÃO GERAL DO TRABALHO[1]

Os comunistas não terão a maioria no congresso da confederação que está para reunir-se em Livorno[2]: assim, é quase certo que nos futuros congressos, não obstante todos os esforços de propaganda e organização, os comunistas não terão a maioria. A situação apresenta-se nestes termos: para ter a maioria no congresso, os comunistas teriam de conseguir renovar radicalmente o estatuto; no entanto, para mudar o estatuto, é preciso já ter a maioria. Se os comunistas se deixarem capturar por esse círculo vicioso, farão o jogo da burocracia sindical – por isso é necessário que a oposição tenha uma orientação precisa e um método capaz de romper a atual condição.

A Confederação Geral do Trabalho (nos outros países a situação é idêntica à italiana) é um mecanismo de governo que não pode ser comparado ao Estado parlamentar burguês: ela pode encontrar modelo somente nas antigas organizações estatais assírias e babilônicas ou nas associações guerreiras que até hoje existem na Mongólia e na China. Isso se explica de um ponto de vista histórico. As massas entraram no movimento sindical por medo de serem esmagadas por um adversário que sabem ser muito

---

[1] Não assinado, *L'Ordine Nuovo*, ano I, n. 56, 25 de fevereiro de 1921. (N. E. I.)

[2] O V Congresso da Confederação Geral do Trabalho (CGL), primeiro após a guerra, iniciou seus trabalhos em Livorno em 26 de fevereiro e encerrou-os em 3 de março. A confederação, no momento do congresso, contava com 2 milhões de filiados e tinha uma direção reformista. A fração comunista apresentou uma moção na qual propunha uma renovação radical da estrutura e das funções dos sindicatos, a separação da Internacional Sindical de Amsterdã, a ruptura do pacto de aliança com o Partido Socialista, a adesão à Internacional Sindical de Moscou. O enviado especial de *L'Ordine Nuovo* foi Palmiro Togliatti, redator-chefe do jornal, que, por sua vez, permanecera em Turim durante o Congresso Socialista para supervisionar a publicação do jornal. (N. E. I.)

potente [...][3] e do qual não têm condições de prever os golpes e as iniciativas. Preocupadas com essa condição de inferioridade absoluta, sem nenhuma educação constitucional, as massas abdicaram completamente de toda soberania e de todo poder; a organização tornou-se para elas a mesma coisa que a pessoa do organizador, do mesmo modo que, para um exército em campo, a pessoa do dirigente torna-se o paladino do bem--estar comum, torna-se a garantia do sucesso e da vitória.

Teria sido tarefa do Partido Socialista dar às massas populares a preparação política e a educação constitucional de que careciam. Era tarefa do Partido Socialista inovar gradualmente as formas organizativas e transferir o máximo de poder para as mãos das massas. O partido não fez nada disso; a organização foi completamente deixada à mercê de um grupo restrito de funcionários, que montaram minuciosamente a máquina que hoje lhes dá domínio absoluto. Sete anos sem congresso permitiram ainda mais[4]: todo um enxame de funcionários foi escalonado nas posições mais importantes e constituiu-se uma fortaleza impenetrável até para os mais tenazes e voluntariosos. O Congresso Socialista de Livorno explica-se somente por esse estado de coisas existente no campo sindical: o Partido Socialista está completamente nas mãos da burocracia sindical, que, de resto, com seu pessoal e com os meios das organizações, buscou a maioria na tendência unitária; o Partido Socialista reduziu-se a fazer as vezes de jagunço* dos burocratas e dos líderes que estão à frente da federação e da confederação.

Os comunistas devem reconhecer esse estado de coisas e agir de forma consequente. Os comunistas devem considerar a confederação no mesmo

---

[3]   Frase incompreensível. (N. E. I.)

[4]   Gramsci refere-se aqui ao período compreendido entre o V e o IV Congresso da CGL, este último ocorrido na cidade de Mantova, entre 5 e 9 de maio de 1914.

*   No original, o termo usado aqui é *"giannizzero"* (em português, "janízaro"), que significa, conforme a Enciclopédia Treccani, "novo soldado" e, coletivamente, "nova milícia". É o nome dos soldados de um corpo de tropas do Império Otomano estabelecido sob o sultão Orcano I (século XIV). Um janízaro (do turco *yeniçeri*) é guarda-costas de alguém poderoso. Para o leitor brasileiro, o termo "jagunço", que se refere a seguranças/milícias informais, a soldo de um poderoso local e por vezes auto-organizados em torno de interesses próprios, ilustra melhor a imagem pretendida por Gramsci no texto que o termo "janízaro", pouco conhecido. (N. T.)

nível do Estado parlamentar, isto é, como um organismo no qual a conquista do poder não pode acontecer pelas vias constitucionais. Além disso, a questão confederativa deve ser observada tendo-se em conta estes outros postulados: que se deseja alcançar a unidade proletária e abordar em termos revolucionários o problema do controle sobre a produção. O campo de atividade do Partido Comunista é toda a massa de operários e camponeses; a Confederação Geral do Trabalho é o teatro de maior propaganda e maior atividade somente porque abarca numericamente a maior parte dos operários e camponeses italianos organizados, isto é, os mais conscientes e preparados.

A luta pela formação e pelo desenvolvimento dos conselhos de fábrica e empresa, acreditamos, é a luta específica do Partido Comunista. Ela deve fazer o partido ter condições de comprometer-se diretamente com uma organização centrada na massa operária, organização que deve ser superior a todas as outras existentes e que também deve ser reconhecida pelas massas como a única competente e autorizada a divulgar palavras de ordem pela ação geral. Com a luta pelos conselhos será possível conquistar de modo estável e permanente a maioria na confederação e alcançar, se não no período pré-revolucionário, certamente no período pós-revolucionário, as posições dirigentes. Esse processo já se verificou na Rússia: nas jornadas revolucionárias de novembro de 1917, os proclames e os manifestos do partido bolchevique não levavam a assinatura da União Panrussa de Sindicatos, levavam a assinatura da Central Panrussa dos Conselhos de Fábrica.

Certamente é importante que haja no seio da confederação uma forte minoria comunista organizada e centralizada, e para esse objetivo devem ser mobilizados todos os nossos esforços de propaganda e ação. Contudo, mais importante histórica e taticamente é que nenhum esforço seja poupado para que logo após o congresso de Livorno seja possível convocar um congresso dos conselhos e das comissões internas de todas as fábricas e empresas italianas e que desse congresso ganhe forma uma central que abarque em seus quadros organizativos toda a massa proletária.

BUROCRATISMO[1]

O Congresso da Central Geral do Trabalho em Livorno terminou[2]. Nenhuma palavra nova, nenhuma orientação saiu desse evento. As grandes massas populares italianas esperaram inutilmente uma orientação, uma palavra de ordem que as iluminasse, que conseguisse aplacar sua ansiedade e dar forma à sua paixão. O congresso não se posicionou e não resolveu nenhum dos problemas vitais para o proletariado no atual período histórico: nem o problema da emigração, nem o do desemprego, nem o das relações entre operários e camponeses, nem o das instituições que melhor podem abrigar o desenvolvimento da luta de classes, nem o da defesa material das sedes dos órgãos da classe e da integridade pessoal dos militantes operários. A única preocupação da maioria congressual foi salvaguardar e garantir a posição e o poder político dos atuais dirigentes sindicais, salvaguardar e garantir a posição e o poder (poder impotente) do Partido Socialista[3].

Nossa luta contra o burocratismo sindical não poderia encontrar melhor justificação. Em muitas regiões da Itália, as massas dos trabalhadores foram à luta para defender seu direito elementar à vida, à liberdade de andar pelas ruas, de associar-se, de reunir-se, de ter seus próprios locais de reunião. O terreno da luta logo se tornou trágico: incêndios, tiroteios, rajadas de metralhadoras, dezenas e dezenas de mortos[4]. A maioria do

---

[1] Não assinado, *L'Ordine Nuovo*, ano I, n. 63, 4 de março de 1921. (N. E. O)

[2] O V Congresso da Confederação Geral do Trabalho (CGL) ocorreu em Livorno entre os dias 26 de fevereiro e 3 de março de 1921.

[3] Gramsci responsabilizava o Partido Socialista Italiano (PSI) pela degeneração burocrática do movimento sindical na Itália.

[4] Durante o Congresso da CGL, ocorria uma das mais graves ofensivas fascistas. Em diferentes partes da Itália, bandos armados incendiaram as câmaras do trabalho e atacaram operários, que resistiam sozinhos, sem apoio de suas lideranças, reunidas em congresso.

58 | Os líderes e as massas

congresso não se comoveu com tais acontecimentos; a tragédia das multidões populares, que se defendiam desesperadamente contra inimigos implacáveis e cruéis, não foi capaz de levar à seriedade, de infundir o sentido das próprias responsabilidades históricas a essa maioria formada por homens de coração frio e cérebro dessecado. Esses homens não vivem mais para a luta de classes, não sentem mais as mesmas paixões, os mesmos desejos, as mesmas esperanças das massas: entre eles e as massas criou-se um abismo insuperável. O único contato entre eles e as massas é o registro das contribuições e o cadastro dos filiados. Esses homens já não veem o inimigo na burguesia, mas nos comunistas; têm medo da concorrência, são líderes que se tornaram banqueiros de homens em regime de monopólio e o menor sinal de concorrência os põe loucos de terror e desespero.

O Congresso da Confederação Geral do Trabalho em Livorno foi, para nós, uma experiência formidável, que superou nosso pessimismo. Nós, de *L'Ordine Nuovo*, sempre vimos no problema sindical, no problema da organização das grandes massas, no problema da seleção do estafe dirigente dessa organização, o problema central do movimento revolucionário moderno; mas nunca havíamos sentido como hoje toda a gravidade e a extensão do problema, toda a gangrena que corrói o movimento. Os artigos de *L'Ordine Nuovo* foram lidos, anotados e comentados no congresso. Encheram o auditório de urros e tumultos. Mas tais textos não expressavam nem a décima parte do nosso juízo pessimista sobre os homens e as instituições. E esse juízo agravou-se ainda mais depois do congresso. Sim, porque enquanto os operários lutavam nas ruas e nas praças, enquanto as chamas dos incêndios enchiam de terror as populações e as induziam desesperadas à exasperação individual e às mais espantosas represálias, não podíamos sequer imaginar que os supostos delegados dessas massas populares fossem capazes de se perder nas mais pútridas e malsãs baixezas da luta pessoal. As multidões sangravam nas ruas e nas praças, canhões e metralhadoras entravam em cena, e esses dirigentes, esses líderes, esses futuros administradores da sociedade enlouqueciam e espumavam de ódio por causa de um artigo de jornal, de uma nota, de uma manchete.

E eles queriam nos convencer de que havíamos agido mal, de que havíamos cometido um crime quando nos separamos deles; e queriam nos convencer de que somos levianos, irresponsáveis, de que somos "mila-greiros", de que não somos capazes de compreender e pesar as dificulda-des das situações históricas e dos movimentos revolucionários. E queriam nos persuadir de que neles se encarnam a sabedoria, a competência, a técnica, o bom senso, a capacidade política e administrativa acumulada pelo proletariado em sua luta e em suas experiências históricas de classe. Ora, ora... O Congresso da Central Geral dos Trabalhadores reabilita o Parlamento, reabilita as piores assembleias das classes que, no passado, revelaram-se as mais corruptas e putrefatas.

Aumentou o nosso pessimismo, não diminuiu a nossa vontade. Os burocratas não representam as massas. Os Estados absolutistas eram jus-tamente Estados dos funcionários, Estados da burocracia: eles não repre-sentavam as populações e foram substituídos pelos Estados parlamentares. A Central Geral do Trabalho representa, no desenvolvimento histórico do proletariado, o que o Estado absolutista representou no desenvolvimento histórico das classes burguesas; ela será substituída pela organização dos conselhos, que são os parlamentos operários e têm a função de corroer os sedimentos burocráticos e transformar as velhas relações organizativas. Aumentou o nosso pessimismo, mas é sempre viva e atual a nossa divisa: pessimismo da inteligência, otimismo da vontade[5].

---

[5] Expressão atribuída ao escritor francês Romain Rolland (1866-1944). Gramsci já a havia empregado uma vez em *L'Ordine Nuovo*, em 10 de julho de 1920, e voltou a utilizá-la em di-versas notas dos *Cadernos do cárcere*. Ver Antonio Gramsci, *Quaderni del carcere: edizione critica dell'Istituto Gramsci a cura di Valentino Gerratana* (Turim, Einaudi, 1975), p. 75, 762, 1.131 e 2.332.

O CONTROLE OPERÁRIO NO CONSELHO DO TRABALHO[1]

Há alguns dias, no Conselho Superior do Trabalho[2], iniciou-se uma discussão, que prossegue, sobre o projeto de lei para a instituição do controle operário[3], preliminar àquela que deverá ocorrer no Parlamento, recapitulando as discussões que tiveram lugar no país nas câmaras de comércio, nas organizações patronais e nas demais instituições da classe burguesa. Há alguns dias desenrola-se com calma o elegante torneio entre os representantes das organizações industriais e os das organizações operárias. Discursos sucedem a discursos, argumentos se opõem a argumentos. Olivetti diz e D'Aragona responde, Baldesi expõe e De Benedetti objeta, falam Rejna e Giulietti e rebate Jarach[4]. O sonho dos chefes da Confederação Geral do Trabalho de estar no mesmo patamar e com poderes quase legislativos ao lado dos chefes do governo industrial da Itália está se realizando, e está próxima a realização, ao que parece, de outro sonho seu, aquele de serem investidos, finalmente, de faculdades praticamente legislativas. Diz-se, na verdade, que o projeto do controle, como sairá elaborado do colóquio que está acontecendo nesses dias, será submetido somente por formalidade à assembleia parlamentar. Verificar-se-ia, assim, um tipo de transferência de poderes de caráter singular do ponto de vista constitucional, embora não

---

[1]   Não assinado, *L'Ordine Nuovo*, ano I, n. 72, 13 de março de 1921. (N. E. I.)

[2]   O Conselho do Trabalho foi instituído por Giovanni Giolitti depois da ocupação das fábricas. (N. E. I.)

[3]   Projeto de lei proposto por Giovanni Giolitti (1842-1928), então presidente do conselho de ministros, que previa e normatizava o controle operário sobre a produção.

[4]   Entre os nomes mais conhecidos citados por Gramsci estão: deputado Gino Olivetti, secretário da Confederação Geral da Indústria; Ludovico d'Aragona, secretário-geral da Confederação Geral do Trabalho (CGL); Gino Baldesi, secretário adjunto da CGL; Giuseppe Giulietti, operário sindicalista.

O CONTROLE OPERÁRIO NO CONSELHO DO TRABALHO | 61

tão notável pela substância, visto que uma academia equivale à outra, embora haja em uma mais suavidade e cortesia e na outra se troquem insolências e socos com maior frequência.

O fato só é notável porque houve e ainda há quem defenda que o sistema de discussões semelhantes perante os órgãos que, por eufemismo, se denominam técnicos deveria, de modo geral, não só tomar o lugar das discussões na política, mas também eliminar as disputas e as lutas que até agora aconteciam no campo aberto das batalhas do trabalho. É o parlamento do trabalho em ação. É o triunfo do colaboracionismo. É o fim da luta de classes. No entanto, agradecemos ao acaso que o primeiro experimento ocorra em tais condições, que iluminam brutalmente o grotesco dessa teoria.

Assim, enquanto hoje a classe operária se encontra em campo aberto, engajada em uma das mais ásperas lutas de que se recorda sua história, e pelas praças tombam seus combatentes e sobem alto no céu as chamas dos incêndios das câmaras do trabalho e das redações dos jornais proletários; assim, enquanto os proletários veem negado pelos patrões seu elementar direito ao trabalho e, dia após dia, cresce a sombria fila dos desempregados e dos famintos e já não existe segurança de futuro para ninguém; assim, nesse mesmo momento, a força normal, racional, correta de participação dos proletários na vida política da classe e do país seria esta de enviar os funcionários das organizações para o duelo cortês e elegante com os funcionários das organizações do inimigo? E vivas à técnica que permite a esses funcionários, a esses técnicos da vida da classe, sentir de tal forma as privações e as necessidades vitais da classe que representam; e palmas à técnica que lhes permite trocar discursos e contradiscursos, argumentar, discutir e rebater, enquanto nas ruas e no campo nós nos matamos, enquanto nas casas nós começamos a passar fome. Quem quererá negar agora, diante desse edificante espetáculo, que o parlamento do trabalho seja a forma concreta, plenamente de acordo com a realidade, perfeitamente adequada às necessidades históricas da luta de classes no momento atual?

E assim, uma vez que será discutido por uma semana, uma vez que por mais uma semana ou duas haverá debate também no Parlamento, entre deputados e senadores, a lei do controle passará, de um modo ou de outro. E isso quererá dizer que a palavra se tornará realidade, que os trabalhadores

62 | Os líderes e as massas

controlarão a indústria? Se assim fosse, nós nos regozijaríamos. O momento atual é, na verdade, o momento típico do controle, porque é o momento da sabotagem da produção levada a cabo pelos patrões. Em situação análoga, na Rússia, os operários, reivindicando o controle da produção, aderiram à insurreição e à vitória revolucionária. Mas, para os operários russos e suas lideranças, controle não significava outra coisa senão ampliação do poder dos organismos de governo industrial criados nas fábricas dos operários, e a luta no campo econômico estava unida, formava uma coisa só com a luta revolucionária conduzida sob o lema: "Todo o poder aos conselhos dos operários e dos camponeses".

Na Itália, os funcionários das organizações comerciais entendem a luta pelo controle como uma academia de discursos a realizar-se no fórum paritário do Conselho do Trabalho, pretendem a implementação do controle como a instituição de algumas comissões sobre as quais os funcionários dos dois campos discutam conjuntamente. E os operários não estão interessados em nada disso. Não estão interessados nem os próprios núcleos que iniciaram a próspera vida dos organismos de fábrica e que o fizeram sem a permissão dos funcionários, *indisciplinados* que eram. Também não estão interessados os patrões que, enquanto mandam os funcionários discutir, dão seguimento à sabotagem determinada e continuamente. Os patrões conhecem o jogo e jogam-no com segurança. Mas os operários que sentem a necessidade da luta de classe percebem que nenhuma discussão educada e nenhum projeto elaborado valerão alguma coisa para a sua defesa; a única coisa que lhes serve é o controle efetivo, isto é, a luta contínua conduzida pelos operários da fábrica para dar liberdade e poder aos seus órgãos de governo. Mas quanto mais essa luta se estende, quanto mais ela se aprofunda, mais cresce o abismo entre as classes, mais a luta se torna acirrada, sem trégua, sem respiro. E mais aparece a vaidade das academias "conjuntas", uma grotesca vaidade de aspirações e tentativas de colaboração. A classe operária, o grande exército dos operários fabris e dos camponeses, adquire uma psicologia cada vez mais distinta daquela de seus chefes, que ainda são capazes de acariciar tais vaidades. No momento em que a luta se transforma em decisão, esse exército deve pensar em gestar em seu próprio seio os chefes e as instituições que efetivamente o enquadrarão para a batalha suprema.

DISCIPLINA[1]

No Congresso da Confederação de Livorno, o Partido Socialista recebeu a maioria dos votos dos operários italianos organizados. A Confederação Geral do Trabalho pode ser considerada hoje um organismo socialista, que recebe o apoio e é ligada à disciplina do partido; de todo o bem que faz a direção da Confederação, uma parte maior do mérito deve ser atribuída ao Partido Socialista, mas a esse partido também deve ser atribuída, reciprocamente, grande parte da responsabilidade pela inércia e pelos erros da direção da confederação.

Desde o Congresso de Livorno, a crise industrial se agravou. A ameaça de um fechamento generalizado torna-se cada vez mais nítida no horizonte do proletariado. Qual palavra de ordem a Confederação e o Partido Socialista pretendem lançar para os operários e os camponeses? Que ações pretendem desenvolver? Como deverão comportar-se a Câmara do Trabalho e as ligas particulares diante da crise? O que os dirigentes locais devem dizer às massas de desempregados que têm fome, que já não podem recorrer ao crédito, que não podem mais esperar?

A maioria socialista em Livorno insistiu na necessidade da disciplina sindical. Muito bem. Mas com qual palavra de ordem se deve ser disciplinado no movimento sindical? Esse é o ponto acerca do qual é necessário ter esclarecimento e precisão. Os companheiros comunistas devem insistir cotidianamente nessa questão na Câmara do Trabalho, nas ligas particulares, nas fábricas. É necessário chamar os dirigentes às suas responsabilidades, é necessário constranger os dirigentes a assumir suas responsabilidades para com as massas.

---

[1] Não assinado, *L'Ordine Nuovo*, 19 de março de 1921. (N. E. I.)

A Confederação Geral do Trabalho é o Estado dos operários no regime burguês. Nesse Estado, o governo está nas mãos dos socialistas: é do governo socialista a responsabilidade do pão, do teto, do vestuário de que necessitam os operários e suas famílias para sua subsistência. O que esse governo faz para assegurar os elementos de subsistência aos seus súditos? Esse governo deseja evitar a guerra (a guerra civil), portanto sua única preocupação é evitá-la. É um método. Os comunistas não acreditam que seja o melhor método: os comunistas creem que a guerra é inevitável e sustentam que todas as energias do proletariado e do campesinato devem ser mobilizadas para que possam suportar o impacto e sair vitoriosos da luta. Mas como aplicam seu método os socialistas que estão na direção da Confederação em nome e por obra do Partido Socialista? Apenas fazem afirmações, mas não as desenvolvem. Limitam-se a não assumir responsabilidades, limitam-se a fazer ouvidos de mercador aos lamentos das massas que sofrem cruelmente e já não podem mais resistir à pressão da fome. É necessário, portanto, que os dirigentes sejam forçados a pronunciar-se, a assumir todas as responsabilidades de um governo legítimo, que está no poder porque obteve a maioria dos sufrágios sindicais.

Os comunistas não darão mais trégua ao Partido Socialista, que se declarou estritamente disciplinado e centralizado e, portanto, é corresponsável direto por tudo o que fazem e não fazem seus filiados. O problema do desemprego é um problema nacional, só pode ser enfrentado nacionalmente, com uma ação coordenada. A Confederação é a central do movimento operário italiano; deve dizer aberta e claramente o que pretende fazer e não fazer. É correto que o movimento sindical seja disciplinado. Mas disciplina pressupõe programa de ação, pressupõe uma concepção geral do momento que se atravessa, pressupõe uma previsão do desenvolvimento dos fatos. Qual é o programa de ação, qual é a concepção geral, quais são as previsões dos homens que a maioria dos operários italianos organizados investiu do poder supremo, investiu da responsabilidade de supervisionar os mais vitais interesses das grandes massas populares?

O OPORTUNISMO CONFEDERATIVO[1]

Os oportunistas do [jornal] *Battaglie Sindacali*[2] não são muito originais nem muito argutos. São simplesmente uns incompetentes que têm medo das responsabilidades.

A propósito da última reunião do comitê confederativo em Roma e da moção aprovada acerca da "crise" atual, nós apresentamos este questionamento: "O comitê tem uma linha de ação? Elaborou um plano de resistência e luta? Essa linha de ação hipotética está ligada a uma concepção geral da 'crise' em que se debate nosso país?".

A essa pergunta, o *Battaglie Sindacali* não responde; o órgão central da Confederação Geral do Trabalho, com a leveza espiritual que é típica dos incompetentes e dos irresponsáveis, evita questionamentos, brinca com coisas sérias, distorce perguntas, demonstrando luminosamente uma única coisa: seu medo das posições claras, seu medo de se comprometer com as massas de operários que passam fome por causa da "crise", que foram lançadas à "crise" em uma situação horrível de incerteza sobre seu futuro e o de seus filhos.

A "crise" atual desaguará na morte ou na renovação do capitalismo? Do ponto de vista burguês, é uma crise ou uma catástrofe? Como devem comportar-se os proletários diante disso? Devem apenas resistir, a resistência pura e simples, podendo tornar-se também recuo, ou devem

---

[1] Não assinado, *L'Ordine Nuovo*, ano I, n. 190, 10 de julho de 1921. (N. E. I.)

[2] *Battaglie Sindacali* era o órgão de imprensa da Confederação Geral do Trabalho (CGL). Sobre isso, conferir "A linha de ação" no jornal *Battaglie Sindacali* de 9 de julho de 1921 (ano III, n. 26, não assinado), no qual acusam-se os comunistas de chamar para dar sustentação a suas teses os economistas liberais, além da Internacional Comunista, e de estarem convencidos de estarem no limiar da revolução; rebate-se também a ideia de que a crise é um fenômeno transitório, consequência "de um período de mastodôntico desenvolvimento produtivo". (N. E. I.)

66 | Os líderes e as massas

lutar, passar à ofensiva, conquistar o poder político, impedir assim que a ruína atual se torne mais grave e profunda?

Muito ingenuamente os oportunistas do *Battaglie Sindacali* escrevem que enxergamos a revolução... a quatro passos. Ainda mais tolamente conclamam os comunistas a realizar logo essa famosa revolução que anunciam próxima a cada quarto de hora.

Os comunistas têm uma concepção própria acerca do atual período histórico, concepção baseada em sua crítica profunda e minuciosa do sistema econômico burguês. A essa concepção os oportunistas não opõem nada de substancial e concreto; na verdade, dizem que a reconhecem como real e, com base nesse reconhecimento genérico, fundam sua pretensão de serem recebidos como parte da Internacional Comunista. O que defende a Internacional Comunista? Que o período atual é singularmente revolucionário, no sentido de que o regime é incapaz de satisfazer as exigências vitais das grandes massas trabalhadoras e o proletariado é premido pela necessidade de sua própria conservação a tomar em suas mãos o poder político. Essa necessidade está além do arbítrio de indivíduos e grupos políticos: ela leva à criação de uma situação instável, obscura, na qual as previsões de tempo e espaço tornam-se impossíveis. A sabedoria política aconselha aos partidos proletários que estejam prontos e dispostos a todo instante, porque a qualquer momento, dada a situação caótica e cheia de imprevistos, pode haver rupturas insanáveis na sociedade burguesa e, mesmo contra nossa vontade, podemos passar da revolução potencial à revolução em ação, à luta decisiva. Dessa concepção o II Congresso da Internacional Comunista[3] abordou a tática e o método; com prudência, com sabedoria, com sagacidade. De fato, as teses da Internacional Comunista preveem tanto a ação imediata quanto a possibilidade de um refluxo; como se explicariam as teses sobre o parlamentarismo revolucionário e a ação tenaz e paciente que os comunistas devem desenvolver no campo sindical e cooperativo, se não com a sabedoria proletária dos comunistas, os quais

---

[3] O II Congresso da Internacional Comunista ocorreu em Petrogrado e Moscou, entre 19 de julho e 7 de agosto de 1920. Gramsci enviou para o evento a tese "Por uma renovação do Partido Socialista", texto publicado também no *L'Ordine Nuovo*, em 8 de maio de 1920.

desejam ser capazes de dominar toda a situação, em seu conjunto, com seus imprevistos e suas faces obscuras e caóticas?

Os chefes sindicais sabem muito bem disso, sabem qual é a tática e a linha de ação dos comunistas. Por isso, às vezes dizemos que seu oportunismo é uma verdadeira traição. Que saiam do equívoco, que se coloquem francamente contra as teses da Internacional Comunista e só então poderão pretender ser levados a sério. Em vez de travar a guerrilha fascista contra esse ou aquele detalhe, que contraponham sua concepção à dos comunistas, que a sustentem diante da massa operária, apresentem uma tática, um método, uma linha de ação: é o que lhes pedimos há vários meses, insistentemente, isso e nada mais.

As condições da classe operária agravaram-se e tornaram-se mais duras por causa dessa indiferença (medo das responsabilidades causado pela incompetência) da confederação. A confederação é o governo atual da classe operária: politicamente, é a responsável pela situação, assim como é responsável o governo do Estado burguês. Dentro da confederação, os comunistas são cidadãos que têm o direito e o dever de controlar, exigir satisfações dos planos de governo, dos métodos de governo, dos fins do governo. Os comunistas têm o direito e o dever de perguntar aos governantes: o que vocês pretendem? Como pretendem empregar a força de que dispõem? Vocês prometeram nos apoiar em uma batalha. Em que consiste essa "batalha"? Qual deve ser a disposição estratégica das forças? Até onde podemos e devemos ir? Como devemos organizar as articulações? Precisamos de um programa, de um plano. Vocês têm um plano? Ou devemos confiar em vocês como o povo italiano devia confiar em Cadorna[4]?

Não é momento de brincar com fogo, de praticar esporte sindical. As massas operárias estão abatidas; é preciso infundir-lhes fé, dar concretude a suas esperanças. Não é momento de fraseologias. As pessoas sofrem

---

[4] General Luigi Cadorna (1850-1928), famoso pela imposição de métodos disciplinares rígidos contrastados pela baixa consideração em relação às necessidades humanas dos soldados, sacrificando vidas mesmo diante de possibilidades ínfimas de sucesso militar. Do exemplo histórico provém a expressão "cadornismo político", utilizada por Gramsci no cárcere. Ver Antonio Gramsci, *Quaderni del carcere: edizione critica dell'Istituto Gramsci a cura di Valentino Gerratana* (Turim, Einaudi, 1975), p. 1.753.

com a fome, as massas operárias sabem que o outono e o inverno vêm depois do verão. Desemprego significa despejo, significa não ter roupa, significa prever o futuro como um furacão de dor e sofrimento. Os operários têm família, há as crianças, os velhos e as mulheres que precisam ser vestidos, alojados, saciados em sua fome. Às esposas, aos filhos, aos idosos, os operários não podem dizer que seus sofrimentos se devem a uma "trombose" ou a uma "elefantíase" do regime econômico: devem dizer se vai durar muito ou pouco, se há esperança, se algo será feito.

A confederação é responsável pelo destino dos proletários. Para serem defendidos, para serem apoiados, os operários associaram-se sindicalmente, federaram-se e confederaram-se. A união faz a força, já se disse, com razão. Para ser forte, é preciso ter disciplina, reconhecer a autoridade dos chefes, são necessários líderes que supervisionem a situação, que prevejam e provenham, que concentrem os membros dispersos do proletariado, que elaborem os planos gerais, que lancem as palavras de ordem válidas para toda a comunidade operária.

Os oportunistas da confederação querem estar na posição de liderança, mas não querem a responsabilidade das lideranças. A confederação reproduz a debilidade típica da democracia burguesa em decomposição: o culto à incompetência e à fraseologia vazia, indissociável do sagrado terror à responsabilidade.

PROSSEGUIR NA LUTA[1]

Contra a onda reacionária que tenta afundar as conquistas obtidas pela classe operária nos últimos anos de luta, é necessário erguer um forte dique. Esse dique é a unidade de todas as forças operárias, cimentada por uma vontade única de resistir ao assalto patronal. A crise que a guerra deixou como herança em todo o mundo não pode servir de justificativa para a atitude patronal. A guerra foi tudo o que foi, mas não o fruto de uma ação da classe trabalhadora. O regime que produziu a guerra é o mesmo que agora cria desemprego e miséria em todo o planeta. Todos os delitos, todos os sofrimentos, todas as privações inauditas que esse regime baseado na propriedade privada traz devem pesar somente sobre o povo trabalhador? A classe rica, a classe patronal deve sempre poder causar fome à classe operária e camponesa para que seus lucros sejam salvos, para que sua propriedade não sofra mutilações, limitações ou prejuízos de qualquer sorte?

Tudo isso é impiedoso, mas nenhum grito de dor, de humanidade, poderá impedi-lo. A lei da propriedade é mais forte que qualquer dificultoso sentimento de filantropia. A fome dos pobres, daqueles que produzem a riqueza alheia, não é crime em uma sociedade que reconhece como sagrado e inviolável o princípio da propriedade privada: que os patrões fechem as fábricas, reduzam os salários dos operários, isso não está fora da lei que regula a sociedade capitalista. Mas os trabalhadores, os camponeses devem também raciocinar de um ponto de vista semelhante? Ou têm o dever de fazer um raciocínio contrário, isto é, dizer que a crise deve ser superada, sacrificando quem a produziu, quem é sua causa permanente? Certamente os operários e os camponeses não podem nem devem fazer um raciocínio diferente.

---

[1] Não assinado, *L'Ordine Nuovo*, ano I, n. 232, 24 de agosto de 1921. (N. E. I.)

É verdade que o mundo da produção vive um desequilíbrio indescritível: é verdade que as indústrias estão em apuros, que os patrões correm um grande risco empregando seu capital agora; mas, repetimos, o que isso significa, senão a falência, o fracasso do atual sistema de produção? Os trabalhadores e os camponeses querem tomar consciência da crise e resolvê-la, mas não para colocar de pé o capitalismo, que os reduz à fome e os oprime com seu aparato de exploração. Os operários e os camponeses devem lutar por sua libertação. A crise que os lançou nos braços da fome não é a que ocorre periodicamente no mundo da produção capitalista. A extensão da crise é tal que só se sai dela de uma maneira: ou com o esmagamento geral da classe trabalhadora, ou com a morte completa do capitalismo. Mas com esta diferença: somente a classe trabalhadora é capaz de restaurar o equilíbrio no mundo da produção destruído pela guerra. A classe operária, portanto, só tem um caminho: lutar até a vitória, se quiser salvar a si mesma e a toda a humanidade da ruína do aparato geral de produção. A primeira condição dessa vitória, naturalmente, é resistir ao ataque dos patrões às condições de vida alcançadas pela classe operária. A proposta que os comunistas fizeram aos organismos máximos sindicais da Itália para uma batalha unitária contra a reação patronal, apoiada e encorajada pelos governos, tem precisamente o sentido de querer chamar a atenção das massas para esse primeiro dever.

Os dirigentes da Confederação e da União Sindical[2] até agora assim responderam ao Comitê Sindical Comunista[3]: os primeiros, mostrando que o ignoram e os segundos dizendo que são céticos quanto ao valor e à possibilidade de uma frente unida contra a classe patronal. Não é o que importa. Os dirigentes de ambos os órgãos obedeceram a seus próprios sentimentos, que, acreditamos, não podem ser nem serão compartilhados pelas massas que sofrem as terríveis consequências da crise. Os líderes reformistas da confederação podem dizer que os patrões são os mais fortes hoje, mas sempre fizeram esse raciocínio, e os trabalhadores, por sua

---

[2] Confederação Geral do Trabalho (CGL) e União Sindical Italiana (USI), que consistia na organização sindical dos anarcossindicalistas.

[3] O Comitê Sindical Comunista foi criado pelo PCd'I ainda em 1921 para atuação da minoria comunista na CGL.

vez, nunca foram mais fortes que os patrões. Seguindo o raciocínio dos reformistas, a classe operária deveria passar fome sem sequer mover um dedo. A mentalidade oportunista e o amor pela paz dos senhores reformistas que dirigem a confederação conduzem necessariamente a argumentos semelhantes sempre que algo precisa ser feito na luta. No entanto, os operários e os camponeses sabem por experiência própria que tudo o que conquistaram foi à custa de seu sangue.

Os trabalhadores e os camponeses sobre os quais pesam as consequências da crise não podem raciocinar como mandarins da confederação. Eles têm, portanto, o dever de se colocar resolutamente no terreno da ação e exigir que as propostas comunistas não sejam postas de lado com uma simples declaração de diplomacia sindical. Cabe aos operários que as organizações nacionais sejam convocadas o mais rápido possível para discutir as propostas comunistas e garantir que as decisões não contrariem suas esperanças. E isso só pode ser feito com uma organização válida e direta. Nas unidades em que ainda se trabalha, são organizados grupos de trabalhadores permanentes que explicam em todos os detalhes a extensão da agitação que os comunistas estão propondo em defesa de suas condições de existência. Os grupos de fábrica também estão se organizando por setor e em breve entrarão em contato com outros grupos semelhantes. Juntos, eles criam um vínculo geral com o Comitê Sindical Comunista local. Onde existe desemprego são criados conselhos de desempregados por ruas, quarteirões, casas etc. Esses conselhos têm a obrigação de dedicar a maior atividade para que se crie uma ligação estreita entre eles e os grupos de fábrica. E isso como uma ação geral de propaganda e preparação para conseguir, por pressão direta sobre as organizações locais, que se manifestem sobre as propostas comunistas, que ao menos apresentem um plano próprio de ação em defesa das ameaçadas condições da classe operária. De modo mais concreto, é necessário organizar numerosos comícios de operários e desempregados, separadamente e unificados; fazer votar ordens do dia precisas que devem ser levadas às organizações sindicais, aprovadas e impostas aos órgãos dirigentes.

Toda essa ação deve ser realizada com fé, tenacidade, entusiasmo. As massas operárias devem sair do estado de aviltamento em que foram lançadas pela propaganda soporífera dos reformistas, agentes diretos ou indiretos da classe patronal. As massas operárias devem opor tenaz resistência ao assalto que o capitalismo lançou contra suas posições se deseja mantê-las e defender seu futuro. Mas quem, acima de tudo, deve agir neste momento, sem nunca se cansar, são os operários comunistas, aqueles que estão ativos no Partido Comunista. É a eles que se confia a tarefa da organização, para que nenhum elemento seja negligenciado na luta de duas frentes que está tomando forma na Itália. Sobre uma e outra, a vitória deve ser dos operários e do comunismo.

GESTÃO CAPITALISTA E GESTÃO OPERÁRIA[1]

O *Perseveranza*[2] e alguns outros jornais sabidamente ligados aos interesses da especulação bancário-industrial italiana trataram de responder aos apontamentos feitos por nós acerca das causas que determinaram as duas fragorosas derrotas da Fiat no circuito de Bréscia[3][*]. Os redatores desses jornais provavelmente nunca viram uma fábrica moderna; certamente ignoram o que seja o espírito industrial; sem dúvida agem de má-fé e tomam o partido de (e são pagos para) se erguer em defesa dos proprietários em qualquer disputa e descobrir que toda a responsabilidade pelos males que afligem a produção italiana é da classe operária, do bolchevismo, dos conselhos de fábrica. Palavras são palavras, afirmações são afirmações; vejam os números, ilustres senhores, peçam aos industriais que publiquem os dados de produção que se referem a esses períodos, característicos da atividade industrial dos metalúrgicos de Turim: 1) da greve de abril de 1920 à ocupação das fábricas; 2) ocupações das fábricas; 3) das ocupações das fábricas ao fechamento de abril de 1921; 4) da reabertura, com a demissão dos conselhos de fábrica e grupos comunistas, ao circuito de Bréscia.

No período de ocupação e gestão operária direta, embora a maioria dos técnicos e dos administradores tivesse abandonado o trabalho e parte significativa do efetivo operário tenha sido realocada para substituir os

---

[1] Não assinado, *L'Ordine Nuovo*, ano I, n. 259, 17 de setembro de 1921. (N. E. I.)

[2] Fundado em 1860, em Milão, o jornal era um órgão dos moderados lombardos e foi criado para apoiar as causas da unificação italiana. Deixou de ser publicado no início dos anos 1920.

[3] Ver "La sconfitta della Fiat", *L'Ordine Nuovo*, 6 de setembro de 1921, seção "Cronache Torinesi" [Crônicas turinesas]. (N. E. I.)

[*] Referência ao circuito automotivo de Bréscia, onde em 4 de setembro de 1921 houve o primeiro Grande Prêmio da Itália. (N. T.)

desertores e cumprir funções de vigilância e defesa militar, ainda assim o nível da produção foi mais elevado que no período anterior, marcado pela reação capitalista após a greve de abril de 1920.

No período que sucedeu à ocupação – no qual o controle operário e o poder dos conselhos de fábrica alcançaram máxima eficiência –, a produção da Fiat foi tal, em qualidade e quantidade, que superou em muito a produção do período da guerra: de 48 carros diários saltou para 70 carros diários. Os senhores industriais jogaram uma cartada suprema nessas novas condições criadas para a produção pelo poder dos conselhos de fábrica: propuseram aos empregados um projeto de empreitada coletiva. Como já existiam os conselhos de fábrica, que exercitavam um controle real e imediato sobre todas as iniciativas capitalistas, e uma vez que, desde que controlada, a organização coletiva do trabalho representa um grande passo à frente no regime industrial, os trabalhadores aceitaram, com algumas mudanças, o projeto. Mas os industriais, uma vez introduzido o trabalho coletivo, passaram à ofensiva contra os conselhos e os grupos comunistas. O *lockout* foi proclamado, os operários revolucionários foram demitidos, os departamentos foram desorganizados, a reação mais implacável foi introduzida como sistema. As consequências foram desastrosas: o controle começou a recusar 50% da produção em muitas unidades fabris; o nível da produção caiu para quinze automóveis por dia. Politicamente, os industriais alcançaram seu objetivo: as comissões internas, formadas por socialistas, deixaram de perturbar os dirigentes; os operários são muito disciplinados; nenhum fala; ninguém sai do seu posto; não se fazem comícios; não circulam jornais subversivos; não se discute. Mas a produção caiu de setenta para quinze carros, e a qualidade caiu na medida demonstrada pelo circuito de Bréscia.

Poderão os alegres redatores do *Perseveranza* e dos outros jornais "preocupados com o sucesso da indústria nacional" desmentir esses dados? Algumas coisas ficaram evidentes com a experiência industrial dos anos que se passaram: 1) a classe dominante já não possui um estrato de empresários capazes de governar a produção industrial; se a guerra, com suas privações, com suas extenuantes jornadas de trabalho, exauriu a classe operária, exauriu em maior medida os empresários, que se corromperam com a especulação bancária e perderam a capacidade de organizar e administrar as grandes massas fabris; 2) a classe operária, ainda que não tenha a experiência e a "maturidade" política e técnica da classe dominante, gere melhor a produção que a classe burguesa. Capitalismo significa hoje desorganização, ruína, desordem permanente. Não existe outra saída para a força produtiva senão a organização autônoma da classe operária, seja no domínio da indústria, seja no do Estado.

PALAVRA DE ORDEM[1]

O apelo lançado há dois meses pelo Comitê Sindical Comunista[2] às grandes organizações operárias italianas (Confederação Geral do Trabalho, União Sindical Italiana, Sindicato dos Ferroviários) apontou, ante as grandes massas trabalhadoras, de modo claro e decisivo, os problemas centrais da defesa das conquistas alcançadas pelos operários e pelos camponeses nos últimos anos com a tática da frente única proletária e da greve geral nacional.

No período transcorrido desde a data daquele apelo até a convocação do próprio Conselho Nacional, decidida pela Confederação Geral do Trabalho, a situação proletária se agravou, greves entusiasmadas eclodiram e algumas delas, depois de uma longa e extenuante resistência, ainda perduram; vitórias efêmeras se alternaram com derrotas desastrosas. As previsões do Partido Comunista se confirmaram: a tática do caso a caso, na qual prosseguiram obstinadamente os líderes sindicais reformistas, deu os frutos que poderia ter dado: os próprios mandarins da confederação estão hoje assustados e, diante do fracasso de um tímido passo à frente no governo e da sintomática ousadia da Confederação da Indústria, sentem-se ameaçados, percebem o perigo e correm para o abrigo mesquinho do Conselho Nacional.

Os operários e os camponeses italianos, que nesses dois meses de luta intensa puderam julgar a ação insuficiente dos chefes socialistas diante da terrível ofensiva que industriais, proprietários de terras e Estado organizavam, não podem considerar tal convocação o fim da agitação iniciada pelo Partido Comunista ou um sinal de arrependimento dos dirigentes sindicais socialistas.

---

[1] Não assinado, *L'Ordine Nuovo*, ano I, n. 300, 28 de outubro de 1921. (N. E. I.)

[2] Ver "Contro il terrore", *L'Ordine Nuovo*, 19 agosto de 1921. (N. E. I.).

O Comitê Sindical Comunista, que se reuniu há poucos dias, lançou um apelo aos trabalhadores organizados da Itália no qual especifica os termos da situação italiana e indica a via de desenvolvimento da agitação dos comunistas para obter, não apenas da Confederação do Trabalho, mas de todas as organizações operárias, a adoção de seu claro programa de luta, o único capaz de garantir a defesa das posições alcançadas pelo proletariado italiano. Hoje, depois da convocação do Conselho Nacional confederativo, o Partido Comunista lança um novo apelo aos operários e aos camponeses organizados da Itália, para que a luta seja ainda mais intensa, para que os comunistas aumentem esforços e, principalmente, disciplinem seus esforços. O apelo do partido é a palavra de ordem do proletariado italiano: a primeira vitória não deve esmorecer a luta. A discussão no Conselho Nacional de Verona[3] demonstrará quanto é necessário obter da Confederação do Trabalho um claro direcionamento da luta na situação gravíssima que a Itália atravessa.

O problema da defesa das conquistas operárias não é questão de competência de um conselho dirigente ou de um conselho nacional, recorde-se bem, mas envolve também a necessidade de um enquadramento de amplos setores das massas, de articulação e entendimento entre as principais organizações operárias existentes.

Há todo um trabalho de reorganização que deve ser preparado. Nunca tivemos a ilusão de poder conquistar pelas vias institucionais a Confederação Geral do Trabalho, tampouco podemos nos iludir agora de ser possível vencer a obra nefasta das lideranças sindicais por meio de um organismo como o atual Conselho Nacional.

Sabemos bem que o argumento dos anciãos da confederação será que a massa não está preparada para sustentar a luta que derivaria logicamente da aceitação da tática proposta pelo Comitê Sindical Comunista. Mas devemos ver precisamente se esse trabalho de preparação jamais começará e se pode ser levado a cabo por homens como os atuais dirigentes da Confederação do Trabalho, que são os verdadeiros responsáveis pela

---

[3] O Conselho Nacional da Confederação do Trabalho foi convocado para 5 de novembro de 1921, em Verona. (N. E. I.)

78 | Os líderes e as massas

situação que se criou por causa de seus eternos equívocos, pela tática fatalmente ineficaz do caso a caso, por seus constantes compromissos.

Um dos maiores problemas que se apresentarão ao Conselho Nacional de Verona será o das relações com o Partido Socialista: após o Congresso de Milão, ainda pode subsistir o pacto de aliança entre a Confederação Geral do Trabalho e o partido, sem adesão à Terceira Internacional, como foi explicitamente afirmado como condição no pacto? Que não se diga que isso não tem nenhuma relação com os debates "práticos" que deverá enfrentar o Conselho Nacional "extraordinário" de Verona. O problema hoje é um só: o da tática geral em defesa das conquistas alcançadas, contra a reação do Estado, dos industriais e dos proprietários de terras coligados[4]. Esse problema é essencialmente de preparação, de organização. Não somos defensores da greve pela greve: o verdadeiro problema é o da preparação da greve, considerada não em si mesma, mas como um dos meios da luta geral, como um momento necessário da própria luta.

Preparar-se e preparar. É a palavra de ordem dos comunistas e dos trabalhadores organizados que simpatizam com o partido, segundo as normas precisas por eles fixadas!

---

[4] Os esquadrões fascistas (os *Fasci di Combattimento*) eram justamente a expressão política dessa coligação e estavam às vésperas do seu III Congresso, em 7 de novembro de 1921, no qual fundariam o Partido Nacional Fascista. Àquela altura já estava claro para Gramsci que o fascismo não seria um movimento passageiro.

QUE SE FALE CLARAMENTE[1]

Após ler o novíssimo manifesto[2] lançado pelo Partido Socialista e pela Confederação Geral do Trabalho ao proletariado da Itália e a "todos os explorados", todo operário é naturalmente obrigado a perguntar-se e questionar: "quais objetivos comuns podem propor-se hoje a classe trabalhadora e todos os outros explorados? Com que táticas e nos quadros de que novo tipo de organização esses fins podem ser alcançados? Em suma, o que devemos fazer? O Partido Socialista acredita que chegou a hora de organizar os conselhos de delegados operários, camponeses e soldados?

Essas perguntas são perfeitamente justificadas. O manifesto dos socialistas de fato não se refere apenas à luta sindical por horas e salários; ele convida a "todos os explorados" a uma luta unitária contra a especulação, isto é, contra o sistema capitalista em geral, em suas formas imediatamente concretas de protecionismo alfandegário, aumento dos preços dos alimentos, desemprego. A luta sindical aparece no manifesto apenas como questão particular em um quadro mais amplo e abrangente. Os trabalhadores e os camponeses organizados nas câmaras de trabalho e federações aparecem no manifesto apenas como a vanguarda do exército que se deseja mobilizar. Por quê? Para quê? Com que objetivo? Não havendo no horizonte nem eleições parlamentares... nem eleições municipais, o escopo

---

[1] Não assinado, *L'Ordine Nuovo*, 29 de outubro de 1921. (N. E. I.)

[2] O manifesto a que Gramsci se refere foi publicado no órgão oficial da imprensa do Partido Socialista Italiano (PSI), o *Avanti!*, edição do dia 28 de outubro de 1921, assinado conjuntamente pelo PSI e pela Confederação Geral do Trabalho (CGL). Sob o título "Al proletariato d'Italia! Agli sfruttati tutti!", o artigo de primeira página fazia um apelo ao proletariado, "a todos os explorados" a conduzir uma "luta implacável contra a política protecionista" diante da crise econômica. Ver Cronaca di Milano, *Avanti!*, n. 259, 28 de outubro de 1921. Disponível em <https://avanti.senato.it/>; acesso em: 14 dez. 2022.

dessa mobilização deveria ser somente revolucionário, deveria ser: como programa mínimo, a organização de um sistema de conselhos para o controle da produção e das trocas, de conselhos eleitos por todos os trabalhadores, manuais e intelectuais, organizados e desorganizados, comunistas, socialistas, sindicalistas, anarquistas, populares; como programa máximo, a organização de conselhos de deputados operários, camponeses e soldados que se proponham lutar para substituir o poder estatal, o Parlamento e as municipalidades. O que querem, então, os socialistas? O manifesto deve ser preciso, deve ser anotado, deve ser explicado. As massas operárias não devem ser mobilizadas para aventuras de origem dúbia e caráter mais dúbio ainda.

A realidade é trágica demais para brincar com palavras de duplo sentido. Os comunistas não vão dar um minuto de trégua aos dirigentes do social-confederalismo: nas assembleias, nos comícios, em todas as reuniões, vão colocá-los contra a parede. Concordando que é necessário chamar à luta não só os operários e os camponeses organizados, mas as grandes massas da população explorada, os comunistas insistirão incansavelmente em exigir palavras de ordem precisas, objetivos reais, métodos concretos de organização e de controle das grandes massas por lideranças responsáveis. Os operários e os camponeses, entrando na luta, arriscam sua vida e a vida de seus familiares; se os capitalistas, aos primeiros sinais de uma contraofensiva proletária, realizarem o *lockout* geral, o que farão os socialistas? Se uma nova ação fascista for lançada em grande escala contra os trabalhadores, o que os socialistas farão? Se o Estado-maior ameaçar uma ação, o que os socialistas farão?

É chegada a hora de assumir total responsabilidade pelas palavras lançadas no meio do povo. Os socialistas fizeram até agora a política do doutor Grillo: assim como ele distribuía receitas à direita e à esquerda desejando aos clientes: "Que Deus mande a melhor!", os líderes socialistas lançam manifestos demagógicos sem se preocupar com consequências e resultados práticos. Não se luta sem um programa preciso e sem uma tática adequada ao programa proposto como objetivo da luta. Não se convidam as grandes massas populares a lutar sem um plano preciso para sua organização permanente, para o aproveitamento máximo das energias assim desencadeadas. Senhores do Partido Socialista e da Confederação Geral do Trabalho, falem claramente; os comunistas não permitirão de maneira alguma que o proletariado seja arrastado para uma aventura como aquela da ocupação das fábricas. A aposta é muito alta, a aposta é a própria vida dos operários: se os canalhas maximalistas acreditam que podem restabelecer a virgindade revolucionária especulando demagogicamente sobre o último quarto de hora de poder que ainda sentem que têm, encontrarão quem saberá enfrentá-los e saberá, sem medo da impopularidade, arrancar a máscara da face.

AS MASSAS E OS LÍDERES[1]

A luta travada pelo Partido Comunista para pôr em prática a frente única sindical contra a ofensiva capitalista teve o mérito de criar a frente única de todos os mandarins sindicais: contra a ditadura do Partido Comunista e do Comitê Executivo de Moscou, Armando Borghi concorda com Ludovico D'Aragona, Errico Malatesta concorda com Giacinto Menotti Serrati, Sbrana e Castrucci concordam com Guarnieri e Colombino[2]. Isso não surpreende a nós, comunistas. Certamente os companheiros operários que acompanharam no semanal *L'Ordine Nuovo* a campanha dos conselhos de fábrica recordam-se de que previmos esse fenômeno também para a Itália: ele já havia ocorrido nos demais países e, portanto, já podia naquele momento ser considerado um fenômeno universal, uma das manifestações mais características do atual momento histórico.

A organização sindical, tivesse ela uma etiqueta reformista, anarquista ou sindicalista, fez surgir toda uma hierarquia de pequenos e grandes líderes cujas principais características eram a vaidade, a mania de exercer um poder incontrolado, a incompetência e a desenfreada demagogia. O papel mais ridículo e absurdo em toda essa comédia foi representado pelos anarquistas, que gritavam tanto mais contra o autoritarismo quanto mais eram autoritários; urravam tanto mais pela liberdade, pela autonomia e pela espontaneidade de iniciativa quanto mais sacrificavam a vontade

---

[1] Não assinado, *L'Ordine Nuovo*, ano I, n. 302, 30 de outubro de 1921. (N. E. I.)

[2] Armando Borghi (1882-1962), sindicalista e jornalista de orientação anarquista; Ludovico D'Aragona (1876-1961), secretário-geral da Confederação Geral do Trabalho (CGL) entre 1918 e 1925 e deputado pelo Partido Socialista Italiano (PSI) entre 1919 e 1921; Errico Malatesta (1853-1932), escritor, militante e teórico anarquista; Augusto Castrucci (1872--1952), maquinista ferroviário e sindicalista italiano; Giuseppe Emilio Colombino (1884-1933), operário mecânico, sindicalista, membro da CGL e do PSI.

real das grandes massas e o florescimento espontâneo de suas tendências libertárias. Em particular na Itália, o movimento sindical caiu ao nível mais baixo e se tornou algazarra de botequim: cada qual queria criar seu "movimento", sua "organização", sua "verdadeira união" dos trabalhadores. Borghi representou uma firma patenteada; De Ambris, uma segunda; D'Aragona, uma terceira; Sbrana e Castrucci, uma quarta; o capitão Giulietti, uma quinta[3]. Toda essa gente, como é natural, manifestava-se contra a ingerência dos partidos políticos no movimento sindical, afirmava que o sindicato basta a si mesmo, que o sindicato é o "verdadeiro" núcleo da sociedade futura, que no sindicato se encontram os elementos estruturais da nova ordem econômica e política do proletariado.

Em *L'Ordine Nuovo* semanal, examinamos sem ideias preconcebidas, com método libertário, isto é, sem nos deixar desviar por preconceitos ideológicos (e, portanto, com método marxista, já que Marx é o maior libertário que já houve na história humana), quais são a real natureza e a real estrutura do sindicato. Começamos demonstrando como é absurdo e pueril afirmar que o sindicato possui em si a virtude de superar o capitalismo: o sindicato, *em termos objetivos*, nada mais é que uma sociedade comercial, de tipo estritamente capitalista, que busca obter, no interesse do proletário, o maior preço possível para a mercadoria-trabalho, bem como estabelecer o monopólio dessa mercadoria no campo nacional e no internacional. O sindicato só se diferencia do mercantilismo capitalista *em termos subjetivos*, na medida em que, sendo formado e só podendo ser formado por trabalhadores, tende a criar nos trabalhadores a consciência de que, no âmbito do sindicalismo, é impossível alcançar a autonomia industrial dos produtores, portanto é necessário apoderar-se do Estado (ou seja, privar a burguesia do poder de Estado) e servir-se do poder estatal para reorganizar todo o aparelho de produção e troca. Demonstramos em seguida que o sindicato não pode ser e não pode se tornar a célula da futura sociedade dos produtores. Com efeito, o sindicato se manifesta sob duas formas: na assembleia dos filiados e na burocracia dirigente. A assembleia dos filiados *jamais*

---

[3] Dirigentes da União Sindical Italiana.

é convocada para discutir e deliberar sobre os problemas da produção e das trocas, sobre os problemas técnicos industriais. Ela é normalmente convocada para discutir e decidir as relações entre empresários e mão de obra, ou seja, sobre problemas que são próprios da sociedade capitalista e que serão fundamentalmente transformados pela revolução proletária. A escolha dos funcionários sindicais também não é feita no terreno da técnica industrial: um sindicato metalúrgico não pergunta ao candidato a funcionário se ele é competente na indústria metalúrgica, se é capaz de administrar a indústria metalúrgica de uma cidade, de uma região ou de toda a nação; ele lhe pergunta simplesmente se é capaz de defender as razões dos operários numa controvérsia, se é capaz de redigir um relatório, de discursar num comício. Os sindicalistas franceses da [revista] *Vie Ouvrière*[4] tentaram, antes da guerra, desenvolver competências industriais nos funcionários sindicais; promoveram toda uma série de pesquisas e publicações sobre a organização técnica da produção (por exemplo, como o couro de um boi chinês pode se tornar o sapato de uma *cocotte* parisiense? Que caminho ele segue? Como é transportado? Quanto custa o transporte? Como se dá a criação do "gosto" internacional no que se refere aos objetos de couro? etc.). Mas essa tentativa não deu em nada. O movimento sindical, ao expandir-se, criou um corpo de funcionários completamente alheio às práticas industriais de cada empresa e que obedece a leis puramente comerciais. Um funcionário do sindicato dos metalúrgicos passa indiferentemente pelo sindicato dos pedreiros, dos sapateiros, dos marceneiros; ele não é obrigado a conhecer as condições técnicas reais da indústria, mas apenas a legislação privada que regulamenta as relações entre empresários e mão de obra.

Podemos afirmar, sem medo de sermos desmentidos por nenhuma demonstração *experimental*, que a teoria sindicalista se revelou um engenhoso castelo de areia, construído por políticos que odiavam a política só porque esta, antes da guerra, significava apenas ação parlamentar e compromisso reformista.

---

[4] Órgão da imprensa sindical francesa, fundado por Pierre Monatte (1881-1960), em outubro de 1909. A revista tinha Gramsci entre seus leitores mais assíduos. Ver Antonio Gramsci, *Escritos políticos*, v. 3 (Lisboa, Seara Nova, 1977), p. 25.

O movimento sindical nada mais é que um *movimento político*; os dirigentes sindicais nada mais são que *leaders* [líderes] políticos que chegam à posição que ocupam por incorporação, em vez de eleições democráticas. Em muitos aspectos, os dirigentes sindicais representam um tipo social semelhante ao do banqueiro: um banqueiro qualificado, que tem boa intuição para os negócios, que sabe prever com certa exatidão o movimento das bolsas e dos contratos, que dá credibilidade à sua instituição e atrai para ela poupadores e correntistas. Um líder sindical que sabe prever os resultados possíveis do entrechoque das forças sociais em luta atrai as massas para a sua organização, torna-se um banqueiro de homens. Desse ponto de vista, D'Aragona, enquanto foi apoiado pelo Partido Socialista, que se afirmava maximalista, foi melhor *banqueiro* que Armando Borghi, emérito confusionista, homem sem caráter e sem orientação política, mais vendedor de feira que banqueiro moderno.

Que a Confederação Geral do Trabalho seja essencialmente um movimento político é confirmado pelo fato de que sua máxima expansão coincide com a máxima expansão do Partido Socialista. Contudo, os líderes creem que podem desprezar a política dos partidos, ou seja, que podem fazer uma política *pessoal*, sem o estorvo dos controles e das obrigações disciplinares. E é essa a razão da tumultuada rebelião contra a *ditadura* do Partido Comunista e do famigerado Comitê Executivo de Moscou. As massas compreendem instintivamente que são impotentes para controlar os líderes, para lhes impor o respeito às decisões das assembleias e dos congressos. Por isso, as massas *querem* o controle de um partido sobre o movimento sindical; querem que os líderes sindicais pertençam a um partido que seja bem organizado, que tenha uma orientação precisa, que seja capaz de fazer com que sua disciplina seja respeitada, que cumpra os compromissos livremente acordados. A *ditadura* do Partido Comunista não assusta as massas, porque as massas compreendem que essa *terrível ditadura* é a máxima garantia de sua liberdade, a máxima garantia contra as traições e as fraudes. A frente única que os mandarins sindicais de todas as escolas subversivas formam contra o Partido Comunista demonstra uma única coisa: nosso partido enfim se tornou o partido das grandes massas, que ele representa verdadeiramente os interesses permanentes da classe operária e camponesa. À frente única de todas as camadas burguesas contra o proletariado revolucionário corresponde a frente única de todos os mandarins sindicais contra os comunistas. Giolitti, para derrotar os operários, fez a paz com Mussolini e deu armas aos fascistas; Armando Borghi, para não perder a posição de grande sacerdote do sindicalismo revolucionário, fará um acordo com D'Aragona, guru supremo do reformismo parlamentar.

Trata-se de uma grande lição para a classe operária: ela não deve seguir os homens, mas os partidos organizados que saibam impor aos indivíduos disciplina, seriedade, respeito pelos compromissos assumidos voluntariamente!

AMSTERDÃ E MOSCOU[1]

No congresso de Milão[2], os maximalistas da fração de Serrati[3], para justificar que o Partido Socialista não aderiria a Moscou, isto é, à Terceira Internacional Comunista, sustentaram o seguinte argumento: "Nós estamos com a Revolução Russa; compartilhamos dos princípios e da tática da Internacional Comunista, mas não aderimos a ela porque seus dirigentes insistem em ofender nossos melhores homens como traidores e renegados". Os resultados do congresso de Milão demonstraram bem que esse argumento não escondia outra coisa senão o oportunismo daqueles que o sustentavam. Na realidade, esses homens eram contrários ao espírito e à tática da Internacional Comunista, mas não poderiam colocar-se abertamente contra um passado ainda recente sem atrair a desconfiança e o esvaziamento das massas em torno de si. Ao oportunismo maximalista, vitorioso nas urnas em Milão, seguiu-se em Verona o oportunismo reformista[4]. Nesse

---

[1] Não assinado, *L'Ordine Nuovo*, ano I, n. 314, 11 de novembro de 1921. (N. E. I.)

[2] Sobre o XVIII Congresso do Partido Socialista Italiano (PSI), ver "Il congresso socialista", *L'Ordine Nuovo*, 9 de outubro de 1921. (N. E. I.) [O XVIII Congresso do PSI ocorreu em Milão, entre 10 e 14 de outubro de 1921. Alguns meses antes, no III Congresso Mundial da Internacional Comunista (IC), realizado entre junho e julho de 1921, estabeleceu-se a expulsão da fração reformista do PSI como condição para a adesão dos socialistas italianos à Terceira Internacional. Os reformistas, posicionados à direita no interior do PSI, tinham abertura para colaboração com as frações burguesas e eram aliados da Confederação Geral do Trabalho (CGL).]

[3] Giacinto Menotti Serrati (1872-1926) era o principal dirigente da corrente maximalista, fração de centro e maioria dentro do PSI até enfrentar as divisões que culminaram na fundação de um novo partido, o Partido Comunista da Itália (PCd'I), no congresso anterior, em Livorno. No XVIII Congresso do PSI, Serrati defendeu posição contrária à exigência da IC de expulsão dos reformistas.

[4] O Conselho Nacional da Confederação Geral do Trabalho, ocorrido em Verona entre 5 e 7 de novembro, votou majoritariamente na moção socialista contrária à frente única sindical proposta pelo Comitê Sindical Comunista e rejeitou a adesão à Internacional Sindical Vermelha.

88 | OS LÍDERES E AS MASSAS

ponto a política das duas grandes organizações *proletárias* aliadas – Partido Socialista e Confederação Geral do Trabalho – não tem outra base senão o equívoco em relação às massas. Sabe-se que os trabalhadores italianos, a despeito das várias dificuldades em que hoje se encontram, conservaram e ainda conservam intacta sua fé na Revolução Russa. Por essa razão, o Partido Socialista e a confederação hesitam continuamente em face da escolha aberta e franca entre as duas vias: Moscou ou Amsterdã[5]. Adotam uma política ambígua: falam de um modo aos operários e operam de outro na prática. O resultado, porém, é que a organização operária, ou a força operária em geral, dia após dia perde consistência. É essa, não outra, a verdadeira razão de toda a fragilidade da classe operária.

Acerca das relações internacionais, em Verona os socialistas disseram que a Confederação Geral do Trabalho não poderia aderir a uma organização sindical que não existe, vale dizer, à Internacional Sindical Vermelha. Contudo, a grande maioria do proletariado internacional está organizada em Amsterdã. De modo que a confederação não pode isolar-se dessa grande organização, porque precisa dela para ajudar os operários italianos.

Admitamos apenas por amor ao debate que a Internacional sindical sediada em Moscou seja mesmo muito fraca, a ponto de se poder dizer que ela não existe. Mas o que então a Internacional de Amsterdã, com seus milhões de adeptos, fez a favor dos operários de qualquer pequeno país da Europa? Tivemos a greve dos mineiros ingleses e recentemente a dos têxteis na França. O que a Internacional de Amsterdã fez para impedir, especialmente na Inglaterra, a derrota dos mineradores, os primeiros a empenhar-se na luta contra a redução dos salários, que depois se espalharia por todo o mundo? E, no entanto, as organizações trabalhistas britânicas não significam nada para Amsterdã.

A defesa dos salários e das outras conquistas sindicais não teve nenhuma ajuda de Amsterdã. Agora, na Itália, temos a mesma situação para os

---

[5] A Federação Sindical Internacional, também conhecida como Internacional de Amsterdã ou Internacional Amarela, foi uma organização sindical internacional existente entre os anos de 1919 e 1945, que reunia frações socialistas e social-democratas do movimento sindical. Em 1945 foi substituída pela Federação Mundial de Sindicatos (World Federation of Trade Unions, ou WFTU).

operários em luta contra o patronato. O que faz Amsterdã pelos operários metalúrgicos, pelos têxteis, pelos camponeses submetidos ao terror branco? Até agora, toda a ajuda que veio de Amsterdã para o proletariado italiano foi o subsídio de 50 mil liras dado à confederação para a luta contra o fascismo. Sabemos que os amigos da Internacional amarela lhe dão muito valor, sobretudo pela proteção, como dizem, de nossos emigrantes no exterior. Não é preciso muito para entender como isso também é mentira.

Dois terços da crise que assola um país como a Itália são certamente determinados pela estagnação das correntes emigratórias, estagnação devida ao fato evidente de que o desemprego é um fenômeno mundial. O que fez, o que pode fazer, Amsterdã em defesa dos emigrados se seu escritório é impotente para lançar uma palavra de ordem que seja capaz de reunir as massas sofredoras sob uma única bandeira e levá-la à luta pela reorganização mundial da produção? Eis como se apresenta precisamente o problema: Amsterdã é uma organização internacional, mais que inútil, danosa aos interesses do proletariado, porque, enquanto dá a impressão de existir como organização de defesa da classe trabalhadora, na verdade é absolutamente nula.

Os comunistas, ao contrário, desejam criar em todo o mundo uma organização sindical que de fato funcione como organismo supremo de defesa dos interesses da classe operária, ao lado da Internacional Comunista. Hoje nenhum problema inerente à classe operária pode ter uma solução fora da Internacional proletária. A Internacional Sindical Vermelha deve tornar-se uma organização potente, para que a classe operária encontre nela um organismo de defesa internacional que Amsterdã, escritório direto dos chefes reformistas, não pode mais se tornar. Por essas considerações, a Confederação Geral do Trabalho deveria alinhar-se a Moscou. Porque Moscou está mais viva que Amsterdã no ânimo das massas italianas; porque Moscou representa o princípio efetivo da organização e da luta internacional do proletariado revolucionário. Os dirigentes da confederação no encontro de Verona, no entanto, preferiram Amsterdã. Essa sua preferência é coerente com seu oportunismo, mas o proletariado italiano fica com Moscou, com a Internacional Sindical Vermelha, porque é essa a única Internacional dos trabalhadores.

ALGUMAS PERGUNTAS AOS DIRIGENTES SINDICAIS[1]

Os dirigentes sindicais reformistas acreditam que a oposição a um possível golpe de Estado militarista é um dos deveres da Confederação Geral do Trabalho?

O fato de que 30 mil fascistas, armados e organizados, possam invadir a capital[2] sem que o governo se oponha à invasão ou ao menos procure desarmar os baderneiros ao longo de seu trajeto, antes de ingressar em Roma, não constitui já violação suficiente da carta fundamental do reino para que se considere, sem exagero, um verdadeiro prelúdio ao golpe de Estado?

A literatura liberal do Renascimento italiano[3] sustenta que, em última análise, a única garantia existente contra possíveis intervenções autoritárias reacionárias é o direito popular à insurreição armada. Os líderes da confederação são pelo menos tão liberais quanto os liberais do Renascimento?

Admitamos que os chefes da confederação não considerem possível, por razões técnicas, uma insurreição popular armada contra um provável golpe de Estado militarista. Acreditam, no entanto, que seja necessária ao

---

[1] Não assinado, *L'Ordine Nuovo*, ano I, n. 315, 12 de novembro de 1921. (N. E. I.)

[2] De 7 a 10 de novembro, os fascistas realizaram seu III Congresso Nacional em Roma. Ali estabeleceu-se o acordo entre Mussolini e os dissidentes e nasceu o Partido Nacional Fascista. Bandos de esquadristas vindos da Toscana e da Emília aterrorizaram a capital com agressões, tiroteios e atos de vandalismo, até que no dia 9 de novembro as organizações operárias dirigidas por um comitê de defesa do proletariado declararam greve geral e os fascistas foram expulsos da cidade. (N. E. I.)

[3] O maior expoente dessa corrente de pensamento liberal no período compreendido entre o Renascimento e o Iluminismo é John Locke (1632-1704), para quem "o uso da força sem autoridade sempre coloca quem a usa em um estado de guerra, como agressor, o que lhe permite receber como resposta o mesmo tratamento". John Locke, *Segundo tratado sobre o governo civil* (Petrópolis, Vozes, 2006 [1689]), § 155, p. 177.

ALGUMAS PERGUNTAS AOS DIRIGENTES SINDICAIS | 91

menos uma resistência passiva, do tipo daquela oferecida pelos sindicatos alemães ao *putsch* [golpe] de Kapp-Lüttwitz[4]?

Acreditam os chefes sindicais que mesmo uma resistência de tal natureza possa ocorrer sem preparação, sem propaganda sistemática, sem um trabalho perseverante e tenaz de organização? Ou é, ao contrário, todo o oposto, ou seja, tal resistência não tem necessidade especial de ser preparada no longo prazo, ser sistematicamente organizada, ser sistematicamente propagada?

De que modo pode ocorrer uma resistência popular ao golpe de Estado, se não especialmente por meio de uma greve geral de todas as indústrias e do transporte?

Ignoram os dirigentes sindicais que para a celebração do soldado desconhecido[5] e, depois, para o congresso fascista a concentração dos fascistas das províncias na capital foi acompanhada da concentração de dezenas e dezenas de milhares de fascistas nas cidades mais importantes?

Se os dirigentes sindicais pretendem opor apenas as batatas cozidas de suas ordens do dia aos mosquetes e às bombas fascistas, que o digam aberta e sinceramente: ao menos as massas populares saberão que só podem contar com suas próprias forças e os órgãos locais da confederação dirão aos organizados que devemos nos adaptar e não provocar massacres inúteis com rebeliões inúteis, já que, como se sabe, o socialismo triunfará sobre tudo e todos, pois as estrelas não se apagam com flechas nem as ideias queimam com gasolina...

---

[4] Em março de 1920, Wolfgang Kapp (1858-1922), político alemão nacionalista, juntamente com Walther von Lüttwitz (1859-1942), comandante das Forças Armadas da República de Weimar em Berlim, promoveu um movimento insurrecional militar (Kapp-Putsch), que fracassou devido à greve geral convocada pelos sindicatos.

[5] O dia internacional do "Soldado Desconhecido" foi estabelecido em homenagem aos combatentes que morreram nos campos de batalha na Primeira Guerra Mundial e não foram enterrados. Em Roma ergueu-se um monumento onde está a sepultura do soldado desconhecido, o Altar da Pátria, aos pés da deusa Roma, entre a Piazza Venezia e o monte Capitolino. Em 1922, após a Marcha sobre Roma, os fascistas assumiram o monumento como símbolo próprio. À época que Gramsci escrevia, a comemoração ocorria no dia 4 de novembro; hoje ocorre em três datas diferentes: além do dia 4 de novembro, também em 25 de abril, aniversário da liberação da Itália da ocupação nazista e do regime fascista, e 2 de junho, festa da República Italiana.

O PARTIDO COMUNISTA E OS SINDICATOS[1,2]
(RESOLUÇÃO PROPOSTA PELO COMITÊ CENTRAL PARA O CONGRESSO DO PARTIDO COMUNISTA DA ITÁLIA)

I. A LUTA PROLETÁRIA E OS SINDICATOS

1. O comunismo, como noção e como manifestação histórica mais elementar e difundida, não é mais que o movimento real de rebelião de todo o povo trabalhador, que luta para se libertar da opressão econômica e espiritual do regime capitalista e construir, a partir de suas experiências, os organismos que se revelam mais eficazes para a consecução daqueles objetivos que o próprio desenvolvimento da luta geral pouco a pouco determina. O caráter original e essencial desse movimento é a negatividade; sendo imposto e não proposto, não pode manifestar-se imediatamente como a execução orgânica de um plano de reconstrução predeterminado, mas apenas como um vasto, múltiplo e caótico pulular de energias grosseiras e incompletas que tendem, de modo espontâneo, à destruição cega e só lentamente e em camadas sucessivas termina enquadrando-se e arranjando-se permanentemente. A existência de uma organização mundial capitalista, que unifica de forma hierárquica os mais díspares ambientes econômicos e as populações que ali trabalham em diferentes condições de desenvolvimento dos meios técnicos de produção, acrescenta nas noções e

---

[1] Assinado Antonio Gramsci e Angelo Tasca, *Il Comunista*, ano III, n. 25, 29 de janeiro de 1922; *Rassegna Comunista*, ano II, n. 17, 30 de janeiro de 1922, p. 835-63. (N. E. I.)

[2] Essas teses sobre a questão sindical, escritas em grande parte por Tasca, não foram discutidas no II Congresso do Partido Comunista, realizado em Roma entre 20 e 24 de março. Ao contrário, foram discutidas as teses sobre a tática, o relatório Bordiga e Terracini. Gramsci, como se sabe, divergiu das posições esquerdistas e sectárias de Bordiga, mas não expressou completamente sua crítica, e sua participação no congresso limitou-se a duas intervenções, cujo registro, no entanto, é muito escasso e incompleto. Sobre o II Congresso do Partido Comunista e a posição de Gramsci, ver Palmiro Togliatti, *La formazione del gruppo dirigente del Partito Comunista Italiano (1923-1924)*, (Roma, Riuniti, 1984), p. 24 e seg. (N. E. I.)

nas manifestações do comunismo todas as diversas formas que a rebelião contra o regime capitalista assume no período atual: a luta do proletariado conscientemente orientada para a conquista da autonomia industrial e do poder de governo nos países econômica e politicamente mais desenvolvidos; a luta das classes camponesas contra os grandes proprietários de terras pela posse do solo e contra o Estado centralizador e militarista que age nesse confronto como um aparelho de exploração fiscal e como uma divindade sedenta de sangue; a luta dos povos coloniais contra o imperialismo das metrópoles. Mas todo o edifício mundial do imperialismo repousa sobre a grande indústria; a luta do proletariado pela conquista da autonomia industrial e do poder governativo torna-se, por isso, historicamente o centro da luta universal contra o capitalismo e o elemento organizativo e unificador do comunismo. As classes camponesas e os povos coloniais não estão em condições de realizar, pelos próprios meios, sua liberdade; é necessário, para isso, que o proletariado elimine a burguesia do governo da indústria e do governo dos Estados hegemônicos: de outra parte, sem solidariedade organizada e sistemática das classes camponesas e dos povos coloniais, o proletariado não pode realizar permanentemente sua missão libertadora. A fase superior do comunismo, isto é, da luta universal contra a opressão e a exploração capitalista, realiza-se, portanto, na existência de uma organização mundial que se proponha a tarefa de unificar e centralizar os esforços revolucionários de todas as forças sociais em luta contra o regime capitalista, de uma organização mundial que elabore os elementos de solidariedade que se manifestam concretamente no múltiplo desenrolar da luta geral e crie o terreno no qual essa solidariedade em certo momento se realize em uma ação revolucionária simultânea. A Internacional Comunista é essa organização mundial.

2. A luta do proletariado pela conquista da autonomia industrial concretiza-se historicamente na organização dos sindicatos profissionais.

O sindicato é a primeira criação original do proletariado que persegue os limites de sua própria estrutura de classe, escolhe em seu seio seus dirigentes, adquire as primeiras noções de uma administração autônoma e de um autogoverno e propõe-se limitar e controlar o arbítrio e o excesso de poder das classes dominantes, semeando, assim, os primeiros fundamentos de sua própria emancipação e do próprio poder. No curso de seu desenvolvimento, o movimento sindical torna-se a negação mais direta da democracia burguesa.

O processo de desenvolvimento do capitalismo caracteriza-se por dois fatos essenciais: uma organização e uma concentração máxima dos meios materiais de produção e de troca, obtidas especialmente por meio do monopólio de crédito, e, por oposição, uma máxima desorganização e pulverização do mais importante instrumento de produção: a classe trabalhadora. A instituição política em que se refletem essas particularidades do capitalismo é o Parlamento nacional, organização concreta da democracia burguesa. Para que esse regime funcione normalmente, o povo trabalhador deve agrupar-se apenas no brevíssimo momento das eleições e logo se dispersar. A organização permanente das grandes massas, mesmo que lutem por fins atingíveis unicamente no campo da produção industrial, não pode senão determinar, em última análise, a decomposição da ordem constituída. O simples fato de que organizações sindicais surjam e se desenvolvam é uma evidente demonstração de que a democracia burguesa e o regime parlamentar estão podres desde as raízes: de fato elas surgem para garantir a liberdade e as melhores condições de desenvolvimento da personalidade humana que se afirma em função da propriedade de bens materiais, não da personalidade humana que se afirma em função da propriedade de energia física para ser aplicada na produção de bens materiais. Em certo momento, a maioria da população fica, assim, sem qualquer proteção do Estado, precisamente no que diz respeito às atividades primordiais da existência: é natural que ela procure garantir-se por seus próprios meios, ou seja, que crie seu próprio Estado dentro do Estado.

3. A organização sindical, embrião de um Estado operário dentro do Estado burguês, pode ser tolerada apenas transitoriamente pelo regime capitalista; na verdade, em certas circunstâncias ela pode até mesmo ser útil ao desenvolvimento do capitalismo. A organização sindical, porém, não pode ser incorporada ao regime e tornar-se partícipe do governo do Estado. Somente pode governar de modo efetivo o Estado quem de fato controla a fábrica e a empresa e encontra nesse controle as condições da própria independência econômica e da própria liberdade espiritual.

A participação efetiva dos sindicatos no governo do Estado deveria significar participação efetiva da classe operária no governo da fábrica, o que em geral está em absoluto contraste com a necessidade capitalista da disciplina industrial. Essas necessidades determinam a implacável aversão do capitalismo ao movimento sindical e sua incessante luta para desagregá-lo e pulverizá-lo. O convite aos sindicatos para que participem diretamente do governo só pode, portanto, ter um significado: a absorção dos atuais dirigentes sindicais no estrato governativo para que cumpram na sociedade um papel similar àquele que o chefe operário desempenha na fábrica, para que assegurem ao capitalismo o consenso pacífico da classe operária a uma intensificação da exploração. O convite não é, portanto, mais que a fase atual de um fenômeno comumente verificado na história da classe operária: a fim de desagregar a organização, o capitalismo faz de tudo para tentar corromper e colocar a seu serviço os elementos operários que, com sua atividade sindical, destacam-se por sua capacidade e sua inteligência. Impedir que surja, do seio da classe operária, um estrato dirigente autônomo, decapitar periodicamente a classe operária, empurrando-a à confusão e ao caos, é um dos aspectos da luta do capitalismo contra o proletariado.

II. FUNÇÃO E DESENVOLVIMENTO DOS SINDICATOS

4. O fato de a organização sindical apresentar-se historicamente como a antítese e a negação da democracia burguesa e do regime parlamentar determinou o surgimento de uma ideologia – o sindicalismo – fundada em toda uma série de previsões acerca do desenvolvimento do sindicato que a realidade histórica já se encarregou de demonstrar que é arbitrária e falaciosa. Por sua própria origem e seu modo de desenvolvimento, a organização sindical tem limites que não podem ser superados de forma orgânica, com uma expansão automática do movimento inicial. O sindicato nasce e se desenvolve não por uma energia autônoma, mas como uma reação aos males que o desenvolvimento capitalista determina em prejuízo da classe trabalhadora. A organização sindical se move em paralelo ao movimento da organização capitalista como um reflexo desse movimento; ao lado

do processo de monopolização dos instrumentos materiais de produção e troca desenrola-se um processo de monopolização da força de trabalho. Trata-se, porém, de um fenômeno que objetivamente não se diferencia do fenômeno capitalista, e a realidade mostrou quão absurda é a previsão de que, na concorrência, o monopólio da força de trabalho teria superioridade e a pura resistência corporativa levaria à ruína o poder industrial e, portanto, o poder político dos capitalistas. A realidade histórica mostrou que, se a pura resistência corporativa pode ser, e é de fato, a plataforma mais útil para organizar as mais amplas massas, em dado momento, ou seja, quando o capitalismo – que possui no Estado e na guarda branca[3] um instrumento muito poderoso de coesão industrial – assim o quer, também pode se revelar um fantasma inconsistente. A organização subsiste, o proletariado não perde seu espírito de classe, mas a organização e o espírito de classe não se expressam mais no sindicato, que se esvazia; ao contrário, eles se expressam em uma multiplicidade de manifestações em torno do partido político que a classe operária reconhece como seu partido; a pura resistência corporativa torna-se pura resistência política.

As previsões de caráter técnico feitas pelos sindicalistas acerca do desenvolvimento do sindicato também se mostraram falsas e arbitrárias. Os quadros das organizações sindicais deveriam ter dado a prova prática da capacidade da classe operária de gerir diretamente o aparato produtivo. O desenvolvimento normal da organização sindical provocou resultados opostos àqueles previstos pelo sindicalismo: os operários que se tornaram dirigentes sindicais perderam completamente a vocação laboral e o espírito de classe e adquiriram características do funcionário pequeno-burguês, intelectualmente preguiçoso, moralmente pervertido ou facilmente corruptível. Quanto mais o movimento sindical se ampliou, abarcando grandes massas, mais se espalhou o burocratismo (*funzionarismo*); a impossibilidade de convocar com frequência a assembleia geral dos filiados anulou o controle das massas sobre os chefes; os operários que tinham melhor remuneração e outros rendimentos além dos salários formaram

---

[3] Referência ao Exército Branco formado durante a guerra civil russa entre 1918 e 1923. Essa corporação militar era composta, entre outros, de nacionalistas, anticomunistas, contrarrevolucionários e conservadores pró tsarismo.

um sindicato dentro do sindicato, dando sustentação aos dirigentes na obra de lento açambarcamento da organização para os fins de certa tendência política, que depois se revelou nada mais que a coalizão de todos os funcionários sindicais; ser organizado passou a significar, para a maioria dos operários, não mais participar da vida comunitária para exercitar e desenvolver suas capacidades intelectuais e morais, mas somente pagar uma cota para o gozo das liberdades formais, similar em tudo à liberdade que o cidadão goza no âmbito do Estado parlamentar.

5. Com a formação dessa superestrutura burocrática que funciona como partido político, encerra-se todo um período histórico do movimento sindical. A classe operária, que ao longo de décadas conseguiu formar um estrato dirigente, vê-se decapitada pela passagem desse estrato para o campo da democracia burguesa; a concentração exaustivamente alcançada de todas as energias revolucionárias expressas em termos caóticos pelo desenvolvimento do capitalismo, em vez de ser um instrumento (e até mesmo o instrumento mais importante da revolução social), torna-se o fator decisivo de uma desagregação íntima e do mais completo esfacelamento dos efetivos classistas. Esse fenômeno não se limita à classe operária; ele se revela como um fenômeno universal, próprio de todas as classes oprimidas, de todo o movimento de rebelião popular contra o regime capitalista; ele caracteriza o período de organização e sistematização das energias revolucionárias elementares. À burocracia sindical, que nasce e se organiza por conta própria no terreno do movimento sindical operário, corresponde, no campo dos camponeses, o nascimento e a rápida organização de toda aquela multiplicidade de partidos e grupos políticos pequeno-burgueses que deram a ilusão de uma renovação do instituto parlamentar que se tornou terreno de ação política das grandes massas e dão a ilusão da possibilidade de uma evolução legal e orgânica do capitalismo para o socialismo. No entanto, a esse desenvolvimento de grupos colaboracionistas no terreno do movimento revolucionário corresponde uma intensa atividade reacionária do capitalismo contra as grandes massas: as massas, privadas de sua organização centralizada, retornam a formas de luta que pareciam superadas na história, que pareciam próprias dos primórdios do movimento revolucionário; este se torna subterrâneo, volta a ser um pulular disforme e

caótico de energias não articuladas em um quadro vasto e complexo, sem centralização e sem simultaneidade de ação que não sejam a centralização e a simultaneidade determinadas de forma natural pela centralização e pela simultaneidade da ação ofensiva do regime capitalista.

III. O PARTIDO COMUNISTA E OS SINDICATOS

6. O Partido Comunista nasce no mesmo momento em que brotam do seio das grandes massas esses agrupamentos pequeno-burgueses, desagregadores, que agem segundo os interesses do regime capitalista. O Partido Comunista se propõe reconstruir a consciência unitária e a capacidade de ação do movimento sindical, inserindo os objetivos específicos do sindicato profissional no quadro das necessidades sociais criadas na atual fase da história do mundo. A organização de massa está para o Partido Comunista como o Estado está para o governo no desenvolvimento histórico tradicional: o fim específico do partido é precisamente aquele de promover e favorecer o nascimento de uma organização estatal a partir da atual organização de resistência dos trabalhadores e afirmar-se nela como elemento preponderante de governo. A função do partido no campo sindical, as relações entre partido e sindicato e as relações entre o Partido Comunista e os outros partidos que atuam no campo sindical derivam dessa premissa.

7. As relações entre o Partido Comunista e o movimento sindical não podem ser definidas com os conceitos tradicionais de igualdade entre os dois organismos ou de subordinação de um ao outro, mas somente com a noção das relações políticas que se interpõem entre um corpo eleitoral e o partido político que propõe àquele uma lista de candidatos para a administração. Se o conceito é igual, a prática, porém, é fundamentalmente diferente.

O Partido Comunista tem uma representação permanente constituída no seio do sindicato e opera por meio dela, com a máxima competência e a máxima responsabilidade. Não se trata, portanto, de dois organismos diversos; trata-se somente, como de resto sempre se deu, de uma parte da assembleia sindical que faz propostas e expõe um programa ao restante da própria assembleia, a qual, evidentemente, é livre para aceitar as propostas e o programa ou para rejeitá-los. Até o momento em que no movimento sindical a direção é disputada entre grupos autônomos ou fracamente ligados a um partido – essa foi uma das principais causas da corrupção e das traições ocorridas em meio à burocracia sindical. É claro que não se pretende afirmar que as relações de estreita organização e severo controle que o partido instaura entre seu destacamento unitário e cada um dos grupos sindicalistas comunistas excluem de modo absoluto a ocorrência de episódios de corrupção e traição. Pode-se afirmar, no entanto, uma coisa em particular: a impossibilidade quase absoluta de que agora se verifique um fenômeno como aquele da formação de uma burocracia sindical coesa que, como um só corpo, passa para o lado da burguesia. Essa segurança existe tanto mais quanto o Partido Comunista está, por sua vez, estreitamente controlado pela Internacional; a aplicação integral do programa proposto a uma assembleia sindical pelo grupo comunista interessa, pois, não apenas à própria assembleia, mas à seção comunista à qual pertence determinado grupo, o partido e a Internacional; os trabalhadores organizados que com base naquele programa venham a ser eleitos na assembleia para os cargos diretivos são submetidos a esse controle múltiplo que tem, sem dúvida, um valor pedagógico e serve para moralizar o ambiente. As objeções que venham dos reformistas e dos sindicalistas a essas relações que o Partido Comunista tende a criar entre a sua organização e a organização sindical são destituídas de qualquer fundamento.

O Partido Comunista quer que seus membros, inclusive os dos sindicatos, continuem a ser coerentes e disciplinados, quer que um comunista que se tornou dirigente sindical permaneça fiel, em qualquer circunstância, ao programa para o qual foi eleito. Como isso prejudica as massas organizadas e o movimento sindical?

8. Essas relações assumem praticamente a forma de uma rede organizativa do movimento sindical como um todo. Cada fábrica ou empresa, cada sindicato, por menor que seja, tem ou deveria ter seu próprio grupo comunista; a expansão e a popularidade do Partido Comunista são proporcionais à difusão que os grupos comunistas têm nesses organismos e ao prestígio

que gozam neles. Na fábrica, o grupo comunista dirige sua atividade para a conquista da comissão interna, quando esta existe, ou luta para fazê-la nascer e ser reconhecida, quando ainda não existe; enquanto isso, prepara nesse ambiente as assembleias sindicais, discute os métodos e a tática dos reformistas, dos sindicalistas e dos anarquistas, faz propaganda a favor dos conselhos e pelo controle da produção, partindo não de princípios genéricos, mas das experiências concretas da fábrica que são comuns a todos os empregados, e dessas experiências concretas chega à afirmação dos princípios políticos e do programa do partido. Os grupos sindicais comunistas reúnem-se localmente e nacionalmente, formando comitês para cada câmara de trabalho e para cada federação nacional da categoria ou da indústria. Estes aceitam o princípio da disciplina democrática, isto é, se minoritários, mostram-se obedientes ao deliberado pela maioria, mas não aceitam em nenhum caso que haja limitações à liberdade de propaganda e de crítica escrita e oral. Se minoritários, aceitam cargos nos organismos deliberativos diretamente eleitos pelas massas organizadas, não pelos organismos executivos, eleitos indiretamente e nos quais só poderiam entrar por uma concessão benigna ou por um compromisso. O conjunto dos comitês sindicais é orientado a receber suas palavras de ordem do Comitê Central sindical.

A rede de grupos e comitês sindicais deve ser considerada não uma instituição provisória, voltada apenas para a conquista dos núcleos do movimento sindical, mas uma instituição permanente que terá suas funções e exercerá sua atividade mesmo após o advento da ditadura proletária.

IV. O PROBLEMA DA UNIDADE SINDICAL NA ITÁLIA

9. O problema fundamental que se coloca ao Partido Comunista é o da unificação das ações das grandes massas. Esse problema se tornou mais difícil na Itália que em outros países pela existência de uma multiplicidade de centrais sindicais. O problema se apresenta, portanto, em um primeiro momento, como o da unificação organizativa do movimento sindical operário.

Na atual situação, criada para a classe operária e camponesa pela ofensiva industrial contra as jornadas e os salários e pela ofensiva militar da guarda branca, a unidade organizativa do proletariado, uma vez que é condição preliminar para uma ação simultânea e conjunta, representa o único instrumento ainda capaz de ser aplicado com sucesso no campo da resistência corporativa.

Em 1919, como o Partido Socialista prevalecia líder absoluto das lutas revolucionárias de massa, teria bastado uma leve pressão para se alcançar a unidade organizativa. O colapso seguinte das esperanças revolucionárias e a forte coalizão da burocracia sindical multiplicaram os gases tóxicos que envenenaram as forças proletárias. Mas, se o problema é difícil, não deve, no entanto, ser negligenciado pelo Partido Comunista, o qual, propondo transferir para uma só grande organização as discussões entre as várias tendências políticas proletárias e buscando converter em luta pela conquista da direção dessa grande organização unitária a atual luta que travam na Itália as diversas centrais para desintegrar umas às outras, visa a criar a primeira condição para o nascimento do Estado operário.

A luta em defesa de certo padrão de vida é o terreno mais útil para a unidade organizativa do proletariado industrial. A luta contra a guarda branca pela liberação das regiões martirizadas pelo terror fascista é o terreno mais útil para restaurar a unidade de interesses e sentimentos entre operários e camponeses que fora constituída em 1919 e que foi violentamente destruída pela reação, justamente por ser uma das condições essenciais da revolução proletária.

10. A Confederação Geral do Trabalho é, para o Partido Comunista, a base da unidade organizativa da classe operária italiana. Por seu próprio caráter atual de organização direta com maioria reformista, a confederação demonstra aderir mais às exigências elementares da classe oprimida: as outras organizações (excetuando-se o Sindicato dos Ferroviários), se bem que seus *leaders* [líderes] insistam mais ruidosamente na afirmação do caráter sindicalista e autonomista, aproximam-se efetivamente mais da natureza do partido político que do sindicato profissional. Para fazer parte da confederação, demanda-se declarar-se agente da luta de classe, isto é, possuir unicamente os primeiros elementos da consciência de classe; para fazer parte das outras organizações

102 | OS LÍDERES E AS MASSAS

sindicais, requer-se implicitamente a aceitação de determinado método que, em última análise, identifica-se em certas pessoas. Mas a diferenciação dos métodos, no campo sindical, só pode ocorrer em consequência das experiências reais que nascem da luta e quando existem dentro dos sindicatos vanguardas mais conscientes que propugnam certos métodos com vistas a objetivos mais gerais e positivos que os puramente corporativos. Justamente por essa razão, a cisão socialista do Congresso de Livorno não foi seguida de uma cisão na confederação. Os comunistas queriam interromper o processo tradicional de formação do movimento sindical italiano, no qual quase todas as correntes ideológicas proletárias constituíam sua própria organização sindical. Os comunistas preferiram trazer a competição e a controvérsia de métodos e programas para dentro da organização, convencidos de que, pela própria instabilidade das situações históricas, com seus repentinos altos e baixos, era necessário basear a continuidade da organização no mínimo corporativo, da simples resistência. Todos os adversários dos métodos reformistas, na medida em que esses mesmos métodos, não como programa universal, mas como compromisso tático com a realidade histórica contingente e com as camadas mais atrasadas da massa, não podem ser ignorados, devem entrar na confederação para equilibrar no início e depois derrotar a burocracia sindical. Existem na Itália, além da União Sindical[4], muitíssimas outras organizações sindicalistas, anarquistas, republicanas, locais, regionais, com tendência a se tornarem nacionais, que se exaurem em atividades restritas e que, em vez disso, poderiam contribuir mais efetivamente para o desenvolvimento unitário do proletariado italiano entrando para a confederação.

11. A atividade dos comunistas pela unidade de organização sindical do proletariado italiano, iniciada com o apelo a todas as organizações imediatamente após a constituição do Partido Comunista, deve desdobrar-se tanto interna como externamente, com formação de grupos ou propaganda incessante, mesmo nas outras organizações parciais ou autônomas localmente. Episódios recentes demonstraram que mesmo

---

[4] Organização anarcossindicalista fundada em 1908.

O Partido Comunista e os sindicatos | 103

grandes estratos das organizações brancas[5] podem escapar ao controle do Partido Popular e incorporar-se à confederação; as relações que se criaram na Itália entre a autoridade pontifícia e a organização de massa dos católicos levam necessariamente a um enfraquecimento dos laços hierárquicos religiosos e ao transbordamento de núcleos cada vez mais numerosos de trabalhadores da zona de influência da autoridade eclesiástica.

Mudanças notáveis ocorreram na psicologia das massas católicas, e aproxima-se o momento de sua entrada no campo da luta de classes declarada e aberta.

Recentemente, a Internacional Sindical Vermelha de Moscou deu passos na direção da unificação das três principais organizações sindicais italianas: a Confederação Geral do Trabalho, a União Sindical e o Sindicato dos Ferroviários.

O Partido Comunista apoiou de forma ativa esses passos para a unificação das três principais organizações sindicais italianas: a confederação, a União Sindical, o Sindicato dos Ferroviários.

O Partido Comunista apoiou de forma ativa esses passos, interrompidos após o comportamento mais ou menos obstrucionista dos dirigentes desses organismos, e espera que a Internacional Sindical Vermelha retome sua iniciativa.

O Partido Comunista revela-se o verdadeiro e mais sincero promotor da unidade sindical, pois elimina todas as dificuldades, reservas e condições sobre o procedimento e os resultados da unificação. Ele não pede para ser representado nas negociações, não se pronuncia sobre o procedimento destas, para facilitar que se encontre um caminho aceitável por todos os sindicatos interessados (seja o de um único congresso constituinte, seja o de três congressos simultâneos em uma mesma cidade, seja o de uma conferência entre delegações das três organizações). O partido empenha seus filiados a respeitar os pronunciamentos da maioria do novo organismo sindical único, quer reconheçam uma aliança com outro partido, quer excluam qualquer relação com os partidos

---

[5] Sindicatos católicos.

104 | OS LÍDERES E AS MASSAS

políticos, quer seja definida a adesão a Amsterdã, quer se rejeite a tática da luta anticapitalista atualmente sustentada pelo Partido Comunista.

O Partido Comunista não quer alcançar esses resultados como plataforma para as negociações de unificação, mas se propõe e confia que pode alcançá-los com sua ação aberta e independente dentro do novo corpo sindical unificado, usando seus métodos de organização de grupos sindicais comunistas e sua rede de conexões.

V. AS RELAÇÕES INTERNACIONAIS DOS SINDICATOS ITALIANOS

12. Ao problema da unidade organizativa do proletariado está estreitamente ligado o problema da adesão à Internacional Sindical Vermelha e da saída do secretariado de Amsterdã[6]. A classe operária é em geral favorável à ruptura com Amsterdã e à adesão a Moscou. As razões contra essa orientação, apresentadas pelos reformistas e pelos sindicalistas, não tiveram efeito sobre as massas, que são impotentes para impor sua vontade pelas mesmas razões por que são impotentes para impô-la em todos os outros campos da atividade sindical. Dessa vontade, genericamente difusa, é prova o próprio fato de que a burocracia sindical afirma continuamente ser também favorável a Moscou e permanecer unida a Amsterdã somente por uma série de razões práticas contingentes e... para fazer aderir toda a Internacional de Amsterdã à organização de Moscou.

13. Entre as razões práticas que os funcionários reformistas preferem alegar está a da tutela dos trabalhadores italianos que emigraram para países onde o movimento sindical ainda adere a Amsterdã. Essa razão é de todo infundada. Um dos aspectos mais característicos da atual crise do regime capitalista é precisamente este: sua simultaneidade em todas as partes do mundo.

Nos períodos anteriores ao atual, de desenvolvimento e consolidação do capitalismo, as crises econômicas limitavam-se no tempo e no espaço;

---

[6] Conferir "Amsterdã e Moscou", p. 87 deste volume.

não se verificava sequer, no âmbito de uma mesma nação, uma crise simultânea de toda a indústria. Naquele momento as correntes migratórias representavam um fenômeno de cura do regime capitalista, porque permitiram o emprego a baixo custo dos trabalhadores de um país em crise na indústria de outro país que não podia se desenvolver em razão de suas deficiências demográficas, e a valorização de riquezas ainda inexploradas, sem muitos riscos para os capitais que eram investidos.

Hoje a crise é simultânea em todos os países da Europa; o desemprego assola todos os lugares e a força de trabalho é oferecida por preços baixíssimos. As correntes migratórias estão completamente interrompidas – ou quase. O que significa nesse caso a tutela da imigração? De tal situação deveria surgir a vontade precisa de provocar o advento da revolução mundial e de um governo internacional proletário que, implementando um plano unificado de distribuição de matérias-primas e forças produtivas, remedeie, na medida do possível, a dispersão e a desvalorização das forças produtivas, provocadas pelo colapso do sistema capitalista e pelo desemprego, que é consequência direta desse colapso. As razões adotadas pelos reformistas para manter a adesão a Amsterdã são, portanto, as que deveriam, ao contrário, determinar a adesão à Internacional Sindical Vermelha, a qual precisamente organiza as grandes massas para que atuem no terreno da revolução mundial e da restauração de um poder industrial que abarque e reordene os meios de produção e a força de trabalho de todos os países do mundo. Mesmo que em algumas circunstâncias ou para alguma indústria, como a da construção, subsista a necessidade de uma tutela da imigração, esta poderá ser obtida sem a adesão a Amsterdã. Os sindicatos dos países a que se dirige a imigração italiana têm todo o interesse de que o emprego da mão de obra dos operários italianos seja regulado de modo a não piorar a situação de seus filiados. Os problemas que nascem dessa situação podem perfeitamente ser resolvidos com os acordos intersindicais, ainda que os respectivos sindicatos pertençam a organizações internacionais diferentes.

14. As razões apresentadas pelos sindicalistas contra a adesão a Moscou são similares às que eles apresentam contra a atividade organizada que o Partido Comunista desenvolve no movimento sindical.

A Internacional Comunista está, em relação à Internacional Sindical Vermelha, em situação semelhante à do Partido Comunista em face da organização sindical nacional. É estranho, de todo modo, que os dirigentes da União Sindical, que fizeram sua organização aderir à Internacional Comunista, isto é, à Internacional dos partidos políticos, refutem hoje a adesão à Internacional política. Evidentemente não se trata, nesse caso, de autonomia sindical, mas de autonomia do cérebro de certos homens diante de qualquer racionalidade e de cada padrão de pensamento honesto.

VI. A LUTA CONTRA A OFENSIVA BURGUESA NA ITÁLIA

15. A ofensiva patronal que se desencadeou na Itália no fim de 1920, a partir da denúncia dos acordos e com a violência fascista, é a confirmação da previsão comunista de que, quando a ação do proletariado ameaça, com seu desenvolvimento, as bases do privilégio da classe dominante, esta empreende sem hesitação a defesa a qualquer custo de sua própria existência, de seu próprio domínio. Inicia-se desse modo um período de inevitável guerra civil, na qual prevalece a classe que melhor e mais depressa se dá conta da situação real e apresenta assim os meios adequados para superá-la. Os acontecimentos ocorridos na Itália depois de setembro de 1920 não tinham nada de surpreendente ou excepcional: foram preparados no período precedente, de modo que os eventos não traíram as massas, mas estas, e por elas o partido político, não se deram conta dos eventos. Conquistadas as oito horas de trabalho e elevados os salários ao limite necessário para dar à classe trabalhadora um padrão de vida mais humano, criada nas fábricas uma posição de força dos operários no confronto com os industriais, obtida no campo uma limitação cada vez maior do poder arbitrário do patrão, a enorme máquina da organização sindical, forçada a se mover também pela inércia de seu próprio tamanho, acabaria por minar fatalmente alguns elementos do privilégio patronal, abalar os próprios fundamentos do direito à propriedade.

"Do terreno da resistência ao da conquista", essa era a fórmula repetida por todos e tornada quase um lugar-comum, sem que a grande maioria – sem que, sobretudo, o partido político da classe trabalhadora em sua quase totalidade – se desse conta de que tal anúncio não poderia ocorrer sem que a burguesia mudasse radicalmente seus métodos de luta, sem que ela acompanhasse o proletariado na nova fase de ação e, assim, mais homogênea, mais consciente, em certo sentido o previsse e tivesse condições de mover-se livre e seguramente sobre o novo terreno. Para a luta violenta e implacável, a burguesia não precisou preparar meios inteiramente novos ou criar a partir do nada um aparato de defesa; ela tinha a seu dispor o poder do Estado, com sua força armada, com todas as formas de poder executivo (exército, polícia, judiciário). A organização dos bandos brancos não representou mais que uma divisão do trabalho entre os diversos grupos da burguesia; respondeu à exigência de criar as divisões de tropa leve, facilmente alocável, ao lado das formações "oficiais" mais pesadas, tropas de um exército único, movendo-se com um só objetivo e segundo um plano comum.

16. Industriais e proprietários rurais denunciaram os acordos e moveram as esquadras fascistas de ação contra os operários e os camponeses sem deter-se de maneira particular nesta ou naquela conquista operária. Embora as questões da queda dos salários na indústria e do aumento para além das oito horas de trabalho na agricultura tenham sido confrontadas com outras questões, a ação metódica dos patrões não ficou limitada a elas. Eles entenderam bem que as conquistas singulares não tinham importância relevante se consideradas separadamente; que não se tratava de mover a luta por esse ou aquele ponto do contrato de trabalho, mas que era preciso mirar a própria organização, a capacidade de luta, o espírito de luta da classe trabalhadora. Uma vez que a organização fosse destruída ou tornada impotente, os pontos da frente sindical não ofereceriam mais nenhuma resistência séria. Apenas um ponto chamou a atenção particular dos industriais: o da formação dos conselhos de fábrica, e a ação dos industriais em Turim em abril de 1920 teve o preciso objetivo de impedir a consolidação do "poder" dos trabalhadores dentro das fábricas. Justamente porque nesse problema não estava em jogo uma ou outra demanda sindical, mas a formação de uma "posição de força" dos operários nas fábricas, de onde surgiram as consequências mais graves para a tranquilidade do domínio patronal.

Em geral, a burguesia se propôs desencorajar a classe trabalhadora para impedi-la de galvanizar sua vontade de resistir segundo uma palavra

108 | Os líderes e as massas

de ordem precisa e comum, separar grupos e categorias, isolar os combatentes, impedir o funcionamento da organização como mobilizadora permanente de todas as forças proletárias. Evitou-se, assim, uma luta geral em torno de uma questão de interesse de todas as categorias; ao mesmo tempo, as concordatas das categorias individuais foram denunciadas separada e sucessivamente, sem demonstrar pressa em discutir, ostentando até mesmo certa indiferença diante das pressões das organizações operárias para entrar em contato e confrontar-se.

A crise econômica que atingiu a Itália, tanto pelas consequências diretas da guerra quanto como repercussão da crise dos principais países capitalistas – embora em certos casos tenha tido sérias consequências para muitas indústrias –, fortaleceu a posição dos industriais em relação aos operários. Os industriais souberam agir de tal maneira que os efeitos da crise atuassem como elemento desagregador da classe operária, em suas condições de unidade espiritual e material. Os operários encontraram suspensa sobre sua cabeça a condenação capital da fome implacável, a agonia desmoralizante e esgotante da incerteza total quanto ao futuro e certa desolação quanto ao presente; isso enquanto o industrial podia manter inteira sua liberdade de movimento e dedicar-se a conquistar posições mais seguras e assim libertar-se do passivo das lutas recentes, que terminaram com resultados desastrosos para ele.

17. A atitude dos comunistas em relação ao problema da luta contra a ofensiva patronal foi anunciada na carta que o Comitê Sindical Comunista enviou em agosto de 1921 a todas as grandes organizações sindicais italianas a fim de proclamar a necessidade de uma ação geral de mobilização e defesa proletária.

Precisamente porque os industriais e os proprietários rurais agiam para romper todo o sistema defensivo dos sindicatos e anular as possibilidades materiais de seu funcionamento, pois isso lhes permitia ditar qualquer pacto aos operários e camponeses, era preciso reagir com vigor contra a pulverização da ação, contra o pânico que separa os grupos individuais uns dos outros e os torna presas fáceis para o patrão, que se move com perfeita segurança.

Para constituir a "frente única" dos trabalhadores, os comunistas não acreditam que seja suficiente um apelo aos sentimentos de solidariedade de classe nem uma ação de propaganda genérica para mostrar aos trabalhadores interessados os perigos que os ameaçam. Isso, embora necessário, revelar-se-ia ineficaz se, em relação à concepção marxista da luta de classes, não se partisse de estímulos concretos, de interesses imediatos capazes de mover uma ação de massa, para reunir todos os trabalhadores com base no terreno espontâneo de sua oposição direta e quase material ao patronato.

O apelo do Comitê Sindical Comunista formulou, portanto, uma série de demandas que a moção posteriormente apoiada pelos comunistas no Conselho Nacional da Confederação Geral do Trabalho em Verona especificou e apresentou como o programa capaz de dar uma base concreta à unidade proletária. Esse programa de reivindicações floresceu a partir do texto da moção e é relacionado com a avaliação comunista da crise econômica e com o estabelecimento de uma grande batalha revolucionária das massas.

18. A proposta comunista lançada em Verona não foi capaz de realizar a única condição de sucesso que a classe trabalhadora teve e tem diante de si. Isso, naturalmente, não eliminou a atividade sindical, porque as categorias isoladas e suas organizações tentaram, onde foi possível, defender-se e não se deixar encurralar. Os comunistas que fazem parte dos sindicatos têm o dever preciso de tomar parte ativa também nas ações de caráter particular e, mesmo onde têm a direção da organização, não podem de modo algum evitar de aderir à luta e, em alguns casos, até mesmo impô-la, conscientes dos limites que impõe à sua ação a falta da realização da "frente única". Nesses casos, seu dever é simplesmente fazer o máximo para que mesmo os movimentos particulares terminem com o melhor resultado possível, sempre cuidando, sem deixar de se envolver a sério na luta, de ilustrar a necessidade de que uma ação de caráter geral restitua às organizações as condições fundamentais de seu funcionamento.

VII. POSTULADOS IMEDIATOS DE AÇÃO SINDICAL DO PARTIDO COMUNISTA DA ITÁLIA

19. Diante do que foi dito aqui sobre os três problemas fundamentais – unificação dos sindicatos italianos, relações internacionais e ação

110 | Os líderes e as massas

proletária contra a ofensiva patronal –, eis as pedras angulares do posicionamento dos comunistas nos mais importantes organismos sindicais do proletariado italiano.

Na Confederação do Trabalho, a minoria sindical comunista defende: a adesão à Internacional Sindical Vermelha de Moscou, em seguida ao exame dos problemas em um congresso nacional regular, rejeitando o reconhecimento ao que foi deliberado em sentido oposto pelo Conselho Deliberativo Nacional em Verona; a colaboração com os países da Internacional Sindical Vermelha pela unificação com a confederação da União Sindical e do Sindicato dos Ferroviários; a aceitação da proposta pela frente única proletária contra a ofensiva burguesa.

No Sindicato dos Ferroviários, a minoria comunista que pertence ao Comitê Comunista Ferroviário e conduziu a luta no último congresso nacional propõe: adesão a Moscou por meio de consulta do Congresso Nacional deliberado no congresso precedente, sustentando ser ilegal a decisão do Conselho Geral contra a convocação do congresso e pela autonomia internacional; unificação com a Confederação do Trabalho e os outros organismos proletários com base na iniciativa da Internacional Sindical Vermelha; adesão à frente única contra a ofensiva patronal.

Não há minoria comunista organizada na União Sindical, e o Partido Comunista se considera em posição de espera até o próximo congresso da União Sindical Italiana, mesmo afirmando os dois conceitos principais: que não há incompatibilidade para os comunistas militarem em qualquer organismo sindical que acolha, mesmo que de forma limitada, em certa localidade ou categoria, parte considerável dos trabalhadores e que grupos comunistas sindicais, com sua rede de conexões, devam surgir em todos os lugares. A ação dos comunistas na União Sindical dependerá da decisão do congresso de aderir a Moscou e da questão da unidade sindical na Itália e será coordenada por aquela da União Sindical. Até hoje, o Partido Comunista tem conclamado seus militantes a se absterem de trabalhar para uma passagem fragmentária de determinada organização da União Sindical para a confederação, atitude que pode ser modificada se a União Sindical se desvincular de Moscou. Diante de uma União Sindical aderente a Moscou, o Partido Comunista Italiano agiria no sentido de exigir da Internacional Sindical Vermelha a unificação com a Confederação Geral do Trabalho e, em todo caso, apoiaria essa campanha no âmbito da União Sindical, com uma ação mais direta de propaganda e organização de uma minoria favorável às diretrizes sindicais comunistas que tendessem a conduzir toda a União Sindical nesse terreno.

VIII. O PROBLEMA DA ESTRUTURA SINDICAL

20. Para manter e perpetuar suas posições de predomínio, a burocracia sindical reformista cuida incessantemente de modificar a estrutura da confederação de modo a tornar sempre mais fraco o controle da massa organizada sobre os escritórios dirigentes. Os comunistas, porque acreditam que uma organização operária é tão mais vigorosa e tem tanto mais capacidade de desenvolvimento revolucionário quanto mais as grandes massas participam de sua administração e governo, querem que a estrutura da confederação seja ampliada e que ela se aproxime da intensa vida local da classe operária; para os comunistas, o poder da burocracia sindical deve ser reduzido ao mínimo e, ao contrário, deve ser valorizada ao máximo a vontade imediata das massas. A questão da unidade organizativa da classe operária italiana está estreitamente ligada a esse problema de uma maior democracia na organização; quanto mais os comunistas lutarem por isso, mais promoverão o advento da unidade e ecoarão sobre as massas sindicalistas que hoje se encontram fora da confederação.

21. A estrutura da Confederação Geral do Trabalho deve corresponder de modo adequado às exigências da ação e também aos precedentes históricos que são parte ainda viva da tradição sindical italiana. Tal correspondência entre estrutura e necessidade de ação está ausente tanto no velho esquema confederativo quanto nas novas propostas de modificação estatutária ventiladas em Livorno e depois passadas quase sorrateiramente numa conferência subsequente. Para se defender das acusações de desinteresse por determinadas controvérsias, a confederação afirmou que, entre seus objetivos, "não é e não pode ser mais que o de também assumir as responsabilidades dos movimentos iniciados e dirigidos pelas

organizações a ela aderentes. Ela deve interferir unicamente nos movimentos mais sérios e *apenas como colaboradora, não como responsável*"[7].

Quanto à estrutura, porém, afirma-se que "a confederação não pode acompanhar todos os movimentos locais sem ter localmente órgãos próprios. Devemos lutar pela criação destes", e isso "transformando as câmaras do trabalho em seções da confederação", em "sucursais confederativas dependentes da central"[8].

Há aqui uma evidente contradição entre a centralização burocrática da estrutura e a reconhecida necessidade de descentralização da ação, e os comunistas devem opor-se com todas as forças a que a capacidade de luta dos órgãos locais seja cortada pela raiz por uma centralização, repetimos, de tipo burocrático. As câmaras do trabalho devem conservar íntegras suas funções atuais e a relativa autonomia necessária para enfrentar as exigências da luta local. O problema de harmonizar a necessária autonomia com a articulação e a também necessária disciplina não se resolve com uma combinação de ordem burocrática, mas com a proposição de um programa que compreenda pontos de interesse imediato e geral para a classe trabalhadora, que inspire de modo uniforme a ação em todos os centros proletários.

IX. O PROBLEMA DO CONTROLE OPERÁRIO

22. A atividade específica do movimento sindical se dá no campo da produção com a conquista da autonomia industrial por parte dos trabalhadores. Na fábrica, verifica-se hoje essa divisão hierárquica das classes: na base está a classe operária, que tem tarefa puramente executiva; no alto está a classe capitalista, que organiza a produção segundo os planos nacionais e internacionais que correspondam a seus interesses mais restritos; no meio está a classe pequeno-burguesa dos técnicos e dos especialistas, que transmitem aos operários as ordens de produção que dependem dos

---

[7] "Informe ao Congresso de Livorno sobre as modificações estatutárias", p. 7.

[8] Ibidem, p. 3.

planos gerais e também controlam se os trabalhadores estão atuando com precisão e ao mínimo preço de custo. As relações de organização dessa hierarquia industrial estão fundadas no terror.

Conquistar sua própria autonomia significa, para a classe operária, subverter essa escala hierárquica, eliminar do campo industrial a figura do proprietário capitalista e produzir segundo planos de trabalho que não sejam estabelecidos pela organização monopolista da propriedade privada, mas por um poder industrial mundial da classe operária.

Para alcançar autonomia no campo industrial, a classe operária deve superar os limites da organização sindical e criar um novo tipo de organização de base representativa, e não mais burocrática, que abarque toda a classe operária, mesmo aquela que não adere à organização sindical. O sistema dos conselhos de fábrica é a expressão histórica concreta da aspiração do proletariado à própria autonomia. A luta nesse campo se dá de acordo com algumas fases que se sucedem logicamente, mesmo que nem sempre cronologicamente: a) luta pela organização e pelo funcionamento dos conselhos; b) luta pela organização centralizada dos conselhos de determinado ramo industrial e de todas as indústrias nele compreendidas; c) luta pelo controle nacional de toda a atividade produtiva. No primeiro momento, a luta se dá fábrica por fábrica em favor de objetivos imediatos, facilmente compreensíveis por todos os empregados, isto é, controle sobre a jornada de trabalho e os salários estabelecidos em acordos de modo mais rígido e sistemático do que pode fazer o sindicato; controle da disciplina fabril e dos agentes que o capitalismo se propõe disciplinar; controle das contratações e das demissões da força de trabalho. No segundo momento, entra-se no verdadeiro campo do controle sobre a produção, o qual tende a regular a distribuição das matérias-primas disponíveis entre as fábricas de um mesmo ramo industrial e suprimir as empresas parasitárias, salvaguardando os interesses vitais da classe operária.

Na terceira fase, a classe operária chama para a luta as outras classes exploradas da população, mostrando na prática que é a única força social capaz de frear os malefícios que o capitalismo causa no período de seu esfacelamento. A primeira fase dessa luta já pode ser identificada em todos os países capitalistas e deixou um resíduo estável no reconhecimento por parte dos industriais de pequenos comitês de fábrica ou comissões internas que fazem parte da ação sindical. As condições de afirmação da atividade indicada no terceiro ponto ocorreram recentemente na Itália devido ao colapso bancário e continuarão a ocorrer devido à condição precária de todas as outras instituições de crédito industrial.

Na prática, a classe trabalhadora pode demonstrar à maioria da população afetada pelo colapso dos bancos como a atual situação de irresponsabilidade do capital só pode ser remediada pelo controle sobre as empresas industriais nas quais os bancos investem as poupanças a eles confiadas pelos trabalhadores. O Partido Comunista deve promover incessantemente, por intermédio de seus grupos de empresa, um trabalho voltado para o desenvolvimento de comissões internas e conselhos de fábrica e a organização dos conselhos em uma rede que seja como o alívio da atividade industrial capitalista.

23. Ao programa de controle operário os reformistas contrapõem um fantasma de controle que deveria ser chamado mais especificamente de sindicância permanente da indústria, conduzida por comissões paritárias de dirigentes sindicais e representantes da classe capitalista. À organização dos conselhos de fábrica que se tornam a base dos sindicatos e federações de indústrias e unificam as várias categorias de produtores (operários, operários não qualificados, técnicos e empregados), os reformistas contrapõem sindicatos e federações que chamam de indústria, mas que são o simples resultado do amálgama dos vários escritórios dos sindicatos dessas várias categorias.

A luta pelo controle representa para os comunistas o terreno específico em que a classe operária se impõe no comando das outras classes oprimidas da população e obtém o consenso para sua ditadura. Lutando pelo controle, a classe operária luta para conter o colapso do aparelho industrial capitalista; isto é, para assegurar a satisfação das exigências elementares das grandes massas e, assim, suas condições de vida e civilização.

Na base do controle, o Partido Comunista estabelece os primeiros elementos reais de seu programa econômico de governo, cujos pontos principais são:

a) reorganização das forças produtivas humanas, que são o primeiro e o mais importante instrumento da produção;

b) autonomia industrial dos produtores, que deve ter o objetivo imediato de fazer cessar as greves e as agitações que hoje impedem o rendimento normal das empresas;

c) impedir o desperdício da capacidade técnica profissional causado pela desocupação;

d) substituir o material gasto e decadente do aparelho industrial burguês e introduzir os mais modernos métodos de trabalho que hoje são alvo da hostilidade da classe trabalhadora, pois visam sobretudo a despojá-la de suas capacidades profissionais.

O Partido Comunista não teme as consequências da desordem e da destruição que a implementação do controle e da ditadura operária no campo industrial necessariamente implica.

Essas consequências dependem mais do processo de decadência sofrido pela sociedade em razão da desintegração do regime capitalista que do controle. A disciplina férrea e o espírito de sacrifício que o partido exige de seus militantes estão também – e sobretudo – ligados à necessidade de frear esse colapso e essa desordem. O partido está, portanto, destinado a representar também no campo da produção de bens materiais e da luta contra o caos dos industriais aquele mesmo papel de vanguarda que exerce no campo da ação de massas e da luta armada.

X. O PROBLEMA DO DESEMPREGO

24. O problema da desocupação é o que deve sobretudo chamar a atenção dos comunistas que militam na organização.

O fenômeno do desemprego é a expressão típica da escravidão proletária no regime capitalista; apresenta-se de modo violento com o surgimento do regime, com a aplicação do processo de trabalho mecânico, acompanha o desenvolvimento como uma doença crônica e explode com a fatalidade de um contágio irreparável na crise da dissolução final. As características do desemprego atual estão tão intimamente ligadas à crise da economia mundial devastada que é natural estabelecer esta verdade: o problema concreto mais importante que se apresenta como campo de ação dos sindicatos é, ao mesmo tempo, o problema de toda a economia mundial, o problema cujas duas soluções são: ditadura burguesa ou revolução proletária. Pois a economia burguesa não encontra nem pode encontrar a possibilidade de um equilíbrio, as oscilações nos quadros da produção por ela dirigida continuarão ao infinito, e a cada uma delas corresponderá uma mudança nos quadros da força de trabalho, isto é, um novo fluxo de desempregados.

Afirmar, portanto, a necessidade de que os sindicatos empreguem todas as suas forças para a preparação revolucionária não é inventar um substituto de caráter "político" (no sentido bastante depreciativo com que essa palavra é usada por muitos funcionários sindicais) para a falta de solução técnica do problema do desemprego; é reconhecer que não há solução técnica no sentido estrito da palavra, ou a solução "técnica" é tal que, para investir todo o plano da organização econômica mundial, ela tem alcance e realidade verdadeiramente políticos, isto é, identifica-se com a revolução. É preciso afirmar com insistência, incansavelmente, que o problema do desemprego, problema "típico", repetimos, da classe operária deste "fim de reinado", não tem solução possível a não ser pela Internacional dos trabalhadores. Esse é um elemento essencial da "concretude" com que o problema deve ser considerado; não há ação possível que não parta dessa consideração, que não deve ficar nos bastidores da ação ou como adorno, como álibi a se inventar para justificar, de tempos em tempos, a derrota parcial; ele é reduzido a um clichê banal, aceito até mesmo pelos sociais-democratas e talvez pelos "reconstrutores" que não inspiram realmente a ação cotidiana concreta, empurrando-a para sua saída lógica e, ao mesmo tempo, estabelecendo criticamente seus limites.

25. O fenômeno do desemprego é ligado de tal modo à crise do regime capitalista que atingiu hoje, irreparavelmente, as próprias bases dos sindicatos, nascidos no seio desse regime e desenvolvidos em função dele. Quando o emprego da força de trabalho torna-se instável como no atual período, e essas margens de instabilidade agitam-se em torno de uma imponente massa que perdeu de vez qualquer possibilidade de encontrar um trabalho qualquer, o sindicato perde sua função característica, sua tradicional razão de ser, e é ferido de morte se não reconhece de imediato a situação que se cria e não se move para novas posições. Hoje o sindicato está em condições

de oferecer a seus membros apenas escassas vantagens imediatas; sua função é muito útil na medida em que consegue não deixar as massas à deriva, reunindo-a em um terreno possível de luta e dando-lhe o sentimento da possibilidade de uma saída para a terrível situação em que se encontra. Toda a ação de assistência minuciosa de tipo contratual é útil, deve ser continuada, mas evidentemente já não oferece aos sindicatos base suficiente, não dizemos nem de desenvolvimento, mas de simples manutenção. A prova mais clara é dada pelo fato de que as organizações sindicais lideradas pelos reformistas veem (isso é confirmado pela agenda de Dugone votada pelo último conselho de governo da Confederação Geral do Trabalho) como único campo de ação o Parlamento e as alianças ministeriais. Isso porque no campo contratual os sindicatos perdem cada dia mais terreno: porque os trabalhadores não se sentem mais protegidos em sua própria existência, e as questões de horários, salários, regulamentos acabam perdendo todo o valor a seus olhos; porque mesmo os melhores acordos não os salvam de sofrer sem atenuantes as consequências da crise capitalista.

26. A assistência aos desempregados e a ação em sua defesa é especialmente classista, porque tende a impedir o isolamento do operário e do camponês, o distanciamento dos companheiros que têm a sorte de trabalhar. Manter a ligação entre os desempregados e aqueles que não o são, buscar que no terreno da oferta de força de trabalho não se combata apenas uma porção de tensões "individuais" entre o indivíduo desesperado e a fome, mas que o desempregado sinta que o órgão tradicional de defesa de seus interesses, o sindicato, continua "seu": eis as exigências que os comunistas apresentam como essenciais à ação sindical. Se os sindicatos operários conseguirem levar adiante suas ações no terreno concreto da defesa do operário desempregado, eles permanecerão de pé; caso contrário, cairão como fruta podre. Os comunistas têm o dever de promover a organização sindical nesse terreno, porque a vida e a força dos sindicatos estão condicionadas à medida que eles respondem àquela que é a necessidade fundamental da vida operária neste período. Renunciar a tal tarefa seria perder o contato com a vida operária naquilo que ela tem hoje de mais expressivo, de mais trágico, de mais sentido.

Que não se creia que a ajuda eventualmente oferecida ao desempregado atenua a gravidade da situação econômica e assim transforma os rebeldes em resignados – por mais eficaz que seja a ação desenvolvida nesse sentido, ela não terá resultados "práticos" muito sensíveis, não poderá modificar substancialmente o lado mais doloroso da condição dos operários: essa [ação] se concentrará sobretudo no fato que coloca em movimento as energias do sindicato em um campo no qual este tem, sem dúvida, a massa em torno de si, as massas com suas necessidades, as massas esmagadas sob o polegar implacável da situação de crise.

Não são os resultados de beneficência que interessam, porque sabemos quão escassos são seus frutos, mas os resultados "sindicais", isto é, o alcance de uma atividade de caráter geral por parte das organizações operárias em um terreno onde se enfrentam os lados mais passivos, mais escandalosos, mais insuportáveis da gestão burguesa.

27. A crítica que fazemos aos reformistas não é, portanto, o fato de buscarem meios de reduzir o desemprego, ocupação condizente com seu papel e legítima, mas negligenciar a valorização de uma ação sindical mais vasta que, conquistando o poder estatal, o utilizasse como alavanca nas mãos das classes trabalhadoras para alcançar seus fins, que são aqueles da quase totalidade dos homens. Os reformistas consideram que os desempregados são objeto de uma ação de assistencialismo beneficente, objeto a que se dedicam com algum zelo, mas descuidam de considerar como "sujeito" de ação política sindical. Os desempregados não são apenas matéria de medidas legislativas, mas podem e devem tornar-se atores, propulsores de um ordenamento social que os liberte de sua triste situação.

Além disso, uma vez que a desocupação atinge não mais apenas os indivíduos simples, mas as massas do movimento sindical, direcionando sua atividade nesse campo, ele deve tornar-se um *movimento de massas*, segundo um conceito sustentado várias vezes no passado pelos comunistas e que havia inspirado, no tocante aos sindicatos, a luta pelos conselhos operários. Os sindicatos, tornando a defesa dos desempregados seu objeto principal, devem abandonar qualquer espírito particularista. O desempregado não paga as cotas, é o operário "pobre" por definição; a ação que neles encontra sua base torna-se naturalmente uma ação democrática em seu conjunto, seja porque deve levar em conta os interesses das grandes massas, seja porque esses interesses envolvem toda a estrutura econômica capitalista.

28. A resistência dos empregadores ao regime de subsídios explica-se pela vontade de ter à disposição mão de obra absolutamente indefesa e, portanto, à mercê. Mas note-se que o regime de subsídios, ainda mais se prolongado e nas dimensões em que é estabelecido pela legislação italiana, acaba apenas adiando um pouco a condição de exaurimento, de desespero em que os empregadores desejam deixar os operários para desvalorizar as condições do mercado de trabalho. Porque, se assim não fosse, seria necessário que a proposta dos comunistas de levar os subsídios ao limite do salário integral se impusesse. Mas inserir o direito à vida do operário no balanço da economia burguesa é trazer um elemento contraditório, é criar uma situação revolucionária pelo contraste de dois elementos em conflito e de cuja vitória depende a vida e a morte do regime.

À medida que se faça elevar o subsídio ao desempregado, mais próximo será esse estado de coisas. Mas os comunistas não devem iludir-se nem iludir aos outros: a burguesia não se resignará a deixar entrar o cavalo de Troia em sua própria fortaleza e continuará a gotejar subsídios insignificantes. De modo que o problema permanece inalterado e os patrões podem continuar a dar os subsídios, repetimos, porque isso não impede a desvalorização do mercado de trabalho. A única garantia que os desempregados têm hoje de não serem presas do capitalista não está nos subsídios ou nesta ou naquela medida de caráter particular, mas *na força do sindicato que lança sua ação para arrebatar as próprias provisões.*

Portanto, não só as medidas particulares não entram em conflito com a natureza de nossos postulados, como são perfeitamente lógicas quando vistas como resultado da ação do sindicato que as impõe, as controla, que faz sentir sua presença por trás delas.

XI. A COOPERAÇÃO

29. A cooperação tem sido considerada, especialmente nos últimos tempos, o campo de superação da ação de simples resistência, tornada ineficaz ou impossível.

É bom advertir imediatamente que a "superação" é totalmente ilusória, porque, quando a cooperação se propõe a sério uma ação de resistência, encontra diante de si todos os obstáculos, os limites e as hostilidades próprias da ação propriamente sindical.

Os comunistas são contra a identificação do movimento sindical com a formação de guildas operárias[9]; defendem que a cooperação de produção e trabalho, onde existem condições naturais de desenvolvimento, surja e viva sob o estrito controle do sindicato, mas que a identificação das duas formas é um grave erro do ponto de vista sindical e cooperativo.

As guildas se proporiam determinar aquele monopólio da mão de obra que até então era tarefa do sindicato, tirando dos sócios a necessidade de oferecer-se ao patrão, procurando trabalho diretamente. O movimento guildista só tem condições de dominar o mercado de força de trabalho na medida em que este pode absorvê-la diretamente.

Pois bem, a experiência mais recente ensina que a ação das guildas é absolutamente impotente para salvar o salário dos operários. O empreendedor privado não tem nenhum embaraço em aceitar a luta no novo terreno a que o levou o sindicato; podemos dizer que ele se move nele com perfeita segurança e mais facilidade que no terreno estritamente sindical.

A luta, na verdade, em vez de ser entre empregador e operário, uma luta clássica para a qual o sindicato está há tempos preparado, torna-se luta entre dois empreendedores, o privado e a guilda (dizemos assim por concisão), com o escopo de competir pelo monopólio do mercado de trabalho por meio do monopólio do trabalho em si mesmo.

E, nessa luta, os particulares se encontram em condições de superioridade em face das cooperativas, porque podem contar com o favor das administrações públicas para uma liberdade de ação muito maior para o emprego de diferentes meios, capitais, para a exploração da força de trabalho etc.

Sem, portanto, afirmar quaisquer diretrizes preliminares nesse campo, devemos apontar a extrema dificuldade de uma atuação dos sindicatos

---

[9] Referência às cooperativas de produção e trabalho que atuavam no campo econômico-corporativo como associações de indivíduos com interesses comuns, semelhantes às guildas medievais.

nessa área e a necessidade de estes serem independentes da formação cooperativa, de modo a poder representar eficazmente sua categoria inteira e evitar, repetimos, que à ação sindical se substitua a concorrência pelo açambarcamento do trabalho, na qual se pode, caso generalizada, perder o terreno que é próprio da ação de classe, sem com isso criar uma forma de luta mais favorável contra o patronato. As reservas ora apresentadas, mesmo sem cair completamente, têm menos razão de existir no caso das cooperativas agrícolas, onde quer que haja elementos naturais de seu desenvolvimento. Os sindicatos devem de todo modo seguir de perto o surgimento e o funcionamento das cooperativas de produção e trabalho, porque sua ação se dá no sentido dos interesses gerais da classe trabalhadora.

30. Os comunistas acreditam que maiores resultados podem ser alcançados por intermédio da cooperação para o consumo. A dificuldade nesse campo é muito menor, e sua ação mostra, mesmo nas repercussões econômicas, maior correspondência com o caráter particular que a crise adquiriu. Inserir ainda novas organizações produtivas (industriais) em um regime de superprodução é enfrentar um problema repleto de incógnitas; nas grandes cooperativas de consumo, que podem apelar para o espírito de classe dos associados, há um "mercado" assegurado, em vista do qual é possível com muito maior probabilidade de sucesso organizar departamentos de produção. Uma organização de produtores-consumidores (trabalhadores, técnicos e empregados) que tenda a monopolizar o consumo da classe trabalhadora e suprir diretamente suas necessidades pode se tornar uma força econômica e política de primeira ordem.

Para tanto, os sindicatos devem se propor fazer de cada trabalhador organizado um cooperador, membro da grande cooperativa de consumo, local ou regional, abrangendo todas as categorias. Isso acaba trazendo alguns benefícios não negligenciáveis: facilidade nas compras e vantagens em geral aos associados; boas condições de remuneração aos empregados; eliminação natural dos egoísmos de categoria, porque todas as categorias vão se adaptar à unidade típica fundamental do produtor-consumidor; ações de controle sobre os vários aspectos do modelo econômico que se refletem na vida de uma grande cooperativa de consumo (matérias-primas, produção, mercados, crédito etc.); domínio, enfim, da capacidade de gestão econômica.

Mas em primeiro plano precisam ser colocadas as vantagens de caráter geral: as cooperativas de consumo devem destinar a parte dos lucros que não é indispensável para garantir a vida e o desenvolvimento de sua empresa à luta sindical e política.

E, mesmo quando isso não é viável, o simples fato de as cooperativas de consumo reunirem (segundo a concepção comunista) grandes massas de trabalhadores torna-as uma forma muitíssimo valiosa de organização de massa, que em alguns casos pode complementar magnificamente a ação sindical. Essas são as razões pelas quais, enquanto os reformistas costumam preferir colossais passagens das fábricas para os trabalhadores (transferência dos arsenais, contratação de ferrovias subsidiárias, socialização do subsolo etc.) e muitas vezes tendem a substituir a ação de resistência pela cooperação do trabalho do tipo guilda, os comunistas devem dedicar maior atenção em particular às cooperativas de consumo como as mais vitais, as mais independentes, as mais democráticas, porque podem contar com grandes massas operárias e não com grupos restritos de privilegiados ou talvez pioneiros.

A UNIÃO SINDICAL [1]

Qual função exerceu e exerce a União Sindical no movimento operário italiano? O que representa Armando Borghi[2] na União Sindical? Quem dessa "organização" que se pretende a depositária na Itália do "verdadeiro" sindicalismo venceu o congresso de Roma[3]?

A União Sindical surgiu em disputa com a Confederação Geral do Trabalho: hoje é possível afirmar, sem hesitar, que a União Sindical não desenvolveu nenhuma função importante no campo proletário. A dialética real do desenvolvimento histórico vale mais que todas as afirmações verbais e que todas as imprecações sobre o "glorioso passado": a União Sindical não conseguiu substituir a confederação nem sequer se desenvolveu em paralelo a ela, com o mesmo ritmo dela. Os sindicalistas sustentavam que a confederação não interpretava genuinamente as leis históricas do movimento operário em geral e do italiano, em particular: no campo social uma organização que não adere à realidade viva de um movimento decai, esmorece, torna-se uma seita; outras organizações surgem e conquistam a confiança das massas. A confederação não decaiu, não esmoreceu, pelo contrário: foi a União Sindical que não se desenvolveu, que jamais conseguiu conquistar a confiança permanente das grandes massas.

---

[1] Não assinado, *L'Ordine Nuovo*, ano II, n. 74, 15 de março de 1922. (N. E. I.)

[2] Armando Borghi (1882-1962), sindicalista e jornalista de orientação anarquista.

[3] No Congresso da União Sindical Italiana – fundada em 1912 com orientação sindicalista revolucionária, por dissidência da Confederação Geral do Trabalho – encerrado em Roma em 12 de março, a tendência anarquista levou vantagem. A moção da maioria decidiu rejeitar a adesão aos sindicatos vermelhos, aceitando participar da conferência internacional sindical de Paris, já prevista. O mais decidido opositor da adesão aos sindicatos foi Armando Borghi, que em 1919 defendera e conduzira a adesão da União Sindical à Internacional Comunista. (N. E. I.)

124 | Os líderes e as massas

Se a história é verdadeiramente governada pela liberdade, se o processo histórico é um processo em que atuam a espontaneidade e a liberdade, se a história provou que a União Sindical estava errada e deu razão à Confederação Geral do Trabalho, o que isso significava, senão que se fazia necessária, por parte dos anarquistas e sindicalistas, uma revisão completa e honesta de seus princípios orientadores e de suas táticas?

Mas a União Sindical não quis cumprir nem mesmo o que teria sido uma função educativa muito elevada e que, na profunda crise moral e intelectual em que hoje se debate todo o movimento proletário italiano, teria sido uma contribuição considerável para a reabilitação do ambiente e para a campanha de despertar forçado das energias revolucionárias que devemos conduzir incessantemente.

Ao contrário: o congresso da União Sindical foi um carrossel de discursos com tendência a enganar os trabalhadores organizados e manter nas mãos de Armando Borghi e Aliprando Giovannetti o escritório dirigente e o jornal. A má-fé desses homens mostrou-se em toda a sua evidência despudorada na questão dos compromissos livremente assumidos com a Terceira Internacional e com a Internacional Sindical Vermelha. Em 24 de janeiro de 1919, o *Izvestia*[4] publicou o chamado de convocação do I Congresso da Internacional Comunista: a convocatória foi radiotelegrafada em todo o mundo, foi reproduzida na íntegra (com exceção de uma ou outra lacuna, em razão da transmissão) pelos jornais burgueses da Inglaterra e da França. Traduzida imediatamente para o italiano e censurada nas colunas do *Avanti!*[5], foi, no entanto, distribuída em forma de circular impressa. Poderia ter havido "equívoco", como sustentam Borghi e Giovannetti, sobre o significado do apelo e sobre o valor que teria tido a adesão à Internacional Comunista? A convocação era assinada pelas centrais de partidos comunistas (Rússia, Bálcãs, Lituânia, Finlândia) e dos comitês dos grupos comunistas organizados na Rússia entre os prisioneiros de guerra húngaros, austríacos e alemães; não era assinado por

---

[4] Jornal russo fundado em 1917 pelo soviete de Petrogrado.

[5] Órgão oficial de imprensa do Partido Socialista Italiano com seções em Roma, no Piemonte, em Milão e na região Centro-Sul da Itália.

nenhuma organização sindical. O chamado propunha "a convocação de um congresso internacional dos *partidos* proletários revolucionários" e, dirigindo-se explicitamente aos sindicatos, dizia: "É necessário proceder a um movimento unificado com os elementos operários revolucionários que, mesmo que não tenham aderido aos partidos socialistas, *hoje adotam em conjunto o ponto de vista da ditadura do proletariado* na forma do poder soviético".

O I Congresso da Internacional Comunista ocorreu de 2 a 6 de março de 1919 e nele foram aprovadas as teses de Lênin sobre a "ditadura do proletariado", largamente difundida na Itália. Como seria possível o equívoco? A verdade é que Armando Borghi fez a União Sindical aderir à Terceira Internacional, à Internacional dos partidos comunistas, porque então sustentava que a União Sindical era uma organização comunista que aceitava em seu conjunto todas as teses dos companheiros russos; a verdade é que Armando Borghi desejava tentar canalizar o movimento operário italiano para a União Sindical, sustentando que somente essa organização, na Itália, tinha o direito de reivindicar-se parte da Internacional Comunista.

Havia um equívoco, indubitavelmente, mas não era um fato objetivo: o equívoco estava na consciência perturbada de Armando Borghi, em sua ambição desenfreada, em seu desejo cego de ser "alguém", de ser o "Lênin da Itália", em disputa com G. M. Serrati. Hoje o equívoco se dissipou. Tanto melhor. A Revolução Russa e a revolução mundial necessitam de homens simples e sinceros, que não se embriaguem pelo sucesso e não desanimem com os reveses. Um homem que entende tanto de sindicalismo quanto Armando Borghi e Enrico Leone[6] e tem um espírito libertário ao menos tão grande quanto o de Errico Malatesta[7] – Georges Sorel[8] –, depois de reconfirmar, há poucos dias, sua simpatia pelos "ditadores de Moscou", com razão afirmava:

---

[6] Enrico Leone (1875-1940), economista, jornalista, teórico do sindicalismo revolucionário e posteriormente membro do Partido Socialista Italiano (PSI).

[7] Errico Malatesta (1853-1932), escritor e militante italiano, foi um dos principais teóricos do movimento anarquista.

[8] Georges Sorel (1847-1922), teórico francês, principal expoente do sindicalismo revolucionário.

Desde que o Exército Vermelho teve de desistir da conquista de Varsóvia, mostrou-se quanta covardia existia entre aqueles que se diziam revolucionários e amigos da Rússia, apenas porque esperavam que o proletariado europeu se emancipasse pelas baionetas bolcheviques e não por seu próprio sacrifício.

De resto, Armando Borghi não tem muito do que gabar de sua vitória no congresso. Quem venceu? Quantos trabalhadores organizados estavam representados por aqueles que votaram pela moção borghiana? Nenhuma verificação de poder foi realizada: os delegados, sem justificar seus mandatos, votaram erguendo a mão. Uma camarilha de funcionários e amigos pessoais de Borghi esmagou com o número de pessoas presentes os dezoito representantes das organizações efetivas com que conta a União: assim foi que esses "antiditatoriais" renderam homenagem à "livre vontade das massas". Vamos lá, o que o sindicalismo tem a ver com isso, o que o "libertarianismo" tem a ver com essas pequenas manobras de políticos inescrupulosos e sem consciência? Se o congresso terá alguma serventia, será somente para acelerar, pelo lado negativo, a educação política daqueles grupos operários e camponeses que ainda estão sob o controle burocrático e espiritual dos sindicalistas anarquistas. A revisão dos valores humanos que se deu nos últimos vinte anos do movimento operário italiano continua implacavelmente: ainda há cadáveres a enterrar!

A EXPERIÊNCIA DOS METALÚRGICOS A FAVOR DA AÇÃO GERAL[1]

O conflito em que se encontra atualmente envolvido o proletariado metalúrgico alça-se ao nível das grandes lutas do passado. O proletariado metalúrgico foi o primeiro, desde o armistício, a conquistar a jornada de oito horas. Também foi o primeiro a conquistar para os operários melhores condições de trabalho e o primeiro a sofrer o impacto inicial da ofensiva industrial. Após as jornadas de setembro[2], quando as bandeiras vermelhas foram baixadas das chaminés das fábricas, a elas retornaram os patrões – e certamente não com intenções de se conciliar com a classe operária que tentou expropriá-los. Seria tolice esperar que os capitalistas deixassem aos operários condições favoráveis à sua luta e não que pensassem em fortalecer seu poder acima de tudo, uma vez que este é ameaçado pelas bases. O que poderia acontecer agora, já passado setembro, nas fábricas? Era de esperar: setembro não foi uma vitória para os operários, mas uma derrota. Como em todos os exércitos em retirada, cabia aos chefes operários preparar a retirada para que ela não ocorresse desordenadamente, para que não causasse pânico nas fileiras dos combatentes. Conduzida com habilidade, a retirada deveria parar em uma linha de defesa, a cuja fortificação deveriam voltar-se todos os esforços da retaguarda. Em vez disso, passado setembro, a classe operária foi abandonada; viu-se diante da mais

---

[1] Não assinado, *L'Ordine Nuovo*, ano II, n. 142, 23 de maio de 1922. Este é o último artigo de Gramsci em *L'Ordine Nuovo* diário. Poucos dias depois, com Gennari e Bordiga, Gramsci parte para Moscou para participar da Conferência da Executiva ampliada da Internacional Comunista (7 a 11 de junho). (N. E. I.)

[2] Referência às mobilizações operárias e às ocupações de fábrica entre agosto e setembro de 1920, as quais terminaram com o acordo entre a cúpula da Confederação Geral do Trabalho (CGL) e os industriais, promovido pelo presidente do Conselho de Ministros, Giovanni Giolitti.

difícil situação, sem uma palavra de ordem que lhe indicasse o caminho a seguir. A retirada dos operários, que ocorreu inicialmente numa grande desordem, não poderia deixar de ter consequências funestas para a vida das organizações. De fato, vieram as primeiras lutas contra as demissões. Os metalúrgicos entenderam que já naquele momento era preciso parar a retirada e resistir à pressão do inimigo. Aceitar as demissões, como queriam os industriais, significava preparar-se no curto prazo para uma diminuição dos salários. A luta apareceu como uma urgência de defesa de todo o proletariado. Sem querer voltar a perguntar o que já revelamos mil vezes, contentamo-nos em constatar que os metalúrgicos foram deixados sozinhos para lutar e tiveram de recuar mais uma vez. Foram realizadas as demissões, mas os patrões ainda não estavam satisfeitos com a força reconquistada nas fábricas. Eles queriam afirmar seu poder de modo ainda mais brutal e arquitetaram novas humilhações a infligir à classe operária. E eis que foi a vez dos salários. Os metalúrgicos resistem: em muitos lugares cruzam os braços, firmes e decididos a combater.

Mas novamente falta aos operários uma palavra de ordem, de modo que eles se veem outra vez desarticulados, desorientados na luta. E os industriais abusam de sua força, rompem os acordos, fazem redução de salários e violam as oito horas. Essa situação não foi legalizada, porém, por nenhum acordo. Os industriais se sentem vinculados por um pacto, mesmo que não o respeitem mais. E, portanto, querem que a organização reconheça esse estado de coisas e lute para que a abolição do alto custo de manutenção seja incluída nos novos acordos trabalhistas. A luta clandestina torna-se clara; de tácita, ela irrompe em toda a sua crueza. Nesse ponto a organização não pode mais ignorar que ocorreram reduções de salários e que os industriais, depois de ter rasgado os acordos, querem tornar legítimo esse estado de coisas criado com violência. Para a organização, o problema é um só: consentir ou lutar? Um ano de experiência do proletariado metalúrgico, ao qual está ligado o destino de todas as outras categorias de trabalhadores, demonstra que hoje não é mais possível adiar a luta. Os industriais já não respeitam nenhum acordo; agem à medida que se sentem fortes. A organização não pode sequer contar com os acordos já firmados com o patronato, se ela mesma não tiver consciência de sua força. A luta

A EXPERIÊNCIA DOS METALÚRGICOS A FAVOR DA AÇÃO GERAL | 129

é o único meio que resta aos operários e à organização para pôr um fim à retirada de setembro. Mas a luta não deve ser entendida como o esforço de uma categoria. A realidade desses meses mostrou como é falaciosa a tática de conduzir a luta de forma fracionada. Os têxteis, os operários químicos, os metalúrgicos da Lombardia, da Ligúria, da Veneza Júlia, sabem quanto custou ter lutado sozinhos contra a classe patronal. Nenhuma propaganda pela frente única foi melhor que aquela feita nos últimos meses pela realidade dos próprios acontecimentos. Vários ministérios foram derrubados, acreditou-se que se havia chegado a um limite para as reivindicações industriais quando se nomeou uma comissão de inquérito apropriada, mas todas as promessas, todas as tentativas foram resolvidas nesse terreno, em detrimento dos operários. A realidade, portanto, persuadiu os operários da luta geral. Sob o impulso dessa convicção impregnada na consciência dos operários, mesmo o mais avesso à frente única teve de modificar sua atitude e orientar-se, sem querer ou de bom grado, para a ação de todas as forças operárias, alinhadas em um único campo de luta. A mesma força sugestiva de unidade deu origem na Itália à organização da Aliança do Trabalho, na qual os operários hoje depositam todas as esperanças de luta. A Aliança do Trabalho é como a nova fortaleza na qual a classe operária espera enfim encontrar a razão de sua segurança. Grande é, por isso, a tarefa da Aliança do Trabalho[3] nesse momento decisivo para a vida do proletariado italiano. Os metalúrgicos do Piemonte e da Lombardia, pedindo a seu lado a intervenção da Aliança do Trabalho, certamente não o fizeram como uma ameaça para obter um ato de solidariedade muito vago, mas na firme convicção de que só lutando sob a bandeira da unidade proletária é possível hoje enfrentar a ofensiva patronal. Se os responsáveis pela extrema derrota da classe trabalhadora não entendem isso hoje, esta última tem o direito de amanhã exigir satisfações, fazendo expiar com sangue os pecados de sua covardia e sua traição.

---

[3] A Aliança do Trabalho foi uma coalizão criada em Roma em janeiro de 1922. Reuniu várias organizações sindicais unidas pelo objetivo comum de enfrentar os movimentos reacionários presentes na Itália, os quais ameaçavam não apenas as liberdades civis e os direitos trabalhistas, mas também a vida dos operários. Faziam parte dessa coalizão: CGL, União Sindical Italiana, União Italiana do Trabalho e Federação Italiana dos Trabalhadores Marítimos.

Tudo hoje favorece a luta unificada: a experiência do passado e a realidade presente; a vontade das massas e as condições de vida a que o patronato gostaria de empurrá-las. Não entender isso, opor-se ainda hoje à unidade das forças operárias, impedir sua realização com promessas vãs significa ser culpado de um crime que na história se paga em pessoa.

NOSSO PROGRAMA SINDICAL[1]

No *Sindacato Rosso*[2] de 15 de setembro, o companheiro Nicola Vecchi[3] repropõe uma velha tese sua: é necessário constituir um órgão sindical nacional de classe, autônomo e independente de todos os partidos e transitoriamente independente de todas as Internacionais.

Qual deve ser nossa atitude em relação a tal proposta? Qual deve ser a diretriz de propaganda dos comunistas para conter, em meio à massa, possíveis correntes de opinião de acordo com a tese do companheiro Vecchi? Qual é, concretamente, na situação atual, nossa orientação sindical – dito de outra forma, de que maneira pretendemos manter contato com as grandes massas proletárias, interpretar suas necessidades, reunir e concretizar sua vontade, ajudar no processo de desenvolvimento do proletariado rumo à sua emancipação, que continua, apesar de todas as repressões e de toda a violência da infame tirania fascista?

Somos, por princípio, contra a criação de novos sindicatos. Em todos os países capitalistas, o movimento sindical desenvolveu-se em determinado sentido, dando origem ao nascimento e ao progressivo desenvolvimento de uma grande organização específica, que se incorporou à história, à tradição, aos hábitos e às formas de pensar da grande maioria das massas proletárias. Todas as tentativas de organizar separadamente os elementos sindicais revolucionários falharam e só serviram para fortalecer as posições hegemônicas dos reformistas na grande organização. Que resultados obtiveram na Itália os sindicalistas com a criação da

---

[1] Assinado Antonio Gramsci, *Lo Stato Operaio*, ano I, n. 8, 18 de outubro de 1923. (N. E. I.)

[2] Órgão da imprensa sindical do Partido Comunista da Itália (PCd'I), com sede em Milão. O jornal existiu entre 1º de outubro de 1921 e 29 de março de 1925.

[3] Nicola Vecchi (1883-?), sindicalista e publicista italiano, secretário da União Sindical Italiana.

União Sindical? Não conseguiram mais que influenciar apenas parcial e episodicamente a massa dos operários industriais, isto é, a classe mais revolucionária da população trabalhadora. Durante o período que vai da morte de Humberto I[4] à Guerra da Líbia[5], conquistaram a liderança de grandes massas agrárias da planície Padana e da Puglia, obtendo este único resultado: – essas massas, assim que entraram no campo da luta de classes (naquele período houve uma transformação da cultura agrária que incrementou a massa de trabalhadores em cerca de 50%), distanciaram-se ideologicamente do proletariado fabril e os sindicalistas anarquistas, até a Guerra da Líbia – ou seja, no período em que o proletariado se radicalizava –, tornaram-se reformistas, constituindo depois do armistício e até a ocupação das fábricas [1918-1920] a passiva massa de manobra que os líderes reformistas lançavam, em todas as ocasiões decisivas, sobre a vanguarda revolucionária.

O exemplo estadunidense é ainda mais característico e significativo que o italiano. Nenhuma organização chegou ao nível de servilismo abjeto e contrarrevolucionário da organização de Gompers*. Mas isso significava que os trabalhadores estadunidenses eram ignorantes e servos da burguesia? É claro que não! Mas, ainda assim, eles permaneceram apegados à organização tradicional. Os IWW** (sindicalistas revolucionários) fracassaram em sua tentativa de conquistar de fora as massas controladas por Gompers, romperam com elas, foram massacrados pelos guardas brancos. Por sua vez, o movimento liderado pelo companheiro Forster, de dentro da Federação Americana do Trabalho, com palavras de ordem que interpretavam a real situação do movimento e os sentimentos mais profundos dos trabalhadores

---

[4] Rei Humberto I (1844-1900), filho de Vittorio Emanuelle II, governou a Itália de 1878 até morrer.

[5] Conflito travado pela Itália contra o Império Otomano para obter a posse da Tripolitânia e da Cirenaica, na Líbia (1911-1912). Com Giolitti à frente do governo, a Itália ordenou a evacuação da Líbia. Com a recusa dos turcos, seguiu-se a declaração de guerra.

* Referência a Samuel Gompers, primeiro presidente da American Federation of Labor (AFL, em português: Federação Americana do Trabalho). Durante sua atividade, a AFL tornou-se a maior e mais influente federação trabalhista do mundo, chegando a quase 3 milhões de filiados em 1924. (N. T.)

** Industrial Workers of the World (Trabalhadores Industriais do Mundo). (N. T.)

estadunidenses, ganhou um sindicato após o outro e mostrou claramente quão fraco e incerto era o poder da burocracia gompersiana.

Somos, portanto, por princípio, contrários à criação de novos sindicatos. Os elementos revolucionários representam a classe em seu conjunto, são o momento mais desenvolvido de sua consciência enquanto permanecem com a massa, dividem com ela seus erros, suas ilusões e suas decepções. Se uma disposição dos ditadores reformistas obriga os revolucionários a deixar a Confederação Geral do Trabalho e se organizar à parte (o que obviamente não pode ser excluído), a nova organização deve se apresentar e ser verdadeiramente direcionada ao único propósito de obter a reintegração, de obter mais uma vez a unidade entre a classe e sua vanguarda mais consciente.

A Confederação Geral do Trabalho como um todo representa ainda a classe trabalhadora italiana. Mas qual é o atual sistema de relações entre a classe trabalhadora e a Confederação? Responder exatamente a essa pergunta significa, em minha opinião, encontrar a base concreta de nosso trabalho sindical e, portanto, estabelecer nossa função e nossas relações com as grandes massas.

A Confederação Geral do Trabalho está reduzida, como organização sindical, a seus termos mínimos, a um décimo, talvez, de seu potencial numérico em 1920. Mas a facção reformista que lidera a confederação manteve seus quadros organizacionais quase intactos, manteve nos postos de trabalho seus militantes mais ativos, mais inteligentes, mais capazes e que, digamos a verdade, sabem trabalhar melhor, com maior tenacidade e perseverança que nossos companheiros. Por sua vez, uma grande parte, a quase totalidade dos elementos revolucionários que nos últimos anos adquiriram capacidade organizacional e diretiva e habituaram-se ao trabalho sistemático ou foi massacrada, ou migrou, ou se dispersou.

A classe operária é como um grande exército que foi subitamente privado de todos os oficiais subordinados; em tal exército seria impossível manter a disciplina, o companheirismo, o espírito de luta e a unidade programática somente com a existência de um Estado-maior. Toda organização é um complexo articulado que apenas funciona se houver uma relação numérica adequada entre a massa e os dirigentes. Não temos quadros, não temos ligações, não temos meios para abraçar a grande massa com nossa influência, para potencializá-la, para torná-la novamente um instrumento eficaz de luta revolucionária. Os reformistas estão muito melhor que nós nesse ponto e estão explorando habilmente sua situação.

A fábrica continua a existir e organiza naturalmente os operários, agrupa-os, coloca-os em contato uns com os outros. O processo de produção manteve o nível dos anos 1919-1920, caracterizado por uma função cada vez mais modesta do capitalismo e, portanto, por uma importância cada vez mais decisiva do operário. O aumento dos preços de custo, causado pela necessidade de manter 500 mil torturadores fascistas permanentemente mobilizados, certamente não é uma prova brilhante de que o capitalismo recuperou sua juventude industrial. O operário é, portanto, naturalmente forte na fábrica, é concentrado, é organizado. Ao mesmo tempo, fora da fábrica, se vê isolado, disperso, fraco.

No período anterior à guerra imperialista era a relação inversa que se verificava. O operário era isolado na fábrica e se aglutinava do lado de fora dela: ele pressionava de fora para obter uma melhor legislação trabalhista, reduzir a jornada de trabalho, conquistar a liberdade industrial.

Hoje os operários são representados pela Comissão Interna. Imediatamente vem a pergunta: por que os capitalistas e os fascistas, que queriam a destruição dos sindicatos, não destroem também as comissões internas[6]? Por que, enquanto o sindicato perdeu espaço organizacional sob pressão da reação, a Comissão Interna aumentou sua esfera organizativa? É fato que em quase todas as fábricas italianas isso foi alcançado: que haja apenas uma comissão interna, que todos os trabalhadores, não apenas os organizados, votem nas eleições da Comissão Interna. Toda a classe operária, portanto, está organizada hoje nas comissões internas, que assim perderam em definitivo seu caráter estritamente corporativo.

Essa é, objetivamente, uma grande conquista, de significado muito amplo: indica que, apesar de tudo, na dor e sob a opressão cerrada dos mercenários fascistas, a classe operária, ainda que molecularmente, está se desenvolvendo rumo à unidade, rumo a uma maior homogeneidade organizacional.

---

[6] Existentes desde a primeira década do século XX, as comissões internas de fábrica abrangiam o conjunto dos operários, incluindo, portanto, também aqueles não sindicalizados.

Por que os capitalistas e os fascistas permitiram e continuam a permitir que tal situação se forme e permaneça?

Para o capitalismo e o fascismo, é necessário que a classe operária seja privada de sua função histórica de guiar as demais classes oprimidas da população (camponeses, especialmente do Sul e das ilhas – pequeno-burgueses urbanos e rurais), ou seja, é necessário destruir a organização fora da fábrica e territorialmente concentrada (sindicatos e partidos) que exerce uma influência revolucionária sobre todos os oprimidos e arranca ao governo a base democrática do poder. Mas os capitalistas, por razões industriais, não podem querer que todas as formas de organização sejam destruídas: na fábrica só é possível a disciplina e o bom andamento da produção se houver um mínimo de constitucionalidade, um mínimo de consentimento por parte dos operários.

Os fascistas mais inteligentes, como Mussolini, estão persuadidos, pela primeira vez, da falta de alcance de sua ideologia "acima das classes", para além do próprio círculo daquele estrato pequeno-burguês que, não tendo função na produção, não tem consciência dos antagonismos sociais. Mussolini está convencido de que a classe operária nunca perderá sua consciência revolucionária e considera necessário permitir um mínimo de organização. Manter, por meio do terror, as organizações sindicais dentro de limites muito estreitos significa entregar o poder da confederação nas mãos dos reformistas: é aconselhável que a confederação exista como um embrião e que este seja enxertado em um sistema disperso de comissões internas, de modo que os reformistas controlem e representem toda a classe operária.

Essa é a situação italiana, esse é o sistema de relações que existe hoje em nosso país entre a classe proletária e as organizações. As indicações para nossa tática são claras:

1) trabalhar na fábrica para construir grupos revolucionários que controlem as comissões internas e as incentivem a expandir cada vez mais sua esfera de ação;

2) trabalhar para criar vínculos entre as fábricas para dar à situação atual um movimento que siga a direção natural do desenvolvimento das organizações fabris: da Comissão Interna ao Conselho de Fábrica.

Só assim nos manteremos no terreno da realidade, em contato próximo com as grandes massas. Só assim, no trabalho industrioso, no cadinho mais ardente da vida operária, poderemos recriar nossos quadros organizacionais, fazer brotar da grande massa os elementos capazes, conscientes, cheios de ardor revolucionário, porque conhecem seu próprio valor e sua indispensável importância no mundo da produção.

CHEFE[1]

Todo Estado é uma ditadura. Nenhum Estado pode deixar de ter um governo, constituído por um pequeno número de homens que, por sua vez, se organizam em torno de um homem dotado de maior habilidade e maior clarividência. Enquanto for necessário um Estado, enquanto for historicamente necessário governar os homens, qualquer que seja a classe dominante, surgirá o problema de haver líderes, de haver um "chefe". Que os socialistas, que ainda se dizem marxistas e revolucionários, digam querer a ditadura do proletariado, mas não querer a ditadura dos "chefes", não querer que o comando se identifique, que se personalize, isto é, queiram a ditadura, mas não a desejem na única forma em que é historicamente possível, revela toda uma orientação política, toda uma preparação teórica "revolucionária".

Na questão da ditadura do proletariado, o problema essencial não é o da personificação física da função de comando. O problema essencial consiste na natureza das relações que o dirigente ou os dirigentes mantêm com o partido da classe operária, nas relações que existem entre esse partido e a classe operária: elas são puramente hierárquicas, de tipo militar, ou são de caráter histórico e orgânico? O líder e o partido são elementos da classe operária, são uma parte da classe, representam seus interesses e aspirações mais profundos e vitais, ou são uma excrescência, uma simples sobreposição violenta? Como se formou esse partido, como se desenvolveu, por qual processo se deu a seleção dos homens que o dirigem? Por

---

[1] Não assinado, *L'Ordine Nuovo*, ano III, v. 1, n. 1, março de 1924. Publicado com o título "Lenin, capo rivoluzionario" ["Lênin, chefe revolucionário"]. Assinado Antonio Gramsci, em *L'Unità*, v. 1, n. 229, 6 de novembro de 1924. (N. E. I.) [Artigo escrito em homenagem a Lênin após sua morte, em 21 de janeiro de 1924.]

que se tornou o partido da classe operária? Isso aconteceu por acaso? O problema passa a ser o de todo o desenvolvimento histórico da classe operária, que lentamente se constrói na luta contra a burguesia, registra algumas vitórias e sofre muitas derrotas; e não apenas da classe operária de um único país, mas de toda a classe operária mundial, com suas diferenciações superficiais, mas tão importantes em cada momento específico, e com sua substancial unidade e homogeneidade.

O problema passa a ser o da vitalidade do marxismo, de ser ou não a interpretação mais segura e profunda da natureza e da história, da possibilidade de que também possa oferecer um método infalível à intuição brilhante do homem político, um instrumento de extrema precisão para explorar o futuro, prever eventos de massa, dirigi-los e, assim, controlá-los.

O proletariado internacional teve e ainda tem um exemplo vivo de partido revolucionário que exerce a ditadura da classe; infelizmente, ele teve e já não tem mais o exemplo vivo mais característico e expressivo de um líder revolucionário, o companheiro Lênin.

O companheiro Lênin foi o iniciador de um novo processo de desenvolvimento da história, mas o foi porque era o expoente e o último momento mais destacado de todo um processo de desenvolvimento da história passada, não apenas da Rússia, e sim de todo o mundo. E foi por acaso que ele se tornou o chefe do Partido Bolchevique? Foi por acaso que o Partido Bolchevique se tornou o partido dirigente do proletariado russo e, portanto, da nação russa? A seleção durou trinta anos, foi cansativa e adquiriu muitas vezes as formas aparentemente mais estranhas e absurdas. Aconteceu, no campo internacional, em contato com as civilizações capitalistas mais avançadas da Europa central e ocidental, na luta dos partidos e facções que compunham a Segunda Internacional antes da guerra. Continuou no seio da minoria do socialismo internacional, que permaneceu pelo menos parcialmente imune ao contágio social-patriótico. Recomeçou na Rússia na luta pela maioria do proletariado, na luta pela compreensão e pela interpretação das necessidades e das aspirações de uma inumerável classe camponesa espalhada por um imenso território. Continua hoje, todos os dias, porque diariamente é necessário compreender, prever, prover. Essa seleção era uma luta de frações, de pequenos grupos, era uma luta individual, significava cisões e unificações, detenções, exílios, prisões, ataques, era resistência contra o desânimo e o orgulho, significava passar fome, tendo milhões em ouro à disposição, significava manter o espírito de um simples trabalhador no trono dos tsares, não se desesperar, mesmo que tudo parecesse perdido, mas recomeçar, com paciência, com tenacidade, mantendo toda a frieza e o sorriso nos lábios, enquanto os outros perdiam a cabeça. O Partido Comunista Russo, com seu chefe Lênin, estava tão ligado a todo o desenvolvimento de seu proletariado russo, a todo o desenvolvimento, portanto, de toda a nação russa, que não é sequer possível imaginar um sem o outro, o proletariado, classe dominante, sem que o Partido Comunista fosse o partido do governo e, portanto, sem o Comitê Central do partido inspirando a política do governo, sem que Lênin fosse o chefe do Estado. A mesma atitude da grande maioria da burguesia russa – que dizia: uma república chefiada por Lênin sem o Partido Comunista também seria nosso ideal – teve grande significado histórico. Era a prova de que o proletariado exercia não só o domínio físico, mas também o domínio espiritual. No fundo, até a burguesia russa compreendia confusamente que Lênin não poderia ter se tornado e não poderia permanecer chefe de Estado sem o domínio do proletariado, sem que o Partido Comunista fosse o partido do governo; sua consciência de classe ainda a impedia de reconhecer não apenas sua derrota física imediata, mas também sua derrota ideológica e histórica; mas a dúvida já estava nela, e essa dúvida se expressava naquela frase.

Outra questão se apresenta. É possível que hoje, no período da revolução mundial, existam "líderes" fora da classe operária, que existam líderes não marxistas que não estejam intimamente ligados à classe que encarna o desenvolvimento progressivo de todo o gênero humano? Temos o regime fascista na Itália, temos Benito Mussolini à frente do fascismo, temos uma ideologia oficial em que o "líder" é divinizado, declarado infalível, preconizado como organizador e inspirador de um Sacro Império Romano renascido. Vemos impressos nos jornais, todos os dias, dezenas e centenas de telegramas de homenagem das vastas tribos locais ao "chefe". Vejamos as fotografias: a máscara mais endurecida de um rosto que já vimos em comícios socialistas. Conhecemos esse rosto: conhecemos esse revirar de olhos nas órbitas que no passado, com sua mecânica feroz, causava

140 | Os líderes e as massas

calafrios na burguesia e hoje causa o mesmo no proletariado. Conhecemos esse punho sempre fechado, ameaçador. Conhecemos todo esse mecanismo, toda essa parafernália e entendemos que pode impressionar e emocionar os jovens das escolas burguesas; é realmente impressionante, quando visto de perto, e surpreendente. Mas "chefe"? Vimos a Semana Vermelha de junho de 1914[2]. Mais de 3 milhões de trabalhadores estavam nas ruas, atendendo ao apelo de Benito Mussolini, que havia cerca de um ano, desde o massacre de Roccagorga, preparava-os para o grande dia, com todos os meios judiciais e jornalísticos à disposição do "chefe" do Partido Socialista da época: da caricatura de Scalarini[3] ao grande julgamento no Tribunal de Milão. Três milhões de trabalhadores saíram às ruas: faltou o "chefe", que era Benito Mussolini. Ele faltou como "líder", não como indivíduo, porque dizem que, como indivíduo, foi corajoso e, em Milão, desafiou os cordões e os mosquetes dos *carabinieri*. Faltou como "chefe", porque não o era, porque, segundo ele próprio confessou, na direção do Partido Socialista nem sequer podia ter razão, diante das miseráveis intrigas de Arturo Vella[4] ou Angelica Balabanoff[5].

Ele era naquele momento, como hoje, o tipo concentrado do pequeno--burguês italiano, raivoso, feroz mistura de todos os detritos deixados em

---

[2] A Semana Vermelha foi uma insurreição popular que ocorreu entre os dias 7 e 14 de junho de 1914, como reação ao massacre de três manifestantes pelas forças públicas. À época, Mussolini era membro do Partido Socialista Italiano (PSI) (seria expulso alguns meses mais tarde, em 24 de novembro de 1914) e uma das lideranças do movimento, que terminou com milhares de manifestantes feridos e alguns mortos.

[3] Giuseppe Scalarini (1873-1948), célebre chargista italiano, colaborou com o *Avanti!*, órgão de imprensa do PSI, entre 1911 e 1926. Em 6 de janeiro de 1913, em Roccagorga, no Lazio, as forças de segurança pública dispersaram a tiros uma manifestação camponesa, matando sete manifestantes, incluindo duas mulheres e uma criança. Outros quarenta ficaram feridos. O *Avanti!* publicou um contundente artigo de Mussolini, *L'assassinio di Stato* [Assassinato de Estado], e Scalarini fez charges sobre o ocorrido. Os dois foram denunciados, junto com outros três jornalistas do *Avanti!*, por "insultar as Forças Armadas". No julgamento, realizado em março de 1914, todos foram absolvidos.

[4] Arturo Vella (1886-1943), membro do PSI, foi vice-secretário do partido entre março e outubro de 1919.

[5] Angelica Balabanoff (1878-1965), militante comunista russa naturalizada italiana. No biênio 1919-1920, foi secretária da Internacional Comunista (IC).

solo nacional pelos vários séculos de dominação de estrangeiros e padres: ele não poderia ser o líder do proletariado; tornou-se o ditador da burguesia, que ama uma face feroz quando se torna novamente bourbonista, que espera ver na classe operária o mesmo terror que sentiu por aquele revirar de olhos e aquele punho cerrado ameaçador.

A ditadura do proletariado é expansiva, não repressiva. Um movimento contínuo ocorre de baixo para cima, uma rotatividade contínua por todo o sistema circulatório social, uma circulação contínua de homens. O líder que hoje choramos encontrou uma sociedade em decomposição, um pó humano, sem ordem e sem disciplina, porque depois de cinco anos de guerra a produção, fonte de toda a vida social, estava exaurida. Tudo foi reorganizado e reconstruído, da fábrica ao governo, com os meios, sob a direção e o controle do proletariado, de uma nova classe, no governo e na história.

Benito Mussolini conquistou e mantém o governo com a mais violenta e arbitrária repressão. Ele não teve de organizar uma classe, apenas o pessoal de uma administração. Ele desmontou alguns aparelhos do Estado, mais para ver como era feito e se acostumar com o ofício que por uma necessidade original. Sua doutrina está toda na máscara física, no revirar de olhos dentro das órbitas, no punho fechado sempre ameaçador...

Roma não é novata nesses cenários empoeirados. Já viu Rômulo, já viu César Augusto e já viu, em seu crepúsculo, Romolo Augustolo[6].

---

[6] Último imperador romano do Ocidente (475-476 d.C.).

A ESCOLA DO PARTIDO[1]

Enquanto se inicia o primeiro curso de uma escola de partido, não podemos deixar de pensar nas numerosas tentativas que foram feitas nesse sentido no seio do movimento operário italiano e na sorte singular que tiveram. Deixemos de lado as tentativas feitas em uma direção que não é nossa, na direção das "universidades" proletárias sem cor partidária, academias de oratória desprovidas de qualquer princípio interno de coesão unitária nos melhores casos, muitas vezes um veículo de forças e ideologias antiproletárias para influenciar a classe trabalhadora. Essas tiveram o destino que lhes convinha, de suceder-se e entrelaçar-se sem deixar qualquer rastro profundo. Mas nem mesmo das tentativas feitas em nosso campo e sob nossas diretrizes pode-se dizer algo muito diferente. Elas sempre foram, antes de tudo, de caráter esporádico e, além disso, nunca levaram a resultados satisfatórios. Recordemos, por exemplo, o que foi feito por iniciativa de *L'Ordine Nuovo* em 1919-1920. A escola, que começou em Turim em meio a um grande fervor de entusiasmo e em condições bastante favoráveis, não durou nem mesmo o tempo necessário para realizar o programa estabelecido no início. Apesar disso, ela teve uma repercussão muito favorável em nosso movimento, ainda que não a que seus promotores e alunos esperavam. Outras tentativas, até onde sabemos, não tiveram o sucesso e a repercussão daquela. Não havia como escapar do grupo limitado, do pequeno círculo, do esforço de poucos, isolados. Não se conseguiu combater e superar a aridez e a infertilidade dos restritos movimentos "culturais" burgueses.

Motivo fundamental desses fracassos: a ausência de vínculo entre as "escolas" planejadas ou iniciadas e um movimento de caráter objetivo.

---

[1] Não assinado, *L'Ordine Nuovo*, s. III, ano II, n. 2, 1º de abril de 1925. (N. E. I.)

O único caso em que existe esse vínculo é o da escola de *L'Ordine Nuovo*, de que falamos aqui. Nesse caso, porém, o movimento de caráter objetivo – o movimento de fábrica e partido de Turim – é de tal magnitude que supera e quase anula a tentativa de criar uma escola em que se refinem as habilidades teóricas dos militantes. Uma escola adequada à importância desse movimento exigiria não a atividade de alguns, mas o esforço sistemático e ordenado de todo um partido.

Considerada desse modo a má fortuna até agora das tentativas de criar escolas para os militantes do proletariado – isto é, considerada em relação à sua causa fundamental –, essa tentativa aparece não tanto como um mal, mas como um sinal da inatacabilidade do movimento operário por parte do que seria, efetivamente, um mal. Seria ruim se o movimento operário se tornasse um campo de presas ou um instrumento de experiências para revelar a insuficiência de más abordagens pedagógicas, se perdesse suas características de militância apaixonada para assumir aquelas do "estudo objetivo" e da "cultura" desinteressada. Nenhum "estudo objetivo" e nenhuma "cultura desinteressada" podem ter lugar nas nossas fileiras; portanto, nada que se assemelhe àquilo que é considerado um objeto normal de ensinamento segundo a concepção humanista, burguesa, da escola.

Somos uma organização de luta, e em nossas fileiras estuda-se para aumentar, para refinar a capacidade de luta dos indivíduos e de toda a organização, para compreender melhor quais são as posições do inimigo e as nossas, para poder adequar à situação nossa ação de todo dia. Estudo e cultura não são para nós outra coisa senão consciência teórica de nossos objetivos imediatos e supremos e do modo como poderemos conseguir traduzi-los em ato.

Até que ponto essa consciência existe hoje no partido, está difundida em suas fileiras, penetrou nos companheiros que desempenham funções de direção e nos simples militantes que devem levar cotidianamente ao contato das massas as palavras do partido, tornar eficazes seus comandos, realizar suas diretrizes? Não ainda, acreditamos, na medida necessária para nos tornarmos aptos a realizar plenamente nosso trabalho de liderança do proletariado. Não ainda na medida adequada a nosso desenvolvimento numérico, a nossos recursos organizativos, às possibilidades políticas que a situação oferece. A escola do partido deve procurar preencher a lacuna entre o que deveria ser e o que não é. Ela é, portanto, intimamente ligada a um movimento de forças que temos o direito de considerar o melhor que a classe trabalhadora italiana expressou em seu seio. É a vanguarda do proletariado que forma e instrui seus quadros, que acrescenta uma arma – sua consciência teórica e sua doutrina revolucionária – àquelas com que se prepara para enfrentar seus inimigos e suas batalhas. Sem essa arma, o partido não existe; e, sem partido, nenhuma vitória é possível.

INTRODUÇÃO AO PRIMEIRO CURSO DA ESCOLA INTERNA DO PARTIDO[1,2]

De que necessidades específicas da classe trabalhadora e de seu partido, o Partido Comunista, surgiu a iniciativa da escola por correspondência, que finalmente começa a funcionar, com a publicação desta apostila?

Há quase cinco anos o movimento operário revolucionário italiano mergulhou em uma situação de ilegalidade ou semilegalidade. A liberdade de imprensa e os direitos de reunião, associação e propaganda foram praticamente suprimidos. A formação dos quadros dirigentes do proletariado não pode mais ocorrer por vias e métodos tradicionais na Itália nos fins de 1921. Os elementos operários mais ativos são perseguidos, todos os seus movimentos, todas as suas leituras são controlados; as bibliotecas operárias foram incendiadas ou desmanchadas; as grandes organizações e as grandes ações de massa não existem mais ou não podem atuar. Os militantes não participam efetivamente ou participam apenas de forma muito limitada das discussões e dos debates de ideias; a vida isolada ou o encontro ocasional de pequenos grupos reservados e o hábito que pode se formar em uma vida política que em outros tempos parecia de exceção suscitam sentimentos, humores, pontos de vista muitas vezes equivocados e às vezes até mórbidos.

Os novos membros que o partido conquista em tal situação, evidentemente homens sinceros e de vigorosa fé revolucionária, não podem ser

---

[1] Assinado "Seção de Agitação e Propaganda do PC". (N. E. I.)

[2] Este texto era conhecido até agora na versão publicada na revista *Stato Operaio* (Paris, ano V, n. 3-4, mar./abr. 1931, p. 162-8) sob o título "Necessità di una preparazione ideologica di massa" [Necessidade de uma preparação ideológica de massa]. A descoberta no arquivo do Partido Comunista (conservado no Instituto Gramsci) das duas primeiras e únicas apostilas da escola do partido por correspondência, inteiramente editadas por Gramsci, permitiu que se completasse o artigo e se estabelecesse que se tratava da introdução à primeira apostila lançada e distribuída em abril e maio de 1925. (N. E. I.)

educados em nossos métodos pela atividade ampla, pelas grandes discussões, pelo controle recíproco que são próprios do período democrático e de legalidade de massa. Projeta-se assim um grave perigo: a massa do partido, habituando-se, na ilegalidade, a não pensar em outra coisa senão nos expedientes necessários para escapar às surpresas do inimigo, a ver como possíveis e imediatamente organizáveis apenas ações de pequenos grupos, vendo como os dominadores aparentemente venceram e conservam o poder pela ação de minorias armadas e militarmente organizadas, afasta-se insensivelmente da concepção marxista da atividade revolucionária do proletariado, e enquanto parece radicalizar-se, pelo fato de se escutarem frequentemente anunciar propósitos extremistas e frases sanguinárias, em realidade torna-se incapaz de vencer o inimigo. A história da classe operária, ainda mais na época que atravessamos, mostra como esse perigo não é fantasioso. A retomada dos partidos revolucionários, após um período de ilegalidade, é muitas vezes caracterizada por um impulso irreprimível de ação pela ação, pela ausência de qualquer consideração das correlações reais das forças sociais, do estado de espírito das grandes massas de trabalhadores e camponeses, das condições de armamento etc. Aconteceu já diversas vezes de o partido revolucionário se deixar massacrar pela reação ainda não desintegrada, e da qual as reservas não foram devidamente apreciadas, em meio à indiferença e à passividade das grandes massas que, após cada período reacionário, tornam-se muito prudentes e são facilmente tomadas pelo pânico sempre que há ameaça de retorno à situação da qual recém saíram.

De modo geral, é difícil que tais erros não ocorram; por isso é dever do partido cuidar disso e realizar uma atividade específica visando a melhorar a situação e sua organização, a elevar o nível intelectual dos membros que se encontrem em suas fileiras no período de terror branco[3] e estejam destinados a se tornar o núcleo central e mais resistente a toda

---

[3] A expressão foi utilizada pela primeira vez em 1795 durante a Revolução Francesa, em referência à violência contrarrevolucionária desferida pelas forças monarquistas. A partir daí a expressão se difundiu, tendo sido utilizada na Rússia no período da guerra civil (1917-1923), na Itália no mesmo período e em diferentes países da Europa, da Ásia e das Américas, em contextos de repressão aos movimentos comunistas.

prova e a todo sacrifício do partido que vai liderar a revolução e administrar o Estado proletário.

O problema parece, assim, mais amplo e mais complexo. O renascimento do movimento revolucionário e especialmente sua vitória despejam uma grande massa de novos elementos no partido. Eles não podem ser rejeitados, sobretudo se forem de origem proletária, pois sua adesão é um dos sinais mais sintomáticos da revolução que está se cumprindo; mas se coloca o problema de impedir que o núcleo central do partido seja submerso e desagregado pela nova onda impetuosa. Todos recordamos o que ocorreu na Itália, depois da guerra, no Partido Socialista. O núcleo central, constituído de companheiros que permaneceram fiéis à causa durante o cataclismo, restringiu-se a ponto de serem cerca de 16 mil. No congresso de Livorno estavam representados 220 mil sócios, isto é, havia no partido 200 mil filiados pós-guerra, sem preparação política, desprovidos – ou quase – de qualquer noção da doutrina marxista, presa fácil dos pequeno-burgueses declamatórios e fanfarrões que constituíram nos anos 1919-1920 o fenômeno do maximalismo[4]. Não é à toa que o atual chefe do Partido Socialista e diretor do *Avanti!* seja justamente Pietro Nenni[5], ingressado no partido após Livorno, mas que resume em si toda a debilidade ideológica e as características distintivas do maximalismo do pós-guerra. Seria verdadeiramente criminoso que no Partido Comunista acontecesse após o período fascista o que aconteceu no Partido Socialista passada a guerra: isso seria inevitável se nosso partido não tivesse uma diretiva também nesse campo, se não tomasse providências a tempo de reforçar ideológica e politicamente seus atuais quadros e seus atuais

---

[4] A fração maximalista foi constituída no interior do Partido Socialista Italiano (PSI) em 1908 e tornou-se maioria no partido em 1912. Não obstante, nos anos 1919 e 1920, conhecido "Biênio Vermelho", as contraposições entre os maximalistas e a Internacional Comunista (IC), assim como as divergências com o grupo do recém-criado semanário *L'Ordine Nuovo*, dirigido por Gramsci, se tornaram mais contundentes e expostas. A fração maximalista sofreu uma importante cisão em 1921, quando parte minoritária dela, juntamente com outros membros do PSI, deixou a organização socialista para fundar o Partido Comunista da Itália (PCd'I), no XVII Congresso do Partido Socialista, ocorrido em Livorno em janeiro de 1921.

[5] Pietro Nenni (1891-1980), militante socialista maximalista, participou da revista *Quarto Stato* e, no exílio forçado, depois de 1927, tornou-se o principal dirigente do PSI.

membros, para torná-los capazes de conter e enquadrar massas ainda mais amplas, sem que a organização sofra muitos choques e sem que a feição do partido seja modificada.

Colocamos o problema em seus termos práticos mais importantes. Mas ele tem uma base que é superior a qualquer contingência imediata.

Sabemos que a luta do proletariado contra o capitalismo se dá em três frentes: econômica, política e ideológica. A luta econômica tem três fases: de resistência contra o capitalismo, isto é, a fase sindical elementar; de ofensiva contra o capitalismo pelo controle operário da produção; luta pela eliminação do capitalismo por meio da socialização. A luta política também tem três fases principais: luta para limitar o poder da burguesia no Estado parlamentar, isto é, para manter ou criar uma situação democrática de equilíbrio entre as classes que permita ao proletariado organizar-se; luta pela conquista do poder e pela criação do Estado operário, isto é, uma ação política complexa pela qual o proletariado mobiliza em torno de si e conduz à vitória todas as forças sociais anticapitalistas (em primeiro lugar, a classe camponesa); fase da ditadura do proletariado organizado em classe dominante para eliminar todos os obstáculos, técnicos e sociais, que se interpõem à realização do comunismo.

A luta econômica não pode ser separada da luta política, e nenhuma das duas pode ser desconectada da luta ideológica.

Em sua primeira fase sindical, a luta econômica é espontânea, isto é, nasce inelutavelmente da própria situação em que o proletariado se encontra no regime burguês, mas não é por si mesma revolucionária, isto é, não leva necessariamente à derrota do capitalismo, como sustentaram e continuam a sustentar, com menor sucesso, os sindicalistas. Tanto isso é verdade que os reformistas e mesmo os fascistas admitem a luta sindical elementar e sustentam que o proletariado, como classe, não deve envolver-se em outra luta que não a sindical. Os reformistas distinguem-se dos fascistas somente na medida em que defendem que, se não o proletariado como classe, ao menos os proletários como indivíduos, cidadãos, lutem também pela "democracia geral", isto é, pela democracia burguesa; em outras palavras, lutem somente para manter ou criar as condições políticas da pura luta de resistência sindical.

Para que a luta sindical se torne um fator revolucionário, é preciso que o proletariado a acompanhe da luta política, isto é, que o proletariado tenha consciência de ser o protagonista de uma luta que abarca todas as questões mais vitais da organização social, ou seja, tenha consciência de que luta pelo socialismo. O elemento "espontaneidade" não é suficiente para a luta revolucionária: ele não leva a classe operária além dos limites da democracia burguesa existente. É necessário o elemento consciência, o elemento "ideológico", isto é, a compreensão das condições em que se luta, das relações sociais em que o operário vive, das tendências fundamentais que operam no sistema dessas relações, do processo de desenvolvimento que a sociedade sofre pela existência, em seu seio, de antagonismos irredutíveis etc.

As três fontes da luta proletária reduzem-se a uma só pelo partido da classe operária, que é tal precisamente porque resume e representa todas as necessidades da luta geral. Certamente não é possível pedir a cada trabalhador de massa que tenha plena consciência de toda a complexa função que sua classe está determinada a cumprir no processo de desenvolvimento da humanidade: mas isso deve ser demandado dos membros do partido. Não se pode propor, antes da conquista do Estado, modificar por completo a consciência de toda a classe operária; seria utópico, porque a consciência da classe como tal se modifica somente quando se modifica o modo de vida da própria classe, isto é, quando o proletariado se tornar classe dominante, tiver à disposição o aparato de produção e troca e o poder estatal. Mas o partido pode e deve, em seu conjunto, representar essa consciência superior. Sem isso, não estará no comando, mas na retaguarda das massas; não as guiará, mas será arrastado. Por isso o partido deve assimilar o marxismo e deve assimilá-lo em sua forma atual, como leninismo.

A atividade teórica, isto é, a luta no *front* ideológico, sempre foi negligenciada no movimento operário italiano. Na Itália, o marxismo (com exceção de Antonio Labriola[6]) foi mais estudado pelos intelectuais burgueses, com o

---

[6] Antonio Labriola (1843-1904), filósofo marxista italiano de grande importância para a formação intelectual de Gramsci, para quem ele seria o único "que abraçou tal teoria [marxismo] a fim de desenvolvê-la de seu interior e não para neutralizá-la com base em interesses que lhe são estranhos; ademais, ele é propugnador de uma versão não fatalista do materialismo histórico,

intuito de distorcê-lo e direcioná-lo ao uso da política burguesa, que pelos revolucionários. Assim, vimos conviver pacificamente no Partido Socialista Italiano as tendências mais díspares, vimos ser opinião oficial do partido as concepções mais contraditórias. A direção do partido nunca imaginou que, para lutar contra a ideologia burguesa, isto é, para libertar as massas da influência do capitalismo, era necessário primeiro difundir a doutrina marxista dentro do próprio partido e defendê-la de qualquer falsificação. Essa tradição não foi, ou, pelo menos, ainda não foi, interrompida pelo nosso partido de forma sistemática e com uma atividade relevante e continuada.

Diz-se, contudo, que o marxismo teve muito impacto na Itália e, em certo sentido, isso é verdade. Mas também é verdade que tal impacto não ajudou o proletariado, não serviu para criar novos meios de luta, não foi um fenômeno revolucionário. O marxismo, isto é, algumas afirmações destacadas dos textos de Marx, serviu à burguesia italiana para demonstrar que, para a necessidade de seu desenvolvimento, era preciso prescindir da democracia, era preciso atropelar as leis, era preciso rir da liberdade e da justiça; ou seja, era chamada de marxismo, pelos filósofos da burguesia italiana, a constatação de Marx dos sistemas que a burguesia adota, sem ter de recorrer a... justificativas marxistas, em sua luta contra os trabalhadores. E os reformistas, para corrigir essa interpretação fraudulenta, tornaram-se democratas, tornaram-se aduladores de todos os santos desconsagrados do capitalismo. Os teóricos da burguesia italiana tiveram a habilidade de criar o conceito de "nação proletária", ou seja, de argumentar que a Itália como um todo era "proletária" e que a concepção de Marx tinha de se aplicar à luta da Itália contra os outros Estados capitalistas, não à luta do proletariado italiano contra o capitalismo italiano; os "marxistas" do Partido Socialista deixaram que a aberração que aceitaram de um Enrico Ferri[7], que se passava por grande teórico do socialismo, passasse sem luta.

---

que permite pensar com coerência a ação política". Ver Guido Liguori e Pasquale Voza (orgs.), *Dicionário gramsciano, 1926-1937* (trad. Ana Maria Chiarini, Diego Silveira Coelho Ferreira, Leandro de Oliveira Galastri, Silvia de Bernardinis, São Paulo, Boitempo, 2017), p. 455.

[7] Enrico Ferri (1856-1929) foi diretor do *Avanti!*. Formado em ciências jurídicas, especialista em criminologia, foi aluno de Cesare Lombroso (um dos maiores expoentes do positivismo à época, fundador da antropologia criminal).

Essa foi a sorte do marxismo na Itália: servir de tempero para todos os molhos mais indigestos que os mais insolentes aventureiros da caneta quiseram pôr à venda. Foram marxistas desse feitio Enrico Ferri, Guglielmo Ferrero[8], Achille Loria[9], Paolo Orano[10], Benito Mussolini...

Para lutar contra a confusão que se andou criando desse modo é necessário que o partido intensifique e torne sistemática sua atividade no campo ideológico, que se coloque como dever militante o conhecimento da doutrina do marxismo-leninismo, ao menos em seus termos mais gerais.

Nosso partido não é um partido democrático, ao menos no sentido vulgar que se dá comumente a essa palavra. É um partido centralizado nacional e internacionalmente. No campo internacional, nosso partido é uma simples seção de um partido maior, de um partido mundial. Quais repercussões pode ter e já teve esse tipo de organização, que, aliás, é uma férrea necessidade da revolução? A própria Itália responde a essa pergunta. Por reação à tendência habitual do Partido Socialista, em que havia muita discussão e pouca resolução, cuja unidade, pelo impacto contínuo de frações, tendências e muitas vezes grupos pessoais, estilhaçou-se em uma infinidade de fragmentos desconexos, nosso partido acabava não discutindo mais nada. A centralização e a unidade de orientação e concepção tornavam-se uma estagnação intelectual. Para isso contribuiu a necessidade de luta incessante contra o fascismo, que justamente na ocasião da fundação do partido já passara a sua primeira fase ativa e ofensiva, mas contribuiu também a concepção equivocada de partido, assim como é exposto nas "teses sobre a tática", apresentadas no Congresso de Roma[11]. A centralização e a

---

[8] Guglielmo Ferrero (1871-1942), sociólogo e criminalista de orientação positivista, teve grande influência do sogro, Cesare Lombroso. Antifascista, era próximo a Filippo Turati, uma das lideranças do PSI.

[9] Achille Loria (1857-1943), economista italiano que gozava de prestígio entre os socialistas. Objeto de duras críticas de Gramsci, que o considerava "um caso exemplar de pouco rigor científico e de superficialidade diletante, que tem êxitos bizarros e que Gramsci designa 'lorismo' ou 'lorianismo'". Ver Guido Liguori e Pasquale Voza (orgs.), *Dicionário gramsciano*, cit., p. 488.

[10] Paolo Orano (1875-1945), membro do PSI na juventude, aderiu ao fascismo, tornando-se deputado pelo Partido Nacional Fascista de 1919 a 1939.

[11] Trata-se do II Congresso do Partido Comunista, realizado em Roma, em março de 1922. As teses sobre a tática foram apresentadas por Amadeo Bordiga e Umberto Terracini. (N. E. I.)

unidade eram concebidas de um modo muito mecânico: o Comitê Central – aliás, o Comitê Executivo – era todo o partido, em vez de representá-lo e dirigi-lo. Se essa concepção tivesse sido aplicada permanentemente, o partido perderia suas características políticas próprias e tornar-se-ia, no melhor dos casos, um exército (e um exército de tipo burguês), perderia sua força de atração, separar-se-ia das massas. Para que o partido viva e esteja em contato com as massas é preciso que cada um de seus membros seja um elemento político ativo, seja um dirigente. Precisamente porque o partido é bastante centralizado, demanda-se uma vasta obra de propaganda e agitação em suas fileiras; é necessário que o partido, de modo organizado, eduque seus membros e eleve seu nível ideológico. Centralização quer dizer especialmente que, em qualquer situação, mesmo no estado de sítio reforçado, mesmo quando os comitês de direção não puderam funcionar por determinado período ou foram colocados em posição de não se conectar com toda a periferia, todos os membros do partido, cada um em seu ambiente, estiveram em condições de orientar-se, de saber tirar da realidade os elementos para estabelecer uma diretriz, para que a classe operária não se abata, mas sinta que é guiada e que ainda pode lutar. A preparação ideológica de massa é, portanto, uma necessidade da luta revolucionária, é uma das condições indispensáveis da vitória.

Este primeiro curso da escola do partido propõe-se, nos limites permitidos pela situação, desenvolver parte dessa atividade geral. Nele serão apresentadas três séries de lições: uma sobre a teoria do materialismo histórico; uma sobre os elementos fundamentais da política geral; uma sobre o Partido Comunista e os princípios de organização que lhe são próprios. Na primeira parte, que reproduzirá ou mesmo fará a tradução do livro do camarada Bukhárin[12] sobre a teoria do materialismo histórico, os companheiros encontrarão uma abordagem completa do assunto.

---

[12] Trata-se da obra *Tratado de materialismo histórico*, publicada por Bukhárin (1888-1938), dirigente russo, em 1921. No cárcere, o parecer de Gramsci sobre essa obra sofre uma importante inflexão crítica, a ponto de ela se tornar a antítese de uma "filosofia de massa", ou seja, antítese da própria filosofia da práxis, em função de seu positivismo e da ausência de diálogo crítico com o senso comum. Ver Antonio Gramsci, *Quaderni del carcere: edizione critica dell'Istituto Gramsci a cura di Valentino Gerratana* (Turim, Einaudi, 1975), Q. 11, § 13, p. 1.397.

A segunda parte, de política geral, apresentará as noções mais elementares sobre essa série de temas: a economia política; o desenvolvimento do capitalismo até a época do capital financeiro; a guerra e a crise do capitalismo; o desenvolvimento das formas econômicas; a sociedade comunista e o regime de transição; a doutrina comunista sobre o Estado; a Primeira e a Segunda Internacional; a Terceira Internacional; a história do Partido Bolchevique Russo; a história do Partido Comunista Italiano; o poder soviético e a estrutura da república dos sovietes; a política econômica do poder dos sovietes na época do comunismo de guerra; origem e base da nova política econômica; a indústria; a política agrária e a política camponesa; comércio e cooperação; política financeira; os sindicatos, seu funcionamento e suas tarefas; a questão nacional.

A terceira parte exporá sistematicamente a doutrina sobre o partido e os princípios de organização revolucionária que se desenvolveram na atividade diretiva da Internacional Comunista e foram fixados de maneira mais completa na conferência de organização realizada em Moscou em março deste ano.

Esse será, organicamente, o curso da escola. Ele não tem como ser completo e não vai satisfazer a todas as exigências dos companheiros. Para obter maiores completude e organicidade, decidimos publicar todo mês, no mesmo formato das apostilas, fascículos independentes que tratarão de um tema por vez: um fascículo será dedicado à questão sindical e abordará os problemas mais elementares e práticos da vida do sindicato (como organizar uma liga? Como elaborar um estatuto? Como realizar uma agitação por salários? Como estruturar um contrato de trabalho? etc.), constituindo um verdadeiro manual do organizador; um volume tratará da questão dos camponeses; outro retomará todas as noções sobre estrutura econômica, social e política da Itália; outro fascículo tratará de outros argumentos especiais de política operária segundo a doutrina do marxismo-leninismo. Em cada apostila, além das três lições, haverá notas informativas e formativas de subsídio imediato às próprias lições, esquemas de conversação, conselhos didáticos para o estudo autônomo e o manual do professor etc.

As apostilas deverão ser vistas pelo aluno como um material a ser estudado, não apenas lido como se lê um jornal ou um opúsculo. Os alunos devem estudar como se tivessem de fazer um exame de fim de curso, isto é, devem esforçar-se para recordar, assimilar os argumentos tratados para serem capazes de fazer relatos ou pequenas conferências. O partido terá a lista dos alunos e, em caso de necessidade, dirigir-se-á a eles antes de a qualquer outro.

Assim, muitos alunos não devem se impressionar se de início encontrarem dificuldade para entender algumas noções. As apostilas foram compiladas levando em conta a preparação média da massa do partido. Pode acontecer que para alguns elas tragam coisas já conhecidas, enquanto para outros sejam novidades um pouco difíceis de digerir. É inevitável que isso aconteça. Nesses casos, os alunos devem se ajudar como puderem: a constituição de grupos e a revisão em comum das lições recebidas, em alguns casos, eliminam esse obstáculo. De todo modo, todos os alunos são gentilmente convidados a escrever à direção da escola, expondo sua situação, demandando mais elucidações, sugerindo outros métodos e outras formas de exposição.

A VIDA DA ESCOLA[1]

O SABER E A PRESUNÇÃO DO SABER

As observações mais relevantes sobre a primeira apostila podem ser resumidas da seguinte maneira: a exposição tem uma forma demasiado estrita e absoluta. Os tópicos abordados são demasiado numerosos e amplos. Teria sido necessária uma especificação maior, um formato mais simples, mais amplitude para alguns tópicos e, portanto, um plano geral mais restrito. Dado o método seguido na apresentação e na discussão, há o risco de que os alunos, em grande parte despreparados ou mesmo totalmente despreparados, acreditem que o material contido na apostila é ouro puro, que as noções contidas nos vários cursos são uma verdade indiscutível e apenas decorem aquilo que ainda deve ser elaborado, demonstrado, que ainda deve ser objeto de exame e discussão.

Há muita verdade nessas observações e devemos ter sempre em mente os perigos por elas apontados. Mas também devemos ter presente que muitos dos inconvenientes que surgem na condução de nossas atividades são inerentes às condições de existência da classe operária e, portanto, de nosso partido, e que eliminá-los não é fácil porque isso não depende de nossa vontade.

O melhor tipo de escola é, sem dúvida, a escola falada, não a escola por correspondência. Na escola falada, o professor tem os alunos à frente, reunidos numa sala: conhece-os ou acaba por conhecê-los individualmente; pode avaliar as habilidades e as fraquezas de cada um e elaborar um método e uma forma de exposição mais adequada para desenvolver

---

[1] Artigo introdutório da segunda apostila da escola interna do partido. Assinado AP (Seção de Agitação e Propaganda). (N. E. I.)

156 | Os líderes e as massas

as habilidades e eliminar as fraquezas; pode, de tempos em tempos, corrigir as falsas interpretações, esclarecer os equívocos, os mal-entendidos, os pontos obscuros, insistir nas noções menos óbvias e mais complexas, enfim, pode tentar fazer com que se viva coletivamente a escola, para que haja um desenvolvimento contínuo dos indivíduos e esse desenvolvimento seja orgânico e sistemático.

A escola por correspondência não pode dar imediatamente os mesmos resultados. Isso é óbvio. Os alunos que seguem as apostilas são uma massa de muitas centenas e são muito diferentes uns dos outros. Há velhos e jovens, isto é, elementos mais ou menos acostumados a refletir, mais ou menos pacientes diante das dificuldades, com maior ou menor experiência de vida, portanto mais ou menos capazes de relacionar as noções científicas com fatos reais e concretos que as iluminem e permitam que se compreendam seu alcance e seu significado. Há entre eles operários das grandes cidades, onde há grandes massas trabalhadoras, onde o desenvolvimento do capitalismo deu origem àquelas formas econômicas e àqueles fenômenos sociais que são descritos e estudados nos cursos, e há operários de pequenas cidades onde existem pequenas fábricas ou mesmo oficinas artesanais, há operários agrícolas que trabalham em empresas industrializadas ou semi-industrializadas, simples diaristas que trabalham para meeiros ou pequenos arrendatários, camponeses pobres que trabalham como boias-frias* nos latifúndios, empregados, estudantes etc. etc.

As lições devem ser necessariamente as mesmas para todos; não é possível tomar como base a experiência social de cada um desses estratos e realizar um percurso específico para cada um, como certamente seria mais justo e racional. Compilamos as lições tendo em mente um tipo médio de aluno, que na realidade não existe, ou uma abstração, e isso dá às próprias lições um caráter um tanto absoluto e abstrato, um pouco mecânico, em suma, o que certamente não é aquele de uma escola proletária propriamente orgânica.

---

* No original, "*contadini poveri che raspano il latifondo*", ou seja, camponeses pobres que trabalham sem vínculo empregatício nos latifúndios, o que, no Brasil, são os boias-frias. Esse termo não existe para Gramsci, mas é adotado na tradução brasileira por ser o que melhor comunica a ideia. (N. T.)

Mas nosso problema não é criar uma escola-modelo, segundo os princípios da pedagogia e da didática; nosso problema é criar uma escola sob as condições existentes, que são muito mais difíceis e duras de dominar. Afinal, qualquer escola, mesmo a mais cientificamente perfeita, nunca é suficiente para educar e formar o indivíduo: todos se educam e se formam principalmente por si mesmos; todos são, antes de tudo, autodidatas. A escola acelera a formação, é o sistema Taylor[2] de educação, oferece um método, ensina a estudar, habitua a uma disciplina intelectual, mas não pode substituir o espírito de iniciativa no campo do conhecimento. A vida em geral, a ação, a experiência individual e coletiva são elementos que completam a escola ou são completados pela escola, conforme o caso, ou melhor, conforme as classes sociais; para a classe operária, a escola de classe (que pode ser o próprio partido, além da escola do partido) completa e esclarece as experiências concretas da vida vivida, dá uma direção, habitua a generalizar, a pensar melhor e com mais agilidade. Para a burguesia já é diferente: nas escolas, antes que o jovem burguês tenha vivido e lutado na prática, ele está saturado do espírito de sua classe, é modelado, forjado para enfrentar a vida e suas experiências, pronto para lutar, com uma concepção preconcebida, já inserida nos quadros dos dominadores que sabem que são dominadores.

A diversa posição de classe leva a apreciar diversamente os diferentes inconvenientes que resultam do específico sistema escolar seguido para a formação individual. Um jovem burguês que da frequência das escolas de sua classe – ginásio, liceu, universidade – extrai apenas a presunção de saber sem saber de fato é um elemento de dissolução e descrédito para os dominadores; se esse fato se generaliza, se as escolas burguesas em geral falham em seu propósito, se não dão conhecimento, mas apenas a presunção de conhecimento, nós, comunistas, tiramos a conclusão de que toda a classe dominante está em crise, não consegue mais selecionar novos quadros dirigentes, já não tem possibilidade de se desenvolver, está se deteriorando. A classe operária é uma classe explorada e oprimida: foi sistematicamente privada de conhecimento científico; para a classe operária,

---

[2] Frederick W. Taylor (1856-1915), engenheiro estadunidense responsável pela implantação da organização racional do trabalho industrial para o aumento da produtividade, a partir de um conjunto de teorias que ficou conhecido como "taylorismo".

o Estado burguês organizou um tipo particular de escola, a escola popular e a escola profissional, que visa a manter a divisão de classes para garantir que o filho do operário também seja operário. Dada essa organização geral da escola segundo as classes, dado que os operários como classe estão afastados das ciências gerais, o operário nunca superestima seu saber, mas é levado a se subestimar: o operário sempre acredita que é mais ignorante e incapaz do que realmente é; o operário sempre hesita muito em expressar suas opiniões porque está convencido de que sua opinião vale pouco, porque está acostumado a pensar que sua função na vida não é produzir ideias, dar direções, ter opiniões, mas é antes seguir as ideias dos outros, executar as diretrizes dos outros, ouvir, admirado, as opiniões dos outros.

Por isso, não devemos temer em demasia o perigo de que os alunos da escola acreditem que se tornaram especialistas e desvendaram o universo, se aprenderam as apostilas de cor, se se tornaram capazes de repetir mecanicamente as noções que aprenderam. Esse perigo, que sem dúvida existe, devemos combatê-lo de forma sistemática, procurando desenvolver a escola, aproximá-la da realidade concreta, para que seja capaz de atender às necessidades de nossa classe.

OS INSTRUTORES DO PARTIDO

Como conseguir isso na prática? A maior desvantagem da escola por correspondência é o fato de que há uma distância muito grande entre o centro da escola e os alunos: isso torna difícil, se não impossível, o contato entre o professor e o aluno. Os alunos podem escrever, pedir por carta conselhos, esclarecimentos, indicações. Teoricamente isso é verdade... mas é possível na prática? Os alunos já são mais de seiscentos; se cada um escreve uma carta a cada quinze dias, a cada quinze dias a direção da escola deve escrever seiscentas respostas. Seria necessário, portanto, um aparato considerável, que dispusesse de um número considerável de funcionários dedicados apenas a esse trabalho. Queremos que o número de alunos cresça ainda mais, que chegue aos mil e ultrapasse os mil. Devemos, portanto, inventar outro sistema que seja mais prático, mais barato e que leve a algum trabalho de gestão escolar da própria massa. Devemos, portanto, nos esforçar para criar uma camada de instrutores do partido.

Como podemos criar os instrutores do partido? Quer dizer, como se pode fazer sua seleção e quais tarefas os instrutores terão de realizar? É necessário inicialmente que os alunos se reúnam em grupos locais de dez ou frações de dez e trabalhem juntos: a princípio os instrutores devem ser eleitos pelo próprio grupo, segundo o critério de boa vontade, antiguidade partidária, maior preparação relativa etc. Essa será uma primeira seleção e permitirá à escola trabalhar mais rapidamente, porque serão os instrutores que reunirão os anseios dos alunos, responderão eles próprios às observações mais elementares, transmitirão as demais à direção da escola, servirão como um elo vivo entre o centro e a massa.

Mas a tarefa dos instrutores não deve se limitar apenas a essas coisas simples: eles devem realizar um verdadeiro trabalho de assistentes escolares. Como? Devem estudar as lições não só para si, mas também para o grupo ao qual pertencem, ou seja, devem estudar para explicar aos outros, ajudar seus companheiros, esclarecer o que estiver obscuro, generalizar as noções apresentadas de forma muito concisa e sintética. Cada grupo deve estudar o ambiente econômico em que vive, entender seu mecanismo e enquadrá-lo no ambiente capitalista geral. O instrutor será responsável por coletar os dados necessários, ordená-los, exibi-los, tirar as consequências. Como nasceu e se desenvolveu a luta de classes? Como se forma a consciência de classe? Quais são as necessidades essenciais da população local? Quais são as relações entre as várias classes? Qual classe tem a vantagem ideológica? Por qual forma de organização? Por que os comunistas ainda não têm maioria? E assim por diante.

Cada lição deve ter como objetivo explicar de forma prática os fenômenos que se enquadram na experiência dos companheiros, tanto no campo econômico quanto no político e ideológico. De cada instrutor deve desenvolver-se um partido local capaz de fazer a propaganda de nossas ideias e de nosso programa, capaz de dar à central do partido todas as informações concretas necessárias para estabelecer um plano de ação e agitação, capaz de traduzir as palavras de ordem do partido em linguagem compreensível para as massas locais.

Em suma, a escola só estará viva na medida em que os alunos participarem da atividade geral do partido, ajudando a tornar essa atividade mais ampla e lhe dar maior ressonância, na medida em que a escola consiga, paulatinamente, destacar e trazer para o campo do trabalho elementos de massa que se dediquem a melhorar na prática a nossa organização, tornar mais consciente a ação política de cada companheiro e, portanto, intensificar a luta geral.

A SITUAÇÃO INTERNA DO NOSSO PARTIDO E AS TAREFAS DO PRÓXIMO CONGRESSO[1]

Em sua última reunião[2], a Executiva ampliada da Internacional Comunista (IC) não teve de resolver nenhuma questão de princípio ou tática entre o Partido Italiano e a Internacional. Esse fato ocorreu pela primeira vez na sucessão de reuniões da IC. Por esse motivo, os companheiros mais influentes da Executiva da IC teriam preferido que nem se tratasse de uma comissão italiana: como não havia crise geral do Partido Italiano, não havia sequer uma "questão italiana".

Na realidade, é preciso dizer que nosso partido, apesar de já ter modificado antes do V Congresso, mas sobretudo depois dele, seus direcionamentos táticos para se aproximar da linha leninista da IC, não passou por nenhuma crise em suas fileiras nem diante das massas, pelo contrário. Tendo alinhado seus novos direcionamentos táticos em relação à situação geral do país que se criou após as eleições de 6 de abril e especialmente após o assassinato de Giacomo Matteotti, o partido conseguiu crescer como organização e ampliar, de modo notável, sua influência sobre as massas de operários e camponeses. Nosso partido é um dos poucos, senão o único partido da Internacional, que pode afirmar sucesso semelhante em uma situação tão difícil quanto a que se criou em todos os países, em particular na Europa, em relação à relativa estabilização do capitalismo e o relativo fortalecimento dos governos burgueses

---

[1] Não assinado, *L'Unità*, 3 de julho de 1925. (N. E. I.)

[2] V sessão do Comitê Executivo alargado da Internacional Comunista, realizada em Moscou entre 21 de março e 6 de abril de 1925. Na ocasião ressaltou-se a urgência da definição da linha revolucionária para todos os partidos comunistas. Para isso, a organização de células no local de trabalho alcançou especial relevância. Ver Antonio Gramsci, *Escritos políticos* (Lisboa, Seara Nova, 1977), v. 4, p. 55.

e da social-democracia, a qual se tornou parte cada vez mais essencial do sistema burguês. Deve-se dizer, pelo menos entre parênteses, que é precisamente pela constituição de tal situação e em relação às consequências que isso teve não apenas entre as grandes massas trabalhadoras, mas também dentro dos partidos comunistas, que se faz necessário enfrentar o problema da bolchevização[3].

A FASE ATUAL DOS PARTIDOS DA INTERNACIONAL

As crises vividas por todos os partidos da IC desde 1921 até hoje, ou seja, desde o início do período caracterizado por uma desaceleração do ritmo revolucionário, mostraram como a composição geral dos partidos não era tão sólida ideologicamente. Os próprios partidos oscilaram, com deslocamentos frequentemente muito fortes da direita para a extrema esquerda, com repercussões seríssimas em toda a organização e com crises gerais nos vínculos entre os partidos e as massas. A fase atual que atravessam os partidos da Internacional é caracterizada pelo fato de que cada um se formou pelas experiências políticas dos últimos anos e consolidou-se um núcleo fundamental que determina uma estabilização leninista da composição ideológica dos partidos e assegura que não serão mais atravessados por crises e oscilações muito profundas e muito amplas. Colocando assim o problema geral da bolchevização, tanto no domínio da organização quanto no da formação ideológica, a Executiva ampliada [da IC] afirmou que nossas forças internacionais chegaram ao ponto de solução da crise. Nesse sentido, a Executiva ampliada é um ponto de chegada, e a constatação dos enormes avanços alcançados na consolidação das bases organizacionais e ideológicas dos partidos é um ponto de partida, pois esses avanços devem ser coordenados, sistematizados, ou seja, devem tornar-se consciência difundida e ativa de toda a massa.

---

[3] Após a morte de Lênin, iniciou-se uma acirrada luta pela sucessão na liderança do Partido Comunista Russo. Diante disso, a IC decidiu proceder a "bolchevização" dos partidos associados a ela, com um duro chamamento à disciplina. Ver Albertina Vittoria, *Storia del PCI. 1921-1991* (Roma, Carocci, 2006).

Em alguns aspectos, somente agora os partidos revolucionários da Europa ocidental se encontram nas condições em que os bolcheviques russos já se encontravam desde a formação de seu partido. Na Rússia, antes da guerra, não existiam as grandes organizações operárias que, por sua vez, caracterizaram todo o período europeu da Segunda Internacional pré-guerra. Na Rússia, o partido, não apenas como afirmação teórica geral, mas também como necessidade prática de organização e luta, reunia em si todos os interesses vitais da classe operária; a célula de fábrica e de rua liderava a massa tanto na luta pelas reivindicações sindicais como na luta política pela derrubada do tsarismo. Na Europa ocidental, por sua vez, formava-se e ampliava-se uma divisão do trabalho entre a organização sindical e a organização política da classe operária. No campo sindical, desenvolveu-se em ritmo cada vez mais acelerado a tendência reformista e pacifista; isto é, a influência da burguesia sobre o proletariado se intensificou cada vez mais. Pela mesma razão, a atividade dos partidos políticos deslocou-se cada vez mais para o campo parlamentar, ou seja, para formas que não se distinguiam em nada daquelas da democracia burguesa. No período da guerra e naquele do pós-guerra imediatamente anterior à fundação da Internacional Comunista e às cisões no campo socialista que levaram à formação de nossos partidos, a tendência sindicalista-reformista se consolidou como a organização dirigente dos sindicatos. Surgiu, assim, uma situação geral que, de fato, coloca os partidos comunistas da Europa ocidental nas mesmas condições do partido bolchevique na Rússia antes da guerra.

Vejamos o que acontece na Itália. Pela ação repressiva do fascismo, os sindicatos perderam, em nosso país, toda a eficiência, tanto numérica quanto combativa. Aproveitando-se dessa situação, os reformistas assumiram o controle de seu mecanismo central, concebendo todas as medidas e disposições que podem impedir que uma minoria se forme, se organize, se desenvolva e se torne maioria até conquistar o centro dirigente. Mas a grande massa quer, e com razão, a unidade e reflete esse sentimento unitário na tradicional organização sindical italiana: a Confederação Geral do Trabalho. A massa quer lutar e quer se organizar, mas quer lutar com a Confederação Geral do Trabalho e quer se

164 | Os líderes e as massas

organizar na Confederação Geral do Trabalho. Os reformistas se opõem à organização das massas. Lembre-se do discurso de Aragona[4] no último congresso confederativo, em que afirmou que a confederação não deve ter mais do que 1 milhão de organizados. Se levarmos em conta que a própria confederação afirma ser o corpo unitário de todos os trabalhadores italianos, ou seja, não apenas dos operários industriais e agrícolas, mas também dos camponeses, e que na Itália há pelo menos 15 milhões de trabalhadores que podem ser organizados, parece que a confederação quer, por programa, organizar a 15ª parte, ou seja, 7,5% dos trabalhadores italianos, enquanto nós, de nossa parte, gostaríamos que nos sindicatos e nas organizações camponesas estivessem 100% dos trabalhadores. Mas, se a confederação, por razões de política interna, isto é, para manter a liderança interna nas mãos dos reformistas, deseja que apenas 7,5% dos trabalhadores italianos sejam organizados, ela também quer – por razões políticas gerais, isto é, para que o Partido Reformista possa colaborar efetivamente em um governo democrático burguês – que ela mesma, como um todo, influencie a massa desorganizada de operários industriais e agrícolas e quer, impedindo a organização dos camponeses, que os partidos democráticos com os quais pretende colaborar mantenham sua base social. Ela manobra especialmente no campo das comissões internas que são eleitas por toda a massa de organizados e desorganizados. Ou seja, ela gostaria de impedir que operários organizados fora da tendência reformista apresentem listas de candidatos para as comissões internas; gostaria que os comunistas, mesmo que sejam maioria na organização sindical local e entre as organizações das unidades fabris, votassem por disciplina nas listas da minoria reformista. Se esse programa de organização reformista fosse aceito por nós, levaríamos de fato à absorção de nosso partido pelo Partido Reformista, e nossa única atividade seria a atividade parlamentar.

---

[4] Ludovico D'Aragona (1876-1961), secretário-geral da Confederação Geral do Trabalho (CGL) entre 1918 e 1925 e deputado pelo Partido Socialista Italiano (PSI) entre 1919 e 1921.

A TAREFA DAS "CÉLULAS"

Enquanto isso, como podemos lutar contra a aplicação e a implementação de tal programa sem causar uma divisão que absolutamente não queremos criar? Para isso, não há saída que não a organização das células e seu desenvolvimento no mesmo sentido em que elas se desenvolveram na Rússia antes da guerra. Como fração sindical, os reformistas nos impedem, colocando a faca da disciplina em nosso peito, de centralizar as massas revolucionárias tanto para a luta sindical quanto para a luta política. É, portanto, evidente que nossas células devem trabalhar direto nas fábricas para centralizar as massas em torno do partido, incentivando-as a fortalecer as comissões internas onde elas existem, criar comitês de agitação nas fábricas onde não há comissões internas e onde elas não cumprem seus objetivos, levando-as a querer a centralização das instituições fabris como organizações de massa não apenas sindicais, mas de luta geral contra o capitalismo e seu regime político. É certo que a situação em que nos encontramos é muito mais difícil que aquela em que se encontravam os bolcheviques russos, porque devemos lutar não apenas contra a reação do Estado fascista, mas também contra a reação dos reformistas nos sindicatos. Precisamente por isso, quanto mais difícil a situação, mais fortes nossas células devem ser tanto organizacional quanto ideologicamente. Em todo caso, a bolchevização, pelo que projeta no campo organizacional, é uma necessidade incontornável. Ninguém ousará dizer que os critérios leninistas para organizar o partido são típicos da situação russa e que se trata de um fato puramente mecânico sua aplicação na Europa ocidental. Opor-se à organização do partido por células significa estar ainda ligado às velhas concepções social-democratas, significa estar realmente em um terreno de direita, ou seja, em um terreno em que não se quer lutar contra a social-democracia.

A INTERVENÇÃO EQUIVOCADA DE BORDIGA EM MOSCOU

Não há hoje divergência entre nosso partido e a Internacional acerca de todas essas questões, portanto elas não deveriam ter qualquer reflexo sobre o trabalho da comissão italiana que tratou apenas do problema da bolchevização do ponto de vista ideológico e político, com especial atenção à situação criada em nosso partido. O companheiro Bordiga[5] foi insistentemente convidado a participar dos trabalhos da Executiva ampliada. Esse seria precisamente seu dever, pois no V Congresso havia aceitado fazer parte da Executiva da IC. Ainda mais necessário era que o companheiro Bordiga participasse dos trabalhos, uma vez que ele assumira em artigo (cuja publicação ele mesmo subordinara à aprovação da Executiva da Internacional), relativamente à questão Trótski[6], uma posição radicalmente contrária não só à da Executiva da Internacional, mas também àquela assumida na prática pelo próprio companheiro Trótski. É absurdo e deplorável, sob todos os pontos de vista, que o companheiro Bordiga tenha se recusado a participar pessoalmente da discussão da questão Trótski, não tenha querido examinar diretamente o conjunto dos materiais sobre o tema, não tenha querido apresentar sua opinião e suas informações ao confronto de um debate internacional. Certamente não é com essas atitudes que se pode provar ter as qualidades e as habilidades necessárias para iniciar uma luta que deveria resultar em uma mudança não só de direcionamento, mas também de integrantes da direção da Internacional Comunista.

---

[5] Amadeo Bordiga (1889-1970) esteve entre as principais lideranças que fundaram o Partido Comunista da Itália (PCd'I) em 1921 e foi membro de seu comitê executivo até 1923. Tornou-se o principal opositor da política de frente única defendida por Lênin a partir de 1921 para enfrentamento dos desafios postos ao movimento comunista internacional, especialmente a nova ofensiva do capital e a derrota da revolução alemã em 1923, agravadas pelas cisões internas na IC e, na Itália, pelo avanço do fascismo. Sobre este tema, consultar Marcos Del Roio, *Os prismas de Gramsci: a fórmula política da frente única (1919-1926)* (São Paulo, Boitempo, 2019).

[6] Trata-se da oposição do revolucionário russo, comandante do Exército Vermelho, Trótski (1879-1940) e de sua fração "oposição de esquerda" à fração de Stálin (1878-1953), esta última cada vez mais fortalecida no Partido Comunista da União Soviética. Esses conflitos culminarão na expulsão de Trótski, em novembro de 1927.

OS CINCO PONTOS DE LÊNIN PARA UM BOM PARTIDO BOLCHEVIQUE

A comissão, que deveria ter discutido especialmente com o camarada Bordiga, fixou em sua ausência a linha que o partido deve seguir para resolver a questão das tendências e possíveis frações que podem surgir delas, ou seja, para fazer triunfar a concepção bolchevique em nosso partido. Eis as cinco qualidades fundamentais que o camarada Lênin colocou como condições necessárias para a eficiência do partido revolucionário do proletariado no período de preparação revolucionária:

1) todo comunista deve ser marxista (hoje dizemos que todo comunista deve ser marxista-leninista);

2) todo comunista deve estar na vanguarda das lutas proletárias;

3) todo comunista deve refutar as poses revolucionárias e as frases superficialmente escarlates, isto é, deve ser não apenas um revolucionário, mas também um político realista;

4) todo comunista deve sentir-se sempre subordinado à vontade de seu partido e deve julgar tudo do ponto de vista de seu partido, isto é, deve ser sectário no melhor sentido que a palavra pode ter;

5) todo comunista deve ser internacionalista.

Se examinarmos a situação geral do nosso partido com base nesses cinco pontos, constataremos que, se é possível dizer de nosso partido que a segunda qualidade constitui um de seus traços característicos, o mesmo não se pode dizer dos outros quatro.

Falta no partido um conhecimento profundo da doutrina do marxismo e, portanto, também do leninismo. Sabemos que isso está ligado às tradições do movimento socialista italiano, no qual não havia discussão teórica que interessasse profundamente às massas e contribuísse para sua formação ideológica. Também é verdade que até agora nosso partido não contribuiu para mudar esse estado de coisas e que, pelo contrário, o camarada Bordiga ajudou a manter essa situação, confundindo a tendência reformista de substituir a ação política revolucionária das massas por uma atividade cultural genérica com a atividade interna do partido destinada a elevar o nível de todos os seus membros até a plena consciência dos fins imediatos e distantes do movimento revolucionário.

O FENÔMENO DO "ESQUERDISMO"

Nosso partido desenvolveu bem o senso de disciplina, ou seja, cada membro reconhece sua subordinação ao partido como um todo, mas o mesmo não pode ser dito das relações com a IC, isto é, da consciência de pertencimento a um partido mundial. Nesse sentido, é preciso dizer apenas que o espírito internacionalista não é amplamente praticado, decerto não no sentido geral da solidariedade internacional. Essa situação já existia no Partido Socialista e se reflete, para nosso prejuízo, no Congresso de Livorno. Continuou a existir, em parte sob outras formas, pela tendência despertada por parte do camarada Bordiga de considerar um título de nobreza ser seguidor de uma chamada "esquerda italiana". Nesse campo, o companheiro Bordiga recriou uma situação semelhante àquela criada pelo companheiro Serrati após o II Congresso e levou à exclusão dos maximalistas da IC. Em outras palavras, ele cria uma espécie de patriotismo partidário que rejeita enquadrar-se numa organização mundial. Mas a maior fraqueza do partido é aquela caracterizada pelo camarada Lênin no terceiro ponto: o amor pelas poses revolucionárias e pelas frases escarlates superficiais é a característica mais relevante não do próprio Bordiga, mas dos elementos que dizem segui-lo. Naturalmente o fenômeno do esquerdismo bordiguiano não brotou do nada. Tem uma dupla justificativa. De um lado, está ligado à situação geral da luta de classes em nosso país, nomeadamente o fato de a classe operária ser a minoria da população trabalhadora e estar aglomerada principalmente em uma região do país. Em tal situação, o partido da classe operária pode ser corrompido pela infiltração das classes pequeno-burguesas, que, embora tenham, em massa, interesses contrários aos do capitalismo, não querem levar a luta às suas consequências extremas. De outro lado, contribui para consolidar a ideologia de Bordiga a situação em que se encontrava o Partido Socialista até Livorno, assim caracterizada por Lênin em seu livro *Esquerdismo, doença infantil do comunismo**: "Em um partido onde há um Turati e há um Serrati que não luta contra um Turati, é natural que haja um Bordiga". No entanto, não é natural que o camarada

---

* São Paulo, Expressão Popular, 2014. (N. E.)

Bordiga tenha estagnado em sua ideologia, mesmo quando Turati não era mais do partido, nem o próprio Serrati, e Bordiga em pessoa liderava a luta contra um e outro. Evidentemente, o elemento da situação nacional era preponderante na formação política do camarada Bordiga e havia cristalizado nele um permanente estado de pessimismo sobre a possibilidade de que o proletariado e seu partido pudessem permanecer imunes à infiltração de ideologias pequeno-burguesas, se não houvesse a aplicação de uma tática política extremamente sectária, o que tornava impossível a aplicação e a realização dos dois princípios políticos que caracterizam o bolchevismo: a aliança entre operários e camponeses e a hegemonia do proletariado no movimento revolucionário anticapitalista. A linha a se adotar para combater essas debilidades de nosso partido é a da luta pela bolchevização. A campanha a se realizar deve ser predominantemente ideológica. No entanto, ela deve se tornar política no que diz respeito à extrema esquerda, ou seja, a tendência representada pelo camarada Bordiga, que necessariamente passará do fracionismo latente ao aberto e, no congresso, tentará mudar a orientação política da Internacional.

A QUESTÃO DAS TENDÊNCIAS

Existem outras tendências no partido? Qual é seu caráter e que perigos podem representar? Se examinarmos desse ponto de vista a situação interna do partido, devemos reconhecer que este não só não atingiu o grau de maturidade política revolucionária que resumimos na palavra "bolchevização", como não atingiu sequer a completa unificação das várias partes que confluíram para sua composição. A ausência de um amplo debate que, infelizmente, caracterizou o partido desde a sua fundação contribuiu para isso. Se levarmos em conta os elementos que se alinharam à Internacional Comunista no Congresso de Livorno, podemos constatar que das três correntes que constituíram o Partido Comunista (PC): 1) os abstencionistas da fração Bordiga, 2) os elementos agrupados em torno de *L'Ordine Nuovo* e do *Avanti!* de Turim, 3) os elementos de massa que seguiram o grupo que chamaremos de Gennari-Marabini, isto é, os seguidores das figuras mais características do estrato dirigente do Partido Socialista que vieram conosco, apenas duas, ou seja, a dos abstencionistas e a de *L'Ordine Nuovo/Avanti!* de Turim, haviam desenvolvido algum trabalho político autônomo antes do Congresso de Livorno, haviam debatido os problemas essenciais da Internacional Comunista em seu seio e, portanto, haviam adquirido certa capacidade de experiência política comunista. Mas essas correntes, se conseguiram chegar à direção do novo Partido Comunista, não constituíam a maioria da base. Além disso, dessas duas correntes, apenas uma, a abstencionista, desde 1919, ou seja, dois anos antes de Livorno, teve uma organização nacional, formou certa experiência organizativa partidária entre seus membros, mas no período preparatório tratou exclusivamente de questões internas do partido, da luta específica das frações, sem ter passado, em seu conjunto, por experiências políticas de massa, a não ser na questão puramente parlamentar.

A corrente que se constituiu em torno de *L'Ordine Nuovo* e do *Avanti!* piemontês não suscitou nem uma fração nacional nem uma verdadeira tendência nos limites na região do Piemonte onde nasceu e se desenvolveu. Sua atividade foi prevalentemente de massa; os problemas internos do partido estavam sistematicamente ligados às necessidades e aspirações da luta de classes geral, da população trabalhadora piemontesa e, em especial, do proletariado de Turim: se essa situação deu aos seus membros, mesmo os de massa, uma melhor preparação política e uma maior capacidade individual para liderar movimentos reais, colocou a corrente em posição de inferioridade na organização geral do partido. Com exceção do Piemonte, a grande maioria do partido veio a constituir-se a partir dos elementos que em Livorno ficaram com a IC, porque com a IC ficou toda uma série de companheiros da antiga camada dirigente do Partido Socialista, como Gennari-Marabini, Bombacci, Misiano, Salvadori, Graziadei etc.: nessa massa, que por suas concepções não se diferenciava em nada dos maximalistas, enxertaram-se os grupos abstencionistas locais, dando-lhe a forma organizativa do novo PC. Se não levamos em conta essa formação real do nosso partido, não podemos compreender nem as crises que ele atravessou nem sua situação atual. Pela necessidade de luta implacável que se impôs ao partido desde a sua origem – a qual coincidiu com o despertar

A SITUAÇÃO INTERNA DO NOSSO PARTIDO E AS TAREFAS DO PRÓXIMO CONGRESSO | 171

mais furioso da reação fascista e pela qual se pode dizer que cada uma das nossas organizações foi batizada com o sangue de nossos melhores companheiros –, a experiência da Internacional Comunista, isto é, não só do partido russo, mas também dos outros partidos irmãos, não chegou a nós e não foi assimilada pela massa do partido a não ser ocasional e episodicamente. Na realidade, nosso partido viu-se desvinculado do complexo internacional, viu-se desenvolvendo sua ideologia confusa e caótica apenas com base em nossas experiências nacionais imediatas; uma nova forma de maximalismo foi criada na Itália. Essa situação geral se agravou no ano passado, quando a fração terceiro-internacionalista se juntou a nossas fileiras[7]. As debilidades que nos caracterizavam existiam de forma ainda mais grave e perigosa nessa fração que viveu autonomamente dois anos e meio no seio do partido maximalista, criando, assim, laços internos entre seus adeptos que devem permanecer mesmo depois da fusão. Além disso, mesmo a fração terceiro-internacionalista foi, por dois anos e meio, completamente absorvida pela luta interna com a direção do partido maximalista, uma luta que era principalmente de caráter pessoal e sectário e apenas episodicamente tratou de questões fundamentais, fossem políticas, fossem organizativas.

A BOLCHEVIZAÇÃO

É evidente, portanto, que a bolchevização do partido no campo ideológico não pode apenas levar em conta essa situação que resumimos na existência de uma corrente de extrema esquerda e na atitude pessoal do companheiro Bordiga. Deve afetar a situação geral do partido, isto é, deve colocar o problema da elevação do nível técnico e político de todos os companheiros. É certo, por exemplo, que há também a questão Graziadei*, ou seja, devemos contar com suas recentes publicações para melhorar a educação marxista de nossos companheiros, combatendo os ditos desvios científicos

---

[7] Em agosto de 1924 dissolveu-se a fração do PSI favorável à IC e seus membros entraram no PCd'I.

* Trata-se de Antonio Graziadei (1873-1953). (N. T.)

172 | Os líderes e as massas

sustentados por ele. No entanto, ninguém pode pensar que o companheiro Graziadei representa um perigo político, ou seja, que com base em suas concepções revisionistas do marxismo possa nascer uma vasta corrente e, portanto, uma fração que ponha em perigo a unidade organizativa do partido. Ao mesmo tempo, não devemos esquecer que o revisionismo de Graziadei suscita apoio às correntes de direita que, embora em estado latente, existem em nosso partido. A entrada no partido da fração terceiro--internacionalista, isto é, de um elemento político que mantém muitas de suas características e que, como mencionamos, tende mecanicamente a prolongar sua existência como fração no seio do partido maximalista e os vínculos criados no partido precedente, pode sem dúvida dar a esta potencial corrente de direita certa base organizacional, colocando problemas que não devem em absoluto ser negligenciados. No entanto, não é possível que surjam fortes divergências sobre esse tipo de apreciação; as questões que mencionamos e que surgem da composição original do partido colocam, sobretudo, problemas ideológicos fortemente ligados a duas necessidades: 1) a necessidade de a velha-guarda absorver a massa de novos membros que vieram para o partido após o ocorrido com Matteotti[8] e triplicaram o número de membros efetivos do partido; 2) a necessidade de criar quadros organizacionais capazes não só de resolver os problemas cotidianos da vida do partido, seja como organização própria, seja em suas relações com os sindicatos e outras organizações de massas, mas que também tenham condições de resolver os problemas mais complexos relacionados à preparação da conquista do poder e do exercício do poder conquistado.

A AMEAÇA DE DIREITA

Pode-se dizer que existe, potencialmente, uma ameaça de direita em nosso partido. Está ligada à situação geral do país. As oposições constitucionais, embora historicamente tenham anulado sua função, desde que rejeitaram

---

[8] Giacomo Matteotti (1885-1924) foi secretário do Partido Socialista Unitário (1922), várias vezes eleito deputado, importante expoente do movimento antifascista na Itália. Foi assassinado pelo regime fascista em 1924.

A SITUAÇÃO INTERNA DO NOSSO PARTIDO E AS TAREFAS DO PRÓXIMO CONGRESSO | 173

nossa proposta de criação do Antiparlamento, continuam existindo politicamente ao lado de um fascismo consolidado. Se, por um lado, as perdas sofridas pela oposição fortaleceram nosso partido, não o fortaleceram, por outro, na mesma medida que o fascismo, que tem nas mãos todo o aparato estatal. É evidente, pois, que em nosso partido, diante de uma tendência de extrema esquerda, que acredita a todo instante que chegou a hora de atacar frontalmente o regime, que não pode se desintegrar pelas manobras da oposição, pode nascer uma tendência de direita, se é que já não existe, cujos elementos, desmoralizados pelo grande poder aparente do partido dominante, sem esperança de que o proletariado logo possa derrubar o regime como um todo, começarão a pensar que a melhor tática é aquela que leva, se não de fato a um bloco burguês-proletário para a eliminação constitucional do fascismo, pelo menos a uma tática de passividade real, de não intervenção ativa de nosso partido, que permita à burguesia usar o proletariado como massa de manobra eleitoral contra o fascismo. O partido deve levar em conta todas essas possibilidades e probabilidades para que sua justa linha revolucionária não sofra desvios.

O partido, se deve considerar o perigo de direita uma possibilidade a ser combatida com propaganda ideológica e recursos disciplinares ordinários sempre que necessário, deve também considerar o perigo da extrema esquerda uma realidade imediata, um obstáculo ao desenvolvimento não apenas ideológico, mas também político do partido, como um perigo que deve ser combatido não só com propaganda, mas também com ação política, porque de imediato leva à desintegração da unidade ainda formal da nossa organização, porque tende a criar um partido dentro do partido, uma disciplina contra a disciplina do partido. Isso quer dizer que queremos romper com o companheiro Bordiga e com aqueles que se dizem seus amigos? Isso significa que queremos mudar a base fundamental do partido que se formou no Congresso de Livorno e foi conservada no Congresso de Roma[9]? Certamente e absolutamente, não. Mas a base

---

[9] II Congresso do PCd'I, que ocorreu em Roma de 20 a 24 de março de 1922. Nessa oportunidade, Amadeo Bordiga e Umberto Terracini apresentaram "As teses de Roma", documento que rejeitava qualquer aliança com organizações socialistas reformistas ou de caráter social-democrata, impedindo, assim, a possibilidade de uma ampla frente única. Essa posição

fundamental do partido não era um fato apenas mecânico: foi construída sobre a aceitação incondicional dos princípios e disciplina da IC. Não fomos nós que colocamos em discussão esses princípios e essa disciplina; não é em nós, portanto, que se deve buscar o desejo de modificar a base fundamental do partido. Deve-se dizer também que para 90% de seus membros, se não mais, o partido ignora as questões que surgiram entre nossa organização e a Internacional Comunista. Se, ainda mais depois do Congresso de Roma, o partido como um todo tivesse tido condições de conhecer a situação de nossas relações internacionais, provavelmente não estaria agora nas condições de confusão em que se encontra. Em todo o caso, gostaríamos de afirmar com muita energia, para que se frustre o triste jogo de alguns elementos irresponsáveis que parecem encontrar sua felicidade política no agravamento das mazelas da nossa organização, que acreditamos ser possível chegar a um acordo com o companheiro Bordiga e pensamos que essa é também a opinião dele próprio.

A SOLUÇÃO DA DISCUSSÃO

É de acordo com essa orientação geral que acreditamos que deva ser organizada a discussão para o nosso congresso. No período desde as últimas eleições parlamentares, o partido conduziu uma ação política real, que foi compartilhada pela grande maioria de nossos companheiros. Com base nessa ação, triplicou o número de seus membros e aumentou consideravelmente sua influência sobre o proletariado, tanto que se pode dizer que nosso partido é o mais forte entre os partidos que têm base na Confederação Geral do Trabalho.

Nesse período foi possível apresentar concretamente o problema fundamental de nossa revolução: o da aliança entre operários e camponeses. Nosso partido, em poucas palavras, tornou-se fator essencial da situação

---

colidia frontalmente com a política definida pela IC e inseria um grave conflito entre os comunistas italianos e a Internacional. Sobre esse tema, consultar Gianni Fresu, *Antonio Gramsci, o homem filósofo: uma biografia intelectual* (trad. Rita Matos Coitinho, São Paulo, Boitempo, 2020).

italiana. Nesse terreno de ação política real, criou-se certa homogeneidade entre nossos camaradas. Esse elemento deve continuar a se desenvolver na discussão do congresso e deve ser um dos determinantes essenciais da bolchevização. Isso significa que o congresso não deve ser concebido apenas como um momento de nossa política geral, do processo pelo qual nos unimos às massas e animamos novas forças para a revolução. O núcleo principal da atividade do congresso devem ser as discussões que ocorrerão para estabelecer qual fase da vida italiana e internacional estamos atravessando, ou seja, quais são as relações atuais das forças sociais italianas, quais são as forças motrizes da situação, qual é a fase atual da luta de classes. Desse exame nascem dois problemas fundamentais: 1) como desenvolver nosso partido para que ele se torne uma unidade capaz de conduzir o proletariado à luta, capaz de vencer e vencer permanentemente. Esse é o problema da bolchevização; 2) qual ação política real nosso partido deve continuar a desenvolver para determinar a coalizão de todas as forças anticapitalistas lideradas pelo proletariado (revolucionário) na situação dada para derrubar o regime capitalista, em um primeiro momento, e formar a base do Estado operário revolucionário, em um segundo momento. Isto é, devemos examinar quais são os problemas fundamentais da vida italiana e quais soluções favorecem e determinam a aliança revolucionária do proletariado com o campesinato e realizam a hegemonia do proletariado. O congresso terá pelo menos que preparar o esboço geral de nosso programa de governo. Essa é uma fase essencial de nossa vida partidária.

Aperfeiçoar o instrumento necessário para a revolução proletária na Itália: eis a tarefa maior de nosso congresso; eis o trabalho para o qual convidamos todos os companheiros de boa vontade que colocam os interesses unitários de sua classe à frente das lutas mesquinhas e estéreis das frações.

OS LÍDERES E AS MASSAS[1]

"Nós não concebemos o partido como uma caserna; negamos que possa haver executivos que formulam e mandam sem levar em conta a opinião dos organizados."[2] Assim responde o *Avanti!* a nossa afirmação de que a tarefa de um partido revolucionário é a de ser a vanguarda consciente da classe operária e não simplesmente um notário que se limita a analisar e registrar as oscilações das massas. É verdade. O partido maximalista[3] é cheio de liberdades para os chefes que ontem distribuíam armas aos fascistas contra o proletariado e hoje difamam a classe operária e a Rússia revolucionária, mas não permite que as "massas" sejam livres para seguir a via da luta de classes. O partido maximalista, "que nega que possa haver executivos que formulam e mandam", nem bem os socialistas do Friul abandonaram o Aventino[4], cansados da política reacionária da direção maximalista, apressou-se – como em qualquer quartel – a despachar seu enviado especial para evitar que os socialistas do Friul preferissem, à colaboração com a burguesia, a luta de classes e a frente única dos operários e camponeses. O partido maximalista, como se vê, não está aplicando

[1] Não assinado, *L'Unità*, ano II, n. 159, 11 de julho de 1925. (N. E. I.)

[2] Ver "Con la massa, contro le sette" [Com a massa, contra os sete], *Avanti!*, ano XXXI, n. 162, 10 de julho de 1925, p. 2. (N. E. I.)

[3] Sobre a fração maximalista no Partido Socialista Italiano (PSI), ver "Introdução ao primeiro curso da escola interna do partido", p. 145 deste volume.

[4] O levante "Aventino" foi um protesto de 130 deputados da oposição – pertencentes ao Partido Popular Italiano, ao Partido Socialista Unitário, ao PSI, ao Partido Comunista da Itália (PCd'I), à Oposição Constitucional, ao Partido Social Democrata Italiano, ao Partido Republicano Italiano e ao Partido de Ação da Sardenha – que abandonaram o plenário da Câmara dos Deputados em junho de 1924 contra o governo de Mussolini, após o assassinato do deputado socialista Giacomo Matteotti (1885-1924), pelo regime fascista, em 10 de junho daquele ano.

métodos de caserna quando se trata de fazê-lo contra as massas que querem lançar-se no terreno da luta de classes. O partido maximalista aplica esses métodos até mesmo nos sindicatos – veja o caso Scaravelli em Turim – quando o oportunismo de seus miseráveis chefes tem de acertar contas com a consciência revolucionária das massas.

E o que fez por toda parte o partido maximalista senão interpretar a *vontade* das massas a serviço da *vontade* dos chefes? Não é uma teoria agradável e conveniente para todos os líderes oportunistas culpar as massas por suas próprias falhas e traições? A própria fórmula "ir às massas" é uma fórmula oportunista, se não for entendida com espírito comunista, isto é, no sentido de que é necessário ir às massas não para rebaixar ao nível delas o conhecimento e a vontade da vanguarda revolucionária, mas para que ela mesma se eduque na vontade e no espírito do proletariado revolucionário. Agora os líderes maximalistas, longe de interpretar as necessidades da classe trabalhadora, têm sido até mesmo inferiores à capacidade de luta espontânea das massas trabalhadoras. Quanto aos comunistas terem perdido contato com as massas, o jornal maximalista deve nos dizer se isso é consequência, no que diz respeito à Itália, dos resultados – por exemplo – das eleições para as comissões internas em Turim e Milão, das recentes eleições metalúrgicas em Milão, das relações de força em todas as organizações sindicais e também, acredita-se, do número de assinaturas do nosso jornal.

Os maximalistas, evidentemente, não querem se esquecer de "animar--se", segundo o sábio conselho do velho Baratono[5].

---

[5] Adelchi Baratono (1875-1947), filósofo e político italiano, membro célebre do PSI, foi contra a adesão à Terceira Internacional Comunista. Elegeu-se deputado para a legislatura em 1921-1922, mas a ascensão do regime fascista o forçou a abandonar a vida política. Ele foi criticado por Gramsci nos *Cadernos do cárcere* em função do seu agnosticismo, que teria ficado a meio caminho da crítica realista. Ver Antonio Gramsci, *Quaderni del carcere: edizione critica dell'Istituto Gramsci a cura di Valentino Gerratana* (Turim, Einaudi, 1975), p. 93, 445, 1.371, 1.855 e 2.209.

A ORGANIZAÇÃO POR CÉLULAS E O II CONGRESSO MUNDIAL[1]

Em seu artigo sobre a natureza do Partido Comunista, o companheiro Bordiga escreve:

> No II Congresso, no qual foram estabelecidas por Lênin as bases da Internacional [Comunista], embora já de posse da experiência das células na Rússia, não houve menção a esse critério organizacional, hoje apresentado como indispensável e fundamental, em nenhum daqueles documentos clássicos: o estatuto da Internacional, as 21 condições de admissão a ela, as teses sobre a tarefa do partido, a tese sobre as tarefas da Internacional. Trata-se de uma "descoberta" feita muito depois, e será interessante ver como ela se encaixa no processo de desenvolvimento da Internacional.[2]

A afirmação do companheiro Bordiga não é exata. Nas teses sobre as tarefas fundamentais da Internacional Comunista, precisamente no segundo capítulo, "Em que deve consistir a preparação imediata e geral da ditadura do proletariado", Lênin escreveu:

> A ditadura do proletariado é a realização mais completa da direção de todos os trabalhadores e de todos os explorados – que foram subjugados, pisoteados, oprimidos, aterrorizados, dispersados, enganados pela classe capitalista – pela única classe que foi preparada para tal missão dirigente na história do capitalismo. Por isso é preciso iniciar, antes de tudo e imediatamente, a preparação da ditadura do proletariado, procedendo do seguinte modo: em todas as organizações, federações e associações, sem exceção, primeiro naquelas proletárias e depois nas não proletárias da massa trabalhadora e explorada

---

[1] Assinado A. Gramsci. *L'Unità*, ano II, n. 174, 28 de julho de 1925. Republicado em 29 de julho, após a apreensão do número de 28 de julho. (N. E. I.) [O II Congresso Mundial da Internacional Comunista ocorreu em Moscou, entre 19 de julho e 7 de agosto de 1920.]

[2] Ver Amadeo Bordiga, "La natura del Partito Comunista", *L'Unità*, 26 de julho de 1925, sob a rubrica "La discussione in vista del III Congresso". (N. E. I.)

(políticas, sindicais, militares, cooperativas, culturais, esportivas etc.), devem ser criados grupos ou células de comunistas, de preferência abertamente, mas também clandestinas; estas últimas são obrigatórias quando, em algum momento, se deve esperar da burguesia a eliminação, a prisão ou o exílio de seus membros. Essas células, estreitamente ligadas entre si e à direção central, devem trocar experiências, fazer o trabalho de agitação, propaganda e organização, *adaptar-se absolutamente* a todos os campos da vida pública, *a todos os aspectos e grupos da massa trabalhadora*, e com esse múltiplo trabalho devem educar sistematicamente a si mesmos, ao partido, à classe, à massa.[3]

Nas 21 condições de admissão, no parágrafo 9, diz-se:

Qualquer partido que deseje pertencer à Internacional Comunista deve sistemática e tenazmente desenvolver uma atividade comunista nos sindicatos, nos conselhos dos operários, nos conselhos de empresas, nas cooperativas de consumo e em todas as organizações operárias. Dentro dessas organizações é necessário organizar células comunistas que, com um trabalho persistente e tenaz, conquistem para a causa do comunismo os sindicatos etc. Essas células são obrigadas, em seu trabalho cotidiano, a desmascarar, de todas as formas, a traição dos sociais-patriotas e as oscilações dos centristas. As células comunistas devem ser completamente subordinadas ao partido.[4]

Nas *Teses sobre as tarefas do Partido Comunista na revolução proletária*, no parágrafo 18, diz-se:

A base de toda a atividade organizativa do Partido Comunista deve ser sobretudo a criação de uma célula comunista; e isso mesmo que em certo momento seja muito pequeno o número de proletários e semiproletários. Em todo soviete, em todo sindicato, em toda cooperativa de consumo, em toda empresa, em todo conselho de inquilinos, onde quer que se encontrem, ainda que sejam três homens que se identificam com o comunismo, deve-se imediatamente fundar uma célula comunista. Apenas a coesão dos comunistas dá à vanguarda da classe operária a possibilidade de liderar toda a

---

[3] Ver Vladímir I. Lênin, "Tesi sui compiti fondamentali della Internazionale comunista", em *Tesi e statuto della Internazionale comunista* (Milão, Società Editrice Avanti, 1921), p.73-4; também em *Opere complete* (Roma, Riuniti, 1967), v. 31, p. 185. (N. E. I.)

[4] Ver "Tesi sulle condizioni d'ammissione nella Internazionale comunista", em *Tesi e statuto della Internazionale comunista*, cit., p. 87-8; ou também "Le condizioni di ammissione all'Internazionale comunista", em *Opere complete*, cit., p. 200. (N. E. I.)

classe operária. Todas as células do Partido Comunista que trabalham nas organizações não partidárias são absolutamente subordinadas à organização do partido, e isso quer o partido trabalhe legalmente, quer ilegalmente. As células comunistas de todo tipo devem ser subordinadas umas às outras com base no mais rigoroso regulamento hierárquico, segundo um sistema o mais preciso possível.[5]

O II Congresso pautou o problema da organização dos partidos comunistas por células. A abordagem não estava clara para os partidos europeus. A organização por células, base do partido, confundia-se com a organização das frações comunistas nos sindicatos, nas cooperativas etc.; na verdade, as duas formas organizativas não se distinguem bem entre si nos enunciados apresentados, ainda que a distinção se faça claramente na parte resumida das *Teses sobre as tarefas do Partido Comunista*. No ponto IV do resumo, diz-se: "Onde quer que haja uma dúzia de proletários ou semiproletários, o Partido Comunista deve ter uma célula organizada". No ponto V: "Em toda situação não partidária, deve existir uma célula do Partido Comunista rigorosamente subordinada ao partido". É evidente que nesses dois pontos se deseja fazer a distinção entre a célula, base organizativa do partido, e a fração, organismo de trabalho e de luta do partido nas associações de massa.

É assim que resulta: das teses escritas por Lênin em 1915 para a ala esquerda de Zimmerwald[6], ou seja, para o núcleo revolucionário que fundará a Internacional Comunista em 1919. E do discurso de Lênin no III Congresso[7] sobre o parágrafo especial dedicado à organização e estrutura dos partidos comunistas, Lênin interroga-se: por que somente o Partido Comunista Russo é organizado por células? Por que não se colocaram em

---

[5] Ver "Tesi sui compiti del partito comunista nella rivoluzione proletaria", em *Tesi e statuto della Internazionale comunista*, cit., p. 18-9. (N. E. I.)

[6] Ver "Progetto di risoluzione della sinistra di Zimmerwald", em *Obras completas*, v. 21: *agosto 1914-dicembre 1915* (Roma, Riuniti, 1966), p. 316-8. A resolução proposta por Lênin em nome da esquerda zimmerwaldiana foi publicada, com algumas variantes, em *L'Ordine Nuovo* de 20 de setembro de 1921. (N. E. I.)

[7] III Congresso Mundial da Internacional Comunista, realizado em Moscou de 22 de junho a 12 de julho de 1921.

prática as disposições do II Congresso que indicavam o sistema de células como o sistema próprio dos partidos comunistas? E Lênin responde a essas perguntas afirmando que a responsabilidade disso é dos companheiros russos e sua, já que nas teses do II Congresso falou-se numa linguagem excessivamente russa e pouco "europeia", isto é, fez-se referência às experiências russas sem atualizá-las, sem explicá-las, supondo que eram conhecidas e compreendidas. As teses do III Congresso sobre a estrutura do Partido Comunista, escritas diretamente por Lênin ou submetidas a seu crivo, não são, portanto, uma "descoberta", como diz o companheiro Bordiga, mas a tradução em uma linguagem compreensível para os "europeus" dos enunciados curtos e indicativos contidos nas teses do II Congresso[8]. Mas por que o companheiro Bordiga quer fazer essa distinção entre o II Congresso e os três congressos posteriores, na história da Internacional? No artigo sobre a questão Trótski[9] o companheiro Bordiga sustenta que a história da Internacional se divide em duas partes: até a morte de Lênin, depois da morte de Lênin. No artigo sobre a natureza do partido, ao contrário, a segunda fase começa já no III Congresso, isto é, num período em que Lênin estava vivo e em seu máximo vigor intelectual e político. No curso da discussão ficará claro esse ponto, que é fundamental para a discussão do partido: aparecerá que, para o companheiro Bordiga, o movimento revolucionário italiano se encontra novamente em uma fase similar àquela que transcorre entre o II Congresso e Livorno, uma fase na qual se devem organizar frações porque podemos nos encontrar (e de fato nos encontramos) diante de um problema de cisão. Como explicar de outro modo as insinuações que o companheiro Bordiga fez nos documentos da esquerda e no artigo sobre a natureza do partido ao grupo de *L'Ordine Nuovo*, insinuações malévolas, cheias de ódio e rancor, destinadas não a apagar as diferenças, mas a agravá-las e fazê-las parecer intransponíveis? O companheiro Bordiga, entre outros, esqueceu-se, porém, de uma "pequena" coisa: mesmo apresentando o II Congresso

---

[8]   Ver *A estrutura organizativa, os métodos e os conteúdos do trabalho no Partido Comunista (Teses aprovadas no Terceiro Congresso da IC, Moscou, 12 de julho de 1921)*. Ed. it.: Libreria Editrice del PC d'Italia, Roma, 1921, p. 9-11.

[9]   Ver Amadeo Bordiga, "La questione Trotsky", *L'Unità*, 3 de julho de 1925.

como pedra de toque para a compreensão da situação atual do partido, certamente não é o grupo de *L'Ordine Nuovo* que pode ser diminuído na função que sempre cumpriu na preparação do movimento comunista italiano. No II Congresso, o companheiro Lênin declarou que fazia suas as teses apresentadas pelo grupo de *L'Ordine Nuovo* ao conselho nacional do Partido Socialista de abril de 1920[10] e que queria que nas deliberações do congresso constasse: 1) que as teses de *L'Ordine Nuovo* correspondiam aos princípios fundamentais da Terceira Internacional; 2) que no Congresso do Partido Socialista deveriam ser analisadas as teses de *L'Ordine Nuovo*. Nenhum esquerdista quererá negar que, entre o julgamento do companheiro Lênin e o julgamento do companheiro Bordiga, o do companheiro Lênin é considerado por nós mais importante e ditado por um espírito marxista um pouco mais aprofundado e seguro do que aquele do companheiro Bordiga.

---

[10] Moção escrita por Gramsci, intitulada "Por uma renovação do Partido Socialista". O texto foi publicado no semanário *L'Ordine Nuovo*, ano II, n. 1, 8 de maio de 1920. Ver Antonio Gramsci, *Homens ou máquinas?: escritos de 1916 a 1920* (trad. Carlos Nelson Coutinho e Rita Coitinho, São Paulo, Boitempo, 2021), p. 178-88.

A ORGANIZAÇÃO DE BASE DO PARTIDO[1]

Em meu artigo anterior sobre as células ao qual se refere o companheiro Mangano[2], não quis demonstrar, mas apenas lembrar uma coisa muito simples, que deve estar sempre presente na memória de todo companheiro que queira participar a sério da discussão do congresso, que tenha a intenção de ajudar na educação do partido e não de confundir ideias. Quis recordar que a organização por células está estreitamente ligada à doutrina do leninismo e que, no campo internacional, o camarada Lênin indicava esse tipo de organização desde o tempo da esquerda zimmerwaldiana[3].

Uma das características mais marcantes do leninismo é sua formidável coerência e seu senso de consequência: o leninismo é um sistema unitário de pensamento e ação prática no qual tudo se sustenta e se demonstra mutuamente, desde a concepção geral do mundo até os mais diminutos problemas de organização. O núcleo fundamental do leninismo na ação prática é a ditadura do proletariado, e todos os princípios de tática e organização do leninismo estão ligados à questão da preparação e da organização da ditadura do proletariado. Se fosse verdade o que afirmou o camarada Bordiga, que a organização das células como base do partido era uma "descoberta" do III Congresso, teria sido demonstrada uma gravíssima incoerência do leninismo e da Internacional [Comunista], e de fato

---

[1]   Assinado Antonio Gramsci, *L'Unità*, 15 de agosto de 1925. (N. E. I.)

[2]   Ver "A organização por células e o II Congresso Mundial", p. 178 deste volume. Romeo Mangano, dirigente do Partido Comunista da Itália (PCd'I) de vertente bordiguista, polemizou com Gramsci no artigo "Contro le cellule" [Contra as células] publicado por *L'Unità* também em 15 de agosto de 1925. Ver Antonio Gramsci, *Escritos políticos* (Lisboa, Seara Nova, 1977), v. 4, p. 75.

[3]   Sobre esse tema, ver "A organização por células e o II Congresso Mundial", p. 180 deste volume.

é preciso perguntar se no III Congresso não houve desvio para a direita, para a social-democracia, ou seja, um deslocamento do terreno da ação revolucionária para o da simples atividade organizacional, sem relação com a preparação da ditadura do proletariado.

Este é o tema polêmico dos camaradas esquerdistas: "demonstrar" que a organização do partido em células não é parte essencial do leninismo, com a afirmação de que a organização por células é uma "descoberta" posterior ao II Congresso – para conseguir demonstrar que a direção da Internacional mudou no III Congresso, na medida em que foram atribuídas aos partidos comunistas, do III Congresso em diante, tarefas essencialmente organizacionais, não de ação. Assim se explicaria, segundo os esquerdistas, como diferentes partidos, quando se apresentou um momento propício para a ação, falharam em sua tarefa histórica (realizar a insurreição armada e a conquista do poder): eles foram distraídos por tarefas secundárias de organização interna ou organização das grandes massas (questão das células, tática da frente única e do governo operário, luta pela unidade proletária etc. etc.).

Em meu artigo anterior, ao qual se refere o companheiro Mangano, "demonstrei" que um dos elementos em que se apoia a suposição polêmica dos esquerdistas é inexistente: não será difícil demonstrar que os outros são tão inconsistentes quanto esse.

A questão das células decerto é também um problema técnico de organização geral do partido, mas, antes de tudo, é uma *questão política*. A questão das células é a questão da direção das massas, ou seja, da preparação da ditadura do proletariado, é a melhor solução técnica e organizativa para a questão fundamental de nossa época.

Os argumentos a favor e contra as células que discutimos até agora (se é mais segura a rua ou a fábrica, se é mais fácil para os intelectuais *como classe* desviar o proletariado ou corromper sua ideologia nas células ou nas assembleias territoriais) são argumentos secundários, observações de detalhe, que têm uma influência subordinada na aceitação da forma organizacional por células, em vez daquela por assembleias territoriais.

O argumento fundamental é o da direção das massas, acerca do qual eu mesmo expus o seguinte perante nosso Comitê Central (ver *L'Unità* de 3 de julho)[4], sem que os esquerdistas tenham tentado rebater uma sílaba sequer:

Em alguns aspectos, somente agora os partidos revolucionários da Europa ocidental se encontram nas condições em que os bolcheviques russos já se encontravam desde a formação de seu partido. Na Rússia, antes da guerra, não existiam as grandes organizações operárias que, por sua vez, caracterizaram todo o período europeu da Segunda Internacional pré-guerra. Na Rússia, o partido, não apenas como afirmação teórica geral, mas também como necessidade prática de organização e de luta, reunia em si todos os interesses vitais da classe operária; a célula de fábrica e de rua liderava a massa tanto na luta pelas reivindicações sindicais como na luta política pela derrubada do tsarismo. Na Europa ocidental, por sua vez, formava-se e ampliava-se uma divisão do trabalho entre a organização sindical e a organização política da classe operária. No campo sindical, desenvolveu-se em ritmo cada vez mais acelerado a tendência reformista e pacifista; isto é, a influência da burguesia sobre o proletariado se intensificou cada vez mais. Pela mesma razão, a atividade dos partidos políticos deslocou-se cada vez mais para o campo parlamentar, ou seja, para formas que não se distinguiam em nada daquelas da democracia burguesa. No período da guerra e naquele do pós-guerra imediatamente anterior à fundação da Internacional Comunista e às cisões no campo socialista que levaram à formação de nossos partidos, a tendência sindicalista-reformista se consolidou como a organização dirigente dos sindicatos. Surgiu, assim, uma situação geral que, de fato, coloca os partidos comunistas da Europa ocidental nas mesmas condições do partido bolchevique na Rússia antes da guerra.

Vejamos o que acontece na Itália. Pela ação repressiva do fascismo, os sindicatos perderam, em nosso país, toda a eficiência, tanto numérica quanto combativa. Aproveitando-se dessa situação, os reformistas assumiram o controle de seu mecanismo central, concebendo todas as medidas e disposições que podem impedir que uma minoria se forme, se organize, se desenvolva e se torne maioria até conquistar o centro dirigente. Mas a grande massa quer, e com razão, a unidade e reflete esse sentimento unitário na tradicional organização sindical italiana: a Confederação Geral do Trabalho. A massa quer lutar e quer se organizar, mas quer lutar com a Confederação

---

[4] Ver "A situação interna do nosso partido e as tarefas do próximo congresso", p. 163-5 deste volume.

186 | Os líderes e as massas

Geral do Trabalho e quer se organizar na Confederação Geral do Trabalho. Os reformistas se opõem à organização das massas. Lembre-se do discurso de Aragona no último congresso confederativo, em que afirmou que a confederação não deve ter mais do que 1 milhão de organizados. Se levarmos em conta que a própria confederação afirma ser o corpo unitário de todos os trabalhadores italianos, ou seja, não apenas dos operários industriais e agrícolas, mas também dos camponeses, e que na Itália há pelo menos 15 milhões de trabalhadores que podem ser organizados, parece que a Confederação quer, por programa, organizar a 15ª parte, ou seja, 7,5% dos trabalhadores italianos, enquanto nós, de nossa parte, gostaríamos que nos sindicatos e nas organizações camponesas estivessem 100% dos trabalhadores. Mas, se a confederação, por razões de política interna, isto é, para manter a liderança interna nas mãos dos reformistas, deseja que apenas 7,5% dos trabalhadores italianos sejam organizados, ela também quer – por razões políticas gerais, isto é, para que o Partido Reformista possa colaborar efetivamente em um governo democrático burguês – que ela mesma, como um todo, influencie a massa desorganizada de operários industriais e agrícolas e quer, impedindo a organização dos camponeses, que os partidos democráticos com os quais pretende colaborar mantenham sua base social. Ela manobra especialmente no campo das comissões internas que são eleitas por toda a massa de organizados e desorganizados. Ou seja, ela gostaria de impedir que operários organizados fora da tendência reformista apresentem listas de candidatos para as comissões internas; gostaria que os comunistas, mesmo que sejam maioria na organização sindical local e entre as organizações das unidades fabris, votassem por disciplina nas listas da minoria reformista. Se esse programa de organização reformista fosse aceito por nós, levaríamos de fato à absorção do partido pelo Partido Reformista, e nossa única atividade seria a atividade parlamentar.

Enquanto isso, como podemos lutar contra a aplicação e a implementação de tal programa sem causar uma divisão que absolutamente não queremos criar? Para isso, não há saída que não a organização das células e seu desenvolvimento no mesmo sentido em que elas se desenvolveram na Rússia antes da guerra. Como fração sindical, os reformistas nos impedem, colocando a faca da disciplina em nosso peito, de centralizar as massas revolucionárias tanto para a luta sindical quanto para a luta política. É, portanto, evidente que nossas células devem trabalhar diretamente nas fábricas para centralizar as massas em torno do partido, incentivando-as a fortalecer as comissões internas onde elas existem, criar comitês de agitação nas fábricas onde não há comissões internas e onde elas não cumprem seus objetivos, levando-as a querer a centralização das instituições fabris como organizações de massa não apenas sindicais, mas de luta geral contra o capitalismo e seu regime político. É certo que a situação em que nos encontramos é muito mais difícil que aquela em que se encontravam os bolcheviques russos, porque devemos lutar não apenas contra a reação do Estado fascista, mas também contra a reação dos reformistas nos sindicatos. Precisamente por isso, quanto mais difícil a situação, mais fortes nossas células devem ser tanto organizacional quanto ideologicamente. Em todo caso, a bolchevização, pelo que projeta no campo organizacional, é uma necessidade incontornável. Ninguém ousará dizer que os critérios leninistas para organizar o partido são típicos da situação russa e que se trata de um fato puramente mecânico sua aplicação na Europa ocidental. Opor-se à organização do partido por células significa ainda estar ligado às velhas concepções social-democratas, significa estar realmente em um terreno de direita, ou seja, em um terreno em que não se quer lutar contra a social-democracia.

Colocada a questão como deve ser, os argumentos que podem ser trazidos subordinadamente contra a organização por célula perdem grande parte de seu significado. Nenhuma forma de organização é absolutamente perfeita: o importante é estabelecer qual tipo de organização corresponde melhor às condições e às necessidades da luta proletária, não ir em busca da forma mais perfeita.

O companheiro Mangano acha que recordar o discurso do companheiro Lênin no III Congresso sobre a "poderosa ignorância" dos partidos comunistas "europeus" a respeito da estrutura de seus próprios partidos foi uma... manobra. A questão é muito mais complexa do que o companheiro Mangano pode imaginar, dada sua firme vontade de permanecer na mesma "poderosa ignorância" e desprezar como "centrista" e "oportunista" todo ensinamento da experiência proletária de outros países e da própria Itália.

Lembro-me de um "pequeno" episódio de 1920. Em junho de 1920, reuniu-se em Gênova a Conferência Nacional da Fiom[5] para definir o

---

[5] Federazione degli Impiegati Operai Metallurgici [Federação dos Empregados Operários Metalúrgicos].

plano de batalha da agitação metalúrgica que, em setembro, levou à ocupação das fábricas. Nós, miseráveis "ordinovistas", "centristas", "oportunistas" etc. etc., que sempre tivemos o miserável hábito de lidar com o real desenvolvimento dos acontecimentos operários, sendo informados de que o plano de luta pela ocupação das fábricas havia sido traçado na Confederação de Gênova, apresentamos ao Partido Socialista, por intermédio do companheiro Terracini[6], a questão da intervenção do partido na agitação metalúrgica e propusemos criar as células como base organizativa do próprio partido nas fábricas. A proposta foi rejeitada após um discurso do agora esquerdista Baratono[7], que considerou que a criação das células significaria a denúncia do Pacto de Aliança[8], pois o partido, com as células, suplantaria os sindicatos (ou seja, os reformistas) na direção das massas. Derrotado diante da direção, um dos "ordinovistas", precisamente este que vos subscreve, foi, em nome da seção socialista de Turim, à Conferência Nacional da fração abstencionista que se realizou em Florença em julho propor a formação de uma fração comunista com base nos princípios gerais organizacionais e políticos da Internacional Comunista (células, conselho de fábrica). Também ali a proposta foi rejeitada, porque se acreditava que "formas puramente organizativas" eram inúteis para liderar a massa, enquanto eram suficientes as afirmações de abstencionismo parlamentar. Assim, a classe operária chegou à ocupação das fábricas sem direção política revolucionária, e os reformistas puderam direcionar as massas para renunciar à luta.

---

[6] Umberto Terracini (1895-1983) foi um dos fundadores de *L'Ordine Nuovo* e do Partido Comunista Italiano.

[7] Adelchi Baratono (1875-1947), filósofo e político italiano, membro célebre do Partido Socialista Italiano (PSI), foi contra a adesão à Terceira Internacional Comunista (IC). Elegeu-se deputado para a legislatura em 1921-1922, mas a ascensão do regime fascista o forçou a abandonar a vida política.

[8] Em setembro de 1918 firmou-se o Pacto de Aliança entre o PSI e a Confederação Geral do Trabalho (CGL) para definição da colaboração na direção das greves e mobilizações do período. Sobre esse assunto, ver "O Pacto de Aliança", em Antonio Gramsci, *Homens ou máquinas?: escritos de 1916 a 1920* (trad. Carlos Nelson Coutinho e Rita Coitinho, São Paulo, Boitempo, 2021), p. 70-3.

O episódio italiano, como a experiência "europeia" após o II Congresso[9], demonstra como foi difícil para os velhos partidos socialistas compreender concretamente o que é a ditadura do proletariado, como não basta declarar-se a favor da ditadura e acreditar que se está trabalhando para isso, para de fato fazer acontecer e agir nesse sentido. Segundo o companheiro Mangano, o atraso no entendimento deve ter como consequência não a pressa para recuperar o tempo perdido, mas a renúncia ao entendimento e ao trabalho.

[9] O II Congresso Mundial da Internacional Comunista ocorreu em Moscou, entre 19 de julho e 7 de agosto de 1920.

LENINISMO[1]

O leninismo é a ciência política do proletariado que ensina como mobilizar "todas" as forças necessárias para derrubar a ditadura burguesa e estabelecer a ditadura do proletariado.

Para alguns, o leninismo não existe como algo além do marxismo. Isso não é verdade. O leninismo contém sua própria concepção do mundo, sem a qual Marx não poderia mais ser compreendido hoje; e é essa concepção que faz do leninismo uma teoria em si, embora intimamente ligada ao marxismo. Sobre a relação entre marxismo e leninismo, pode-se dizer que Lênin continuou e atualizou Marx.

COMO SE DESENVOLVEU O LENINISMO

O leninismo nasceu e se desenvolveu nas lutas que travou nos campos ideológico, político e econômico. No campo ideológico, Lênin sustentou que não pode haver luta revolucionária sem teoria revolucionária e, portanto, lutou contra todas as outras tendências marxistas e não marxistas. O leninismo se desenvolveu no estudo da situação histórica que se atravessava antes da guerra, ou seja, da fase imperialista do capitalismo, definida como a mais recente de seu desenvolvimento.

---

[1] Publicado em *L'Unità*, ano II, n. 210, 10 de setembro de 1925, com a seguinte nota de rodapé: "(Das anotações de um participante da escola política de seis dias da FJCI [Federação da Juventude Comunista Italiana])". Essas anotações estão vinculadas a artigo anterior e constituem também um resumo das aulas de Gramsci na escola de seis dias da Federação da Juventude Comunista Italiana. Elas já haviam sido mencionadas por L. Paggi em seu discurso na conferência de estudos gramscianos em Cagliari (1967). Ver Instituto Gramsci, *Gramsci e la cultura contemporanea* (Roma, Riuniti, 1969), p. 189-90. (N. E. I.)

Acreditava-se que a democracia levaria à conquista gradual do poder; e, por isso, o movimento socialista estava desprovido de qualquer concepção de Estado e assim não se colocava mais os problemas da conquista direta e frontal.

Também sobre essa questão, Lênin deixou ensinamentos de valor definitivo. Ele representou a oposição revolucionária dentro da Segunda Internacional. Foi ele quem colocou o problema da guerra nos congressos internacionais; foi ele quem argumentou que a guerra seria a sepultura do capitalismo; foi ele que se opôs à guerra imperialista com a fórmula da guerra revolucionária. Essa fórmula de Lênin, que foi aceita nos congressos, foi abandonada depois, no início da guerra, por todos os partidos socialistas: apenas o bolchevique a manteve – e levou o proletariado à revolução.

AS TEORIAS CONTRARREVOLUCIONÁRIAS

Pode-se dizer que não há movimento revolucionário se não se coloca o problema da conquista do Estado. Desse ponto de vista, Lênin lutou primeiro contra as teorias economicista ou sindicalista, reformista e da espontaneidade.

A teoria economicista ou sindicalista: os economicistas argumentavam que era necessário apenas que o proletariado travasse as lutas econômicas – elas seriam capazes de conduzir automaticamente ao apocalipse capitalista do qual surgiria a nova sociedade. Em seu desenvolvimento, a teoria sindicalista divide-se em duas vertentes: uma revolucionária e outra reformista, mantendo-se ambas substancialmente reformistas, não reconhecendo a necessidade, para o proletariado, de um partido próprio para enfrentar o problema da conquista do Estado.

O reformismo: o reformismo pensa que o Estado não deve ser conquistado por insurreições, mas molecularmente, passo a passo, saturando-o gradualmente de socialismo. Pode-se dizer que o reformismo representa uma variedade das teorias sindicalistas transportadas do campo econômico para o campo político-parlamentar.

A teoria da espontaneidade: de acordo com essa teoria, os homens se moveriam espontaneamente, automaticamente, sob pressão unicamente dos acontecimentos. Daí decorre que o partido teria de esperar com firmeza pelo desenrolar dos acontecimentos para extrair deles as últimas consequências. Esquece-se que os operários, de modo espontâneo, não são socialistas. Eles lutam espontaneamente apenas por suas próprias necessidades econômicas. Isso ainda não é socialismo. Para ser socialista, é preciso ter uma concepção própria do mundo, e não se pode formar essa concepção sem conhecer as ciências. Os operários, como tais, ou apenas como resultado de suas lutas econômicas, não são cientistas. A concepção socialista do mundo no operário vem de fora. É o partido que leva o socialismo às massas.

Lênin e o trotskismo: Lênin teve de lutar com frequência contra Trótski, que ora apoiava os bolcheviques, ora os mencheviques, porém mais amiúde estes que aqueles. A divergência estava na interpretação da situação russa após 1905. Trótski argumentou que apenas os operários poderiam realizar uma revolução socialista na Rússia e que isso não seria possível até que surgisse uma situação revolucionária em outros países. Lênin sustentava que os operários russos, com o apoio dos camponeses, poderiam realizar a revolução por si mesmos e mantê-la, quando se apresentasse uma conjuntura histórica favorável ao choque frontal contra o tsarismo. Para Lênin, a palavra de ordem era: ditadura democrática dos operários e dos camponeses; para Trótski, ditadura operária, baseada em sua teoria da revolução permanente. Os acontecimentos provaram que Lênin estava certo e Trótski, errado.

OS ALIADOS DO PROLETARIADO

Os aliados históricos do proletariado são os camponeses e os povos coloniais.

O capitalismo vive porque explora os operários, os camponeses e os povos oprimidos. Quanto mais os operários conseguem melhorar – no quadro do capitalismo – suas condições, mais o capitalismo tenta transferir a exploração para os camponeses e para os povos coloniais. Isso nos diz que os operários, os camponeses e os povos coloniais estão igualmente interessados na luta contra o capitalismo. Portanto, devemos nos esforçar para mobilizar todas as forças anticapitalistas, unir suas lutas: somente assim é possível facilitar a luta pela conquista do poder pelos operários. O leninismo tende, inteiramente, à constituição do Estado operário. Esse é seu objetivo central. Na medida em que o partido do proletariado consegue, pela ação política, trazer todas as camadas anticapitalistas para suas lutas, ele cumpre sua missão. A classe operária deve conseguir liderar as massas anticapitalistas e, com sua ajuda, tornar possível a constituição da nova sociedade comunista.

A DITADURA DO PROLETARIADO

A ditadura do proletariado é um fato político na direção das massas; mas é também um fato coercitivo: deve destruir todo o velho aparato burguês de dominação e substituí-lo pelas novas formas de governo proletário. A ditadura do proletariado substitui o parlamento burguês pelos sovietes operários e camponeses; substitui a divisão formal de poderes pela centralização de todo o poder nas mãos dos sovietes, os quais ficam encarregados da eleição dos tribunais. A ditadura do proletariado deve esmagar seus adversários; deve, portanto, ter à sua disposição um exército nacional de classe: todo operário e todo camponês deve ser um soldado. O partido tem grande importância na organização da ditadura.

ESTRATÉGIA E TÁTICA

A ditadura do proletariado constitui, para o leninismo, o objetivo estratégico a ser alcançado, na fase atual, pelo proletariado revolucionário de todos os países (obviamente, com exceção da Rússia); por estratégia entendemos a arte de vencer, isto é, de conquistar o poder, e por tática, a arte de conduzir operações específicas destinadas a facilitar e nos aproximar da vitória. Pode--se dizer que a propaganda corresponde à estratégia e a agitação, à tática.

OUTRA VEZ A CAPACIDADE ORGANIZATIVA DA CLASSE OPERÁRIA[1]

Transcorreram seis anos desde setembro de 1920. Nesse ínterim, muitas coisas mudaram na massa operária que, em setembro de 1920, ocupou as fábricas da indústria metalúrgica[2]. Uma parte considerável dos operários mais ativos e combativos, que naqueles anos de luta heroica representavam a vanguarda da classe trabalhadora, estão fora da Itália; assinalados com três cruzes nas listas negras, depois de meses e meses de desemprego, depois de ter tentado de todos os modos (mudando de profissão, isolando-se em pequenas oficinas etc. etc.) permanecer no país para continuar o trabalho revolucionário, para reconstruir diariamente os laços que todos os dias a reação destruía, após sacrifícios e sofrimentos inauditos foram constrangidos a emigrar. Seis anos são um longo tempo; uma nova geração de operários já entrou nas fábricas, alguns eram adolescentes ou crianças em 1920 e participaram da vida política no máximo brincando nas ruas de guerra entre o Exército Vermelho e o Exército polonês e recusando-se a ser poloneses, mesmo que apenas por diversão. No entanto, a ocupação das fábricas não foi esquecida pelas massas, e não apenas pelas massas operárias, mas também pelas massas camponesas. A ocupação foi o ensaio geral da classe revolucionária italiana, que, como classe, mostrou-se madura, capaz de iniciativa, possuidora de uma riqueza inestimável de energias criativas e organizativas; se o movimento falhou, a responsabilidade não pode ser da classe trabalhadora como

---

[1] Não assinado, *L'Unità*, ano III, n. 233, 1º de outubro de 1926. (N. E. I.)

[2] Gramsci se refere às lutas operárias de 1919 e 1920, o "Biênio Vermelho", que culminaram na ocupação armada das fábricas e com a gestão operária da produção nos centros industriais do Norte da Itália. As mobilizações atingiram, em menor medida, o Sul, "com a ocupação dos latifúndios pelos trabalhadores rurais sem terra". Ver Gianni Fresu, "Apresentação", em *Homens ou máquinas?: escritos de 1916 a 1920* (trad. Carlos Nelson Coutinho e Rita Coitinho, São Paulo, Boitempo, 2021), p. 10-1.

tal, mas do Partido Socialista, que falhou em seus deveres, que foi incapaz e inepto, que estava na rabeira da classe trabalhadora e não à sua frente.

A ocupação das fábricas ainda está na ordem do dia nas conversas e discussões que acontecem na base, entre os elementos de vanguarda e os elementos mais atrasados e passivos, ou entre eles e os inimigos de classe. Recentemente, em uma reunião de camponeses e artesãos de uma vila do Sul da Itália, simpatizantes do nosso partido, após um breve relato sobre a situação atual, os presentes trouxeram duas ordens de questões:

1) O que está acontecendo na Rússia? Como os municípios são organizados na Rússia? Como se consegue colocar de acordo os operários e os camponeses, já que os primeiros querem comprar os víveres a baixo preço e os segundos querem vendê-los convenientemente? Os oficiais do Exército Vermelho e os funcionários do Estado soviético são como os oficiais e os funcionários de nosso país? São de outra classe ou são operários e camponeses?

2) Explique-nos por que nós, trabalhadores (falou um artesão ferreiro), abandonamos as fábricas que ocupamos em setembro de 1920. Os patrões sempre nos dizem: "Vocês ocuparam ou não as fábricas? Por que, então, as abandonaram? Certamente porque sem o 'capital' nada pode ser feito. Mandaram os capitalistas embora, e assim o 'capital' acabou e vocês faliram". Explique-nos essa questão, porque assim poderemos responder; sabemos que os patrões estão errados, mas não sabemos explicar nossas razões e muitas vezes temos de calar a boca.

A irradiação revolucionária da ocupação das fábricas foi enorme, tanto na Itália como no exterior. Por quê? Porque as massas trabalhadoras viram nisso a reedição da Revolução Russa em um país ocidental, em um país industrialmente mais desenvolvido que a Rússia, com uma classe trabalhadora mais organizada, tecnicamente mais instruída, industrialmente mais homogênea e coesa que o proletariado russo naquele outubro de 1917. Somos capazes de gerir a produção por conta própria, segundo nossos interesses, de acordo com um plano nosso?, perguntavam-se os operários. Somos capazes de reorganizar a produção para conduzir a sociedade como um todo por um novo caminho que leve à abolição das classes e à igualdade econômica? A demonstração foi positiva, dentro dos limites em que ocorreu e se desenvolveu, nos limites em que a experiência pôde realizar-se, no contexto dos problemas propostos e resolvidos.

A experiência limitou-se, em geral, às relações internas da fábrica. Os contatos entre fábrica e fábrica eram mínimos do ponto de vista industrial; ocorriam apenas para questões de defesa militar e, também nesse sentido, eram bastante empíricas e elementares.

Os aspectos positivos da ocupação das fábricas podem ser brevemente resumidos nestes pontos:

1) Capacidade de autogoverno da massa trabalhadora. Nas atividades normais de massas, a classe operária aparece em geral como elemento passivo de manobra. Nas agitações, greves etc., pede-se à massa as seguintes qualidades: solidariedade, disciplina de organização, confiança nos dirigentes, espírito de resistência e sacrifício. Mas a massa é estática; é como um corpo imenso com uma cabeça muito pequena.

A ocupação das fábricas exigia uma multiplicidade sem precedentes de elementos administrativos ativos, dirigentes. Cada fábrica tinha de construir para si um governo que estava revestido de autoridade política e indústria. Somente parte dos técnicos e dos empregados permaneceu em seu posto; a maioria desertou das oficinas. Os operários tiveram de escolher em suas fileiras técnicos e funcionários, supervisores, capatazes, contadores etc. etc. Essa tarefa foi realizada brilhantemente. Os antigos gerentes, de volta a suas funções, não tiveram dificuldades administrativas a superar; as funções normais de uma empresa foram mantidas em dia, apesar de o corpo técnico e administrativo ser extremamente pequeno e composto de operários "rudes e ignorantes".

2) Capacidade da massa operária de manter e superar o nível de produção do regime capitalista. Aconteceu o seguinte: apesar de os trabalhadores terem sido reduzidos, porque mesmo uma porcentagem muito pequena abandonou o trabalho, porque uma certa porcentagem foi empregada na defesa militar, porque certa porcentagem trabalhou para produzir objetos que não eram exatamente de uso corrente, embora muito úteis para o proletariado, apesar da deserção da maioria dos técnicos e dos empregados que tiveram de ser substituídos por operários, apesar de tudo isso, a produção manteve o nível primitivo e muitas vezes o superou.

Mais carros foram produzidos na Fiat que antes da ocupação, e os carros "operários", exibidos diariamente ao público pela Fiat proletária, não foram um dos últimos motivos da inegável simpatia que a ocupação gozou entre as grandes massas da cidade de Turim, incluindo intelectuais e até comerciantes (que aceitavam, como moeda de troca, bons operários).

3) Capacidade ilimitada de iniciativa e criação das massas trabalhadoras. Seria necessário um volume inteiro para esgotar esse ponto. A iniciativa desenvolveu-se em todos os sentidos. No campo industrial, pela necessidade de resolver questões técnicas, de organização e de produção industrial. No campo militar, transformar qualquer possibilidade mínima em ferramenta de defesa. No campo artístico, pela capacidade demonstrada nos dias de domingo de encontrar uma forma de entreter as massas com espetáculos teatrais e outros, em que tudo era inventado pelos trabalhadores: a encenação e a produção. Era preciso ver os velhos operários, que pareciam esmagados por décadas e décadas de opressão e exploração, até se endireitarem fisicamente durante o período de ocupação, desenvolverem atividades imaginativas, sugerindo, ajudando, sempre ativos noite e dia; era preciso ter visto estes e outros espetáculos para se convencer de quão ilimitadas são as forças latentes das massas e como elas se revelam e se desenvolvem impetuosamente assim que se enraíza a convicção de que são árbitros e senhores de seus próprios destinos.

Como classe, os operários italianos que ocuparam as fábricas mostraram-se à altura de seus deveres e suas funções. Todos os problemas que as necessidades do movimento nos desafiaram a solucionar foram brilhantemente solucionados. Eles não puderam resolver os problemas de abastecimento e comunicações, porque as ferrovias e a frota não foram ocupadas. Não conseguiram resolver os problemas financeiros, porque as instituições de crédito e as empresas comerciais não foram ocupadas. Não lograram resolver os grandes problemas nacionais e internacionais, porque não conquistaram o poder do Estado. Esses problemas deveriam ter sido enfrentados pelo Partido Socialista e pelos sindicatos, que capitularam vergonhosamente, argumentando com a imaturidade das massas; na realidade, eram os líderes imaturos e incompetentes, não a classe. Por isso ocorreu a ruptura de Livorno, e um novo partido foi criado, o Partido Comunista.

Primeira nota. O *Tribuna*[3] acha que nosso método de leitura é subjetivo. Nas questões de método, o escritor do *Tribuna* dá a mão ao escritor do *Mundo*[4], que encontrou uma forma, apesar da proximidade intelectual de Adriano Tilgher[5], de trazer à baila Einstein e o relativismo. Com o método "objetivo" do *Tribuna*, a humanidade ainda estaria presa à noção de que a Terra é fixa e o Sol gira em torno dela. Acreditamos que o escritor do *Tribuna* confunda o "subjetivismo" com a "inteligência" comum.

Segunda nota. Na discussão sobre a capacidade orgânica da classe trabalhadora, um escritor do *Regime Fascista*[6] interveio simplesmente para mostrar que não conhece a nomenclatura política da Rússia soviética. Dizem-nos que o autor do *Regime Fascista* seria um certo padre Pantaleo, que largou a batina. É notável o número e a qualidade dos ex-padres ou dos ex-frades que alimentam a campanha antioperária e antibolchevique em nosso país sob a bandeira da religião e do catolicismo, eles que são no mínimo excomungados: Romolo Murri, coluna política do *Resto del Carlino*[7]; dom Preziosi, do *Vita Italiana* e do *Mezzogiorno*[8]; Aurelio Palmieri, ex-jesuíta que entra como tempero em todas as receitas antissoviéticas; e esse padre Pantaleo, do *Regime Fascista*.

---

[3] *La Tribuna* foi um cotidiano fundado em Roma em 1883 por expoentes da *Sinistra Storica* (agrupamento político existente na Itália pós-unificação, de orientação democrática). Em 1923, no entanto, com o advento do regime fascista, o jornal se aproximou de um grupo financeiro filofascista e, em 1925, absorveu o jornal *Idea Nazionale* [Ideia Nacional], órgão da Associazione Nazionalista Italiana [Associação Nacionalista Italiana – ANI], de orientação política antiliberal e antissocialista e que em 1923 havia se fundido com o Partido Nacional Fascista.

[4] *Il Mondo* [O Mundo] foi um cotidiano fundado em Roma em 1922, de perfil democrático e contundente oposição ao fascismo. Foi fechado pelo regime fascista em 1926.

[5] Adriano Tilgher (1887-1941), ensaísta italiano, engajado na resistência antifascista, editor do jornal *Il Mondo*.

[6] *Regime Fascista*, jornal criado em março de 1922, por Roberto Farinacci (1892-1945), membro do Partido Socialista Italiano (PSI) até 1919, que passou a fazer parte dos quadros do Partido Nacional Fascista em 1921 e, entre 1925 e 1926, foi secretário do mesmo partido.

[7] *Il Resto del Carlino* é um jornal italiano fundado em 1885 e ainda em atividade. Ver <https://www.ilrestodelcarlino.it/>; acesso em: 16 dez. 2022. Entre 1923 e 1943 esteve sob o controle do regime fascista.

[8] *La Vita Italiana* e *Il Mezzogiorno* foram periódicos dirigidos por Giovanni Preziosi (1881--1945), político do regime fascista.

INTERVENÇÃO NO COMITÊ CENTRAL[1,2]

Do modo como hoje se dá a discussão, [Gramsci] acredita que os companheiros não se perguntaram qual era a situação após o assassinato de Matteotti[3] e quais são as tarefas do partido e do proletariado neste momento. Certos discursos sugerem que se pensa que vivemos em um país colonial, onde a revolução proletária não é possível sem antes uma revolução nacional feita pela "oposição". A primeira tarefa do proletário, mesmo nessa situação, é assumir uma atitude autônoma e independente – e isso foi feito com a posição assumida pelo partido. Alguns companheiros, porém, acreditam que a classe operária hoje não tem nada a dizer e fazer e que deveria concordar com o que certos setores da burguesia estão fazendo ou permanecer à margem. Essa é uma mentalidade maximalista que devemos combater vigorosamente. O partido também demonstrou em eventos recentes que conta com uma preparação política exata. Longe de ter feito muito, o partido talvez tenha feito bem pouco.

A situação, tal como se apresentou após a supressão de Matteotti, era inesperada: a reação nos permitiu ter apenas um conhecimento impreciso do estado de espírito real das massas. Nenhum partido havia sentido em torno de si o real alcance de suas forças. A supressão de Matteotti esclareceu a situação. Permitiu que o partido lançasse palavras de ordem de agitação e mantivesse a crise aberta para tornar provável que a agitação se transformasse em ação. As palavras de ordem que o partido lançou não poderiam ser

---

[1] *L'Unità*, ano I, n. 133, 17 de julho de 1924. (N. E. I.)

[2] Relatório da intervenção dirigida ao Comitê Central convocado para a segunda quinzena de julho de 1924; o relator para o Comitê Executivo era Mauro Scoccimarro (Marco). (N. E. I.)

[3] O deputado socialista Giacomo Matteotti (1885-1924) foi assassinado, pelo regime fascista, em 10 de junho de 1924.

200 | OS LÍDERES E AS MASSAS

diferentes. Era preciso indicar ao proletariado qual caminho deveria seguir para se livrar de todos os seus inimigos. Isso tinha de ser feito mesmo sob o perigo de não ser compreendido de imediato. A multidão, no entanto, nos entendeu muito bem. O número de grevistas em toda a Itália foi maior do que o número de votos que recebemos nas últimas eleições: isso é extremamente significativo; demonstra que o partido está avançando rapidamente na conquista das massas. Os trabalhadores estão recuperando a confiança em sua força à medida que outros estratos da população (camponeses etc.) entram em campo. Os companheiros ficaram surpresos que a greve geral não tenha tido sucesso em Milão. Dessa forma, eles mostram que esquecem que uma greve geral em Milão, proclamada apenas pelos comunistas, só poderá ter sucesso quando estivermos às vésperas da revolução. Isso mostraria que nosso partido conquistou a confiança das grandes massas e está no controle. Infelizmente, ainda nos vemos muito longe de tal situação. Toda uma combinação de fatores contribui para manter as grandes massas sob o controle dos oportunistas e da burocracia sindical. Não devemos nos surpreender, portanto, que a situação ainda não tenha sido revertida.

O camarada Gramsci explica em detalhes qual foi a atitude das "oposições". Desde o primeiro momento, ficou evidente que nunca ultrapassariam os limites da "resistência passiva" ao fascismo, tentando esconder-se atrás da constituição.

Os comunistas declararam que com a saída da "oposição" do Parlamento[4] havia sido criado um Estado contra o Estado e que a situação exigia a adoção de um programa de ação concreto com intervenção direta e imediata do proletariado. As "oposições", por sua vez, contavam com a monarquia: rejeitavam, portanto, o que a classe trabalhadora podia fazer e queriam permanecer num campo de batalha puramente parlamentar, mesmo deixando o Parlamento! Aceitar tal plataforma teria sido, para nosso partido, enganar as massas e contribuir para sua nova derrota.

Neste momento, a situação permanece politicamente inalterada. A crise é profunda e permanece aberta. Eventos ainda mais graves que a

---

[4] Referência ao levante "Aventino", protesto dos deputados da oposição que abandonaram o plenário da Câmara dos Deputados em junho de 1924 contra o governo de Mussolini, após o assassinato de Matteotti. Sobre isso, ver "Os líderes e as massas", p. 176 deste volume.

supressão de Matteotti podem acontecer em pouco tempo. Devemos explicar às massas a gravidade da situação, fazendo-as compreender a necessidade da luta. Sem a luta violenta, o fascismo não será derrubado. Os companheiros que aconselham deixar de lado a palavra de ordem da greve geral estão enganados. As grandes batalhas do proletariado não se improvisam: devem ser preparadas espiritual e materialmente. Se não incutirmos a convicção dessa necessidade nos trabalhadores, outras situações críticas podem surgir, sem que o proletariado participe delas com todas as forças. A palavra de ordem da greve geral deve ser integrada às contidas no manifesto da Internacional Comunista[5].

---

[5] Depois do assassinato de Giacomo Matteotti, o V Congresso da Internacional Comunista propôs em um manifesto "aos operários e camponeses da Itália" a seguinte palavra de ordem: "1) desarmamento dos bandos armados fascistas e dissolução da milícia nacional; 2) derrubada do governo dos assassinos; 3) luta contra o terrorismo; 4) organização dos destacamentos proletários; 5) liberdade de organização dos conselhos de fábrica; 6) libertação dos operários presos; 7) liberdade de organização, reunião e imprensa". Ver *L'Unità*, 9 de julho de 1924. (N. E. I.)

O CONGRESSO DE LYON

INTERVENÇÃO DIRIGIDA À COMISSÃO POLÍTICA[1]

[Gramsci[2]] expõe de modo sintético os princípios gerais sobre os quais se apoia o projeto de tese apresentado pela central do partido ao congresso. Dá, antes de mais nada, uma justificação histórica do valor que tem o trabalho de "bolchevização" dos partidos do proletariado, iniciada após o V Congresso Mundial e após a reunião ampliada do Comitê Executivo ocorrida em abril de 1925. Há uma analogia fundamental entre o trabalho de "bolchevização" realizado hoje e a ação de Karl Marx dentro do movimento operário. Trata-se agora, como antes, de combater todas os desvios da doutrina e da prática de luta da classe revolucionária, e a luta se desenvolve no campo ideológico, no organizativo e no que se refere à tática e à estratégia do Partido do Proletariado. Em nosso partido, contudo, a discussão mais ampla está voltada para o plano organizativo: isso se explica pelo fato de que, atualmente, é nesse plano que as consequências das diversas posições ideológicas e táticas aparecem imediatamente evidentes a todos os companheiros, mesmo àqueles que são menos preparados para um debate puramente teórico.

---

[1] Intervenção de Gramsci na reunião da Comissão Política, realizada na véspera do III Congresso do Partido Comunista Italiano, em Lyon (21 a 26 de janeiro de 1926). O texto completo da ata da reunião foi publicado em *Critica Marxista*, ano I, n. 5-6, set.-dez. 1963, p. 302-26. Para o Congresso de Lyon, ver "O significado e os resultados do III Congresso do Partido Comunista da Itália", p. 258 deste volume. (N. E. I.) [A decisão de realização do III Congresso em Lyon, na França, se deveu às dificuldades impostas pela repressão do regime fascista na Itália.]

[2] O texto foi elaborado por Gramsci com a colaboração de Palmiro Togliatti (1893-1964), que o sucedeu na secretaria-geral do Partido Comunista da Itália (PCd'I) e permaneceu na função entre 1926 e 1934.

Todos os pontos de discórdia que existem entre a central do partido e a extrema esquerda podem ser agrupados em três problemas fundamentais: 1) o problema das relações entre o centro dirigente do partido e a massa dos companheiros filiados a ele; 2) o problema das relações entre o centro dirigente e a classe operária; 3) o problema das relações entre a classe operária e as outras classes anticapitalistas.

Todas essas relações devem ser estabelecidas de modo exato caso se almeje chegar à conclusão histórica da ditadura do proletariado. Para que se alcance essa conclusão, de fato, é necessário que a classe operária se torne a classe dirigente da luta anticapitalista, que o Partido Comunista dirija a classe operária nessa luta e que isso seja construído internamente de modo que o partido possa cumprir essa função fundamental. Todos os três problemas apontados se entrelaçam, portanto, com o problema fundamental da realização da tarefa revolucionária do Partido Comunista.

A questão da natureza do partido e dos órgãos dirigentes está ligada aos dois primeiros problemas. Acreditamos que, ao definir o partido, é necessário enfatizar o fato de que ele é "parte" da classe operária, enquanto a extrema esquerda negligencia e subestima esse lado para dar importância fundamental ao fato de que o partido é um "órgão" da classe operária[3]. Nossa posição deriva do fato de que acreditamos que deve ser enfatizado que o partido está unido à classe operária não apenas por laços ideológicos, mas também por laços de caráter "físico". E isso está intimamente relacionado com as tarefas que devem ser atribuídas ao partido diante da classe operária.

Segundo a extrema esquerda, o processo de formação partidária é um processo "sintético"; para nós, porém, é um processo de natureza histórica e política, intimamente ligado a todo o desenvolvimento da sociedade capitalista. A concepção diferente leva a uma determinação diferente da função e das tarefas do partido. Todo o trabalho que o partido tem de fazer para elevar o nível político das massas, para convencê-las e trazê-las para o terreno da luta de classes revolucionária é, como consequência da concepção

---

[3] Gramsci polemiza aqui com a concepção de partido de Amadeo Bordiga, para o qual o partido seria um órgão externo à classe, composto de uma minoria especializada e coesa teórica e ideologicamente. Ver Antonio Gramsci, *Masse e Partito. Antologia 1910-1926* (org. Guido Liguori, Roma, Riuniti, 2016).

errônea da extrema esquerda, desvalorizado e impedido, em razão do distanciamento inicial que se produziu entre o partido e a classe trabalhadora. A concepção errônea da extrema esquerda sobre a natureza do partido tem um inegável caráter de classe. Não porque há, como aconteceu no Partido Socialista, uma tendência a fazer prevalecer a influência de outras classes na organização política do proletariado, mas no sentido de que há uma avaliação errônea do peso que devem ter no partido os diversos elementos que a compõem. A concepção de extrema esquerda, que coloca no mesmo patamar os operários e os elementos provenientes de outras classes sociais e não se preocupa em salvaguardar o caráter proletário do partido, corresponde a uma situação em que os intelectuais eram os elementos política e socialmente mais avançados e, portanto, destinados a ser os organizadores da classe operária. Hoje, em nossa opinião, os organizadores da classe operária devem ser os próprios operários. Portanto, ao definir o partido, é necessário enfatizar de maneira particular aquela parte da definição que destaca a intimidade das relações que existem entre ele e a classe da qual ele surge.

Esse problema de natureza teórica deu origem à discussão sobre a organização por "células", ou seja, segundo a base de produção[4]. De fato, esse foi o ponto mais abordado na discussão preparatória do congresso e pelo maior número de companheiros. Todos os argumentos de natureza prática que tornam útil e indispensável a transformação da organização partidária com base em células foram amplamente expostos e são conhecidos pelos companheiros. A extrema esquerda apresenta objeções, a principal das quais consiste em uma superestimação do problema da superação da competição entre diferentes categorias de operários, isto é, do problema da unificação classista do proletariado. É inegável que esse problema existe, mas é um erro torná-lo um problema fundamental, a partir do qual se deve determinar a forma que o partido dá a sua organização. Além disso, há algum tempo esse problema encontrou uma solução no campo sindical na Itália, e a experiência mostrou que a organização por fábrica permite

---

[4]   Sobre esse tema, ver "A organização por células e o II Congresso Mundial", p. 178 deste volume.

combater com a maior eficácia todos os resíduos de corporativismo e espírito de categoria. Na realidade, se o problema que a extrema esquerda parece apresentar como fundamental e a partir do qual se determinam suas preocupações fosse de fato um problema essencial no atual período histórico da Itália, então os verdadeiros intelectuais seriam a vanguarda organizativa do movimento revolucionário. Mas não é esse o caso.

Uma segunda questão fundamental é a das relações que devem ser estabelecidas entre a classe operária e as demais classes anticapitalistas. Esse é um problema que só pode ser resolvido pelo partido da classe operária, mediante a sua política.

Em nenhum país o proletariado está em condições de conquistar o poder e mantê-lo com suas próprias forças: deve, portanto, procurar aliados, isto é, deve conduzir uma política que lhe permita colocar-se à frente das outras classes que têm interesses anticapitalistas e liderá-las na luta pela derrubada da sociedade burguesa. A questão é particularmente importante para a Itália, onde o proletariado é uma minoria da população trabalhadora e está geograficamente disposto, de tal forma que não pode pretender travar uma luta vitoriosa pelo poder antes de ter dado uma resolução exata ao problema de suas próprias relações com a classe dos camponeses. Nosso partido deverá dedicar-se em particular à formulação e resolução desse problema num futuro próximo. Além disso, há reciprocidade entre o problema da aliança entre operários e camponeses e o problema da organização da classe operária e do partido; este último será resolvido com mais facilidade se o primeiro estiver a caminho de uma solução.

O problema da aliança entre operários e camponeses já foi colocado pela central do partido, mas não se pode dizer que todos os companheiros tenham entendido bem seus termos e tenham capacidade de trabalhar para sua solução, especialmente nas áreas onde seria necessário trabalhar mais e melhor, isto é, no Mezzogiorno [Sul]. Assim, a extrema esquerda torna objeto de crítica toda a ação que a central tem realizado contra Miglioli[5], um expoente da esquerda camponesa no Partido Popular. Essas

---

[5] Guido Miglioli (1879-1954), membro do Partido Popular Italiano, de orientação católica, entre 1919 e 1924.

críticas mostram que a extrema esquerda não compreende os termos e a importância do problema das relações entre o proletariado e as demais classes anticapitalistas. A ação que o partido liderou contra Miglioli foi realizada precisamente com o objetivo de abrir caminho para uma aliança entre operários e camponeses para a luta contra o capitalismo e o Estado burguês. No mesmo nível está a questão do Vaticano como força política contrarrevolucionária. A base social do Vaticano é formada pelos camponeses, que os clérigos sempre consideraram um exército de reserva da reação, tentando mantê-los sob controle. A realização da aliança entre operários e camponeses para a luta contra o capitalismo supõe a destruição da influência do Vaticano sobre os camponeses do Centro e Norte da Itália em particular. A tática do partido em relação a Miglioli tem exatamente esse objetivo.

O problema das relações entre o proletariado e as outras classes anticapitalistas é apenas um dos problemas de tática e estratégia do partido. Em outros pontos também, há uma profunda divergência entre a central e a extrema esquerda. A central acredita que a tática do partido deve ser determinada pela situação e pela intenção de conquistar uma influência decisiva sobre a maioria da classe operária, a fim de poder orientá-la efetivamente para a revolução. A extrema esquerda acredita que a tática deve ser determinada por preocupações de natureza formal e que o partido não deve colocar-se a todo momento o problema de conquistar a maioria, mas se limitar por longos períodos a uma simples ação de propaganda de seus princípios políticos gerais.

O melhor exemplo da natureza e extensão do dissenso está nas táticas seguidas pelo partido após o crime Matteotti[6] e nas críticas que a extrema esquerda faz contra elas. É certo que no início, ou seja, logo após o assassinato de Matteotti, as oposições constitucionais eram o fator predominante da situação e que suas forças eram essencialmente dadas pela classe operária e pelos camponeses. Era, portanto, essencialmente a classe operária que estava em uma posição equivocada e se movia sem ter consciência

---

[6] O deputado socialista Giacomo Matteotti (1885-1924) foi assassinado pelo regime fascista em 10 de junho de 1924.

O Congresso de Lyon | 207

de sua própria função e da posição política que lhe cabia no quadro das forças opostas. Era preciso que a classe operária tivesse consciência dessa função e posição. Que atitude o nosso partido deveria tomar para esse fim? Teria sido suficiente lançar palavras de ordem e realizar uma campanha de crítica ideológica e política tanto contra o fascismo quanto contra a oposição constitucional (Aventino)*? Não, isso não teria sido suficiente. A propaganda e a crítica política que ocorrem nos órgãos do partido têm um círculo de influência bem restrito; não vão muito além da massa de filiados. Era preciso conduzir uma ação política, e isso tinha que ser diferente em relação ao fascismo e à oposição. De fato, mesmo a "extrema esquerda" afirmou que os agentes da situação naquele momento eram três: o fascismo, a oposição e o proletariado. Isso significa que entre os dois primeiros tivemos que fazer uma distinção e nos colocar, não apenas teoricamente, mas praticamente, o problema de desagregar socialmente e, portanto, politicamente as oposições, para remover as bases que tinham entre as massas. Para isso, a ação política do partido foi direcionada às oposições. É certo que, para o proletariado e para nós naquele momento, havia um problema fundamental: derrubar o fascismo. Precisamente porque queriam que o fascismo fosse derrubado por qualquer meio, as massas seguiram amplamente a oposição. E, na realidade, não se pode negar que, se o governo de Mussolini tivesse caído, por qualquer meio que tivesse sido derrubado, uma crise política profunda teria se aberto na Itália, da qual ninguém poderia prever ou deter o desenrolar. Mas as oposições também sabiam disso e, portanto, excluíram desde o início "uma" forma de derrubar o fascismo, que era a única maneira possível, ou seja, a mobilização e a luta das massas. Excluindo essa única maneira possível de derrubar o fascismo, as oposições mantiveram o fascismo de pé, foram o suporte mais eficiente do regime em dissolução. Pois bem, nós, com a ação política voltada à oposição

---

* Nome dado ao movimento parlamentar que os deputados antifascistas italianos realizaram após o sequestro de Giacomo Matteotti, morto por fascistas logo após denunciar a fraude eleitoral e a violência dos esquadrões de ação fascista. No dia 27 de junho de 1924, os deputados decidiram abandonar o Parlamento e recusaram-se a voltar até que a milícia fascista fosse abolida e a autoridade da lei fosse restaurada. O nome do movimento é uma alusão à Roma antiga. (N. T.)

(saída do Parlamento, participação na assembleia das oposições, saída desta) conseguimos tornar este fato evidente para as massas, o que decerto não teríamos podido fazer com uma simples atividade de propaganda, de crítica etc. Acreditamos que a tática do partido deve sempre ter o caráter que nossa tática tinha então: o partido deve trazer os problemas para as massas de uma forma real e política, caso deseje alcançar resultados.

O problema da conquista de uma influência decisiva sobre a maioria da classe operária e o da aliança entre operários e camponeses estão intimamente ligados ao problema militar da revolução, que hoje enfrentamos de maneira particular, dada a organização das forças armadas que a burguesia italiana tem a seu serviço. Em primeiro lugar, há um exército nacional, que é, no entanto, extremamente pequeno e no qual existe uma porcentagem elevada de oficiais que controlam a massa de soldados. Portanto, está longe de ser fácil exercer influência sobre o exército para tê-lo como aliado em um momento revolucionário. Na melhor das hipóteses, de acordo com o que se consegue prever hoje, o exército poderá permanecer neutro. Mas, além do exército, existem forças armadas numerosas (polícia, *carabinieri*, milícia nacional) que dificilmente são influenciadas pelo proletariado. Em conclusão, dos 600 mil homens armados que a burguesia tem a seu serviço, pelo menos 400 mil não são conquistáveis pela política da classe operária. A correlação de forças que existe entre o proletariado e a burguesia só pode ser alterada, portanto, como resultado de uma luta política que o partido da classe operária tenha conduzido e que o tenha levado a unir e liderar a maioria da população trabalhadora. A concepção tática da esquerda é um obstáculo para a implementação dessa tarefa.

Todos os problemas que surgiram na discussão entre o Comitê Central do partido e a extrema esquerda estão ligados à situação internacional e aos problemas da organização internacional do proletariado, ou seja, da Internacional Comunista. A extrema esquerda assume nesse campo uma atitude singular, semelhante em parte à dos maximalistas, na medida em que considera a Internacional Comunista uma organização de fato, à qual se opõe a "verdadeira" Internacional, que ainda deve ser criada. Essa maneira de apresentar os problemas contém potencialmente um problema

O Congresso de Lyon | 209

de cisão. As atitudes da extrema esquerda na Itália antes e durante a discussão pré-congresso (fracionismo) deram prova disso.

É necessário examinar qual é a situação do partido como organismo internacional. Em 1921, nosso partido foi formado no terreno indicado pelas teses e resoluções dos dois primeiros congressos da Internacional Comunista. Quem rompeu com essas teses para assumir uma posição contrastante com as da Internacional? Não o Comitê Central do partido, que agora é fundamentalmente o mesmo que foi eleito pelos congressos de Livorno e Roma, mas um grupo de líderes partidários, aqueles que compõem a tendência da extrema esquerda. A posição desse grupo está errada, e o partido, ao opor-se a ele e condená-lo, apenas dá continuidade a sua tradição política.

A amplitude da discussão que ocorreu e terá de ser feita no congresso com os companheiros da extrema esquerda deriva do fato de que estes últimos, para se destacarem no partido como uma fração, sentiram a necessidade de diferenciar-se em todos os problemas a discutir, ao mesmo tempo que realizavam uma ação que poderia ter levado à desintegração da base partidária. Essa ação deve ser condenada pelo congresso, e a possibilidade de que isso volte a ocorrer, no futuro, deve ser excluída.

A discussão que terá lugar nesse congresso é de enorme importância, pois toca em todos os problemas da revolução italiana e, portanto, afeta profundamente o desenvolvimento do partido. As decisões que nele serão tomadas caracterizarão a atividade do partido por todo um período histórico. Portanto, é necessário que cada companheiro esteja ciente da responsabilidade proletária e revolucionária que lhe incumbe.

A discussão que ocorre entre o Comitê Central e a extrema esquerda do partido não é puramente acadêmica. A extrema esquerda, por exemplo, dá uma definição de partido que a leva a cometer erros táticos. Isso aconteceu durante o tempo em que ela esteve à frente do partido[7]. Aplica-se o mesmo à análise dos movimentos e partidos da burguesia. Como o fascismo.

Quando o fascismo surgiu e se desenvolveu na Itália, como deveria ser considerado? Era apenas um órgão de combate da burguesia ou era

---

[7] Bordiga foi secretário-geral do PCd'I entre 1921 e 1923.

também um movimento social? A extrema esquerda que então chefiava o partido considerava-o apenas sob o primeiro aspecto, e a consequência desse erro é que não foi possível deter o avanço do fascismo como talvez se pudesse fazer. Nenhuma ação política foi tomada para impedir que o fascismo chegasse ao poder. O Comitê Central da época cometeu o erro de pensar que a situação de 1921-1922 poderia continuar e consolidar-se e que não era necessário nem possível uma ditadura militar chegar ao poder. Esse erro de avaliação foi consequência de uma análise política errônea, ou seja, do sistema que Bordiga opõe hoje ao sustentado pelo Comitê Central, que é o sistema leninista.

A situação italiana é caracterizada pelo fato de que a burguesia é organicamente mais fraca que em outros países e só se mantém no poder se conseguir controlar e dominar os camponeses. O proletariado deve lutar para libertar o campesinato da influência da burguesia e colocá-lo sob sua liderança política. Esse é o ponto central dos problemas políticos que o partido terá de resolver no futuro próximo.

É certo que se devem examinar cuidadosamente as várias estratificações da classe burguesa. De fato, é necessário examinar a estratificação do próprio fascismo porque, dado o sistema totalitário que o fascismo tende a estabelecer, será no próprio seio do fascismo que os conflitos, que não podem se manifestar de outras maneiras, tenderão a ressurgir.

A tática do partido no período Matteotti sempre procurou levar em conta as estratificações da burguesia, e nossa proposta de antiparlamento foi feita para entrar em contato com as massas atrasadas que até então permaneceram sob o controle de camadas da grande ou da pequena burguesia. É certo que há massas de camponeses no Mezzogiorno que só souberam da existência do Partido Comunista quando fizemos a proposta do antiparlamento.

No que diz respeito ao problema das células, o camarada Bordiga confunde a competição corporativa entre diferentes categorias operárias com a divisão política de classe. Hoje é essencial lutar contra a divisão política da classe operária, e é uma divisão política que os fascistas procuram manter aberta no seio do proletariado, enquanto a luta contra a concorrência corporativa, se deve ser travada, não é um problema essencial.

O Congresso de Lyon | 211

Sem dúvida não é verdadeiro o que afirma Bordiga, a saber, que o problema da organização partidária apresenta-se para nós em termos essencialmente diferentes do que se apresenta para o partido russo, que foi organizado com base na produção. Bordiga afirma que o tsarismo era uma forma reacionária, não uma força capitalista. Isso não é verdade. Basta conhecer a história da revolução de 1905 e como o capitalismo se desenvolveu na Rússia, antes e durante a guerra, para negar a afirmação de Bordiga.

O problema que enfrentamos hoje, e que é, basicamente, o mesmo do partido russo sob a reação, é o do nivelamento e da unificação política da classe trabalhadora. Para solucionar isso, o partido deve ser organizado com base nas células de fábrica. É absolutamente inadequada a solução defendida pela extrema esquerda de tornar as células simples órgãos de trabalho partidário. Hoje existem dois órgãos de trabalho no partido: a comissão sindical e o grupo parlamentar, e esses são precisamente os dois pontos fracos do próprio partido. Não pode haver organismo de trabalho que não seja ao mesmo tempo um organismo político. Se déssemos a solução defendida pela extrema esquerda ao problema das células, teríamos como consequência que as células ou não funcionariam tão politicamente como deveriam, ou se tornariam o veículo de um desvio do partido.

Também não é verdade que a questão das células, como diz Bordiga, não seja questão de princípio. No campo organizacional, essa é uma questão de princípio. Nosso partido é um partido de classe e a organização política da vanguarda do proletariado. A tarefa da vanguarda do proletariado é conduzir toda a classe operária à construção do socialismo. Mas, para realizar essa tarefa, a vanguarda do proletariado deve ser organizada com base na produção.

No que diz respeito à tática, o camarada Bordiga, quando obrigado a dar uma forma concreta a suas críticas, limita-se a dizer que há "perigos" na aplicação da tática leninista. Mas também há perigos muito sérios na aplicação das táticas que ele defende. É verdade que devemos olhar para as consequências que a tática do partido tem sobre as massas operárias e também é verdade que uma tática que leva as massas à passividade deve ser condenada. Contudo, foi precisamente isso que aconteceu em 1921-1922, como consequência da atitude da central do partido sobre a questão dos

Arditi del Popolo [Audazes do Povo]*. Se essa tática, por um lado, correspondia à necessidade de evitar que os camaradas filiados ao partido fossem controlados por uma central que não fosse a central do partido, por outro, servia para desqualificar um movimento de massas que partia de baixo e que poderia ter sido politicamente explorado por nós.

É absurdo afirmar que não existe diferença entre uma situação democrática e uma situação reacionária e que o trabalho pela conquista das massas é mais difícil em uma situação democrática. A verdade é que hoje, em uma situação reacionária, lutamos para organizar o partido, enquanto em uma situação democrática lutaríamos para organizar a insurreição.

[BORDIGA] Mas as massas precisam estar dispostas a se colocar nesse terreno.

[GRAMSCI] Para isso devemos destruir as formações intermediárias, o que não se consegue com as táticas que você defende.

Bordiga disse que é a favor da conquista das massas no período imediatamente anterior à revolução. Mas como saber quando se está nesse período? Depende especificamente do trabalho que sabemos fazer entre as massas que esse período tenha início ou não. Apenas se trabalharmos e obtivermos sucesso nas conquistas das massas chegaremos ao período pré-revolucionário.

O companheiro Napoli protestou contra a forma como a campanha contra o fracionamento da extrema esquerda foi conduzida. Sustento que essa campanha foi plenamente justificada. Fui eu que escrevi que constituir uma fração no Partido Comunista, em nossa situação atual, era obra de agentes provocadores – e ainda hoje sustento essa afirmação. Se o fracionismo é tolerado por alguns, deve ser tolerado por todos, e uma das formas que a polícia pode usar para destruir os partidos revolucionários é justamente suscitar movimentos artificiais de oposição dentro deles.

O companheiro Napoli também disse que se a central fez algo de bom foi por causa da pressão da periferia. É muito estranho que, se havia pres-

---

* Organização espontânea de veteranos da Primeira Guerra Mundial. Tratava-se de um movimento heterogêneo, de caráter paramilitar, e tinha em suas fileiras revolucionários, anarquistas, republicanos, comunistas e anticapitalistas. Foi o primeiro movimento armado de resistência ao fascismo, realizando operações de guerrilha contra os esquadrões fascistas. (N. T.)

são tão forte da "esquerda" na periferia, toda essa força esquerdista tenha se desfeito depois de alguns comentários nos artigos da discussão. A realidade é que não existia um vasto movimento de esquerda na base e que a constituição da fração era uma coisa completamente artificial. Quanto à orientação política do partido para a base no período Matteotti, ela era tudo menos de esquerda. A central teve de fazer um esforço para arrastar o partido para posições de oposição tanto ao fascismo quanto ao Aventino. Isso, aliás, era consequência da situação em que o partido se encontrava em 1923, ano em que ele não havia realizado nenhuma ação política. Portanto, embora tenha ao mesmo tempo se isolado das massas, o partido seguiu a influência das próprias massas, que por sua vez estavam sob a influência de outros partidos.

Não se pode ser pessimista acerca da situação atual do partido. Nosso partido está em um estágio de desenvolvimento mais avançado que outros partidos da Internacional. Nele há um núcleo proletário fundamental estável e está se formando um centro homogêneo e compacto. Mas, precisamente por isso, é necessário pedir ao partido mais do que pedimos aos outros da Internacional, e a luta contra o fracionismo pode e deve ser travada em seu interior com a maior decisão.

A SITUAÇÃO ITALIANA E AS TAREFAS DO PCI[1]

1. A transformação dos partidos comunistas – nos quais está reunida a vanguarda da classe operária – em partidos bolcheviques pode ser considerada, no atual momento, a tarefa fundamental da Internacional Comunista[2]. Essa tarefa deve ser relacionada ao desenvolvimento do movimento operário internacional e, em particular, à luta travada no interior desse movimento entre o marxismo e as correntes que constituem um desvio dos princípios e da prática da luta de classe revolucionária.

Na Itália, a tarefa de criar um partido bolchevique só assume toda a sua importância se forem levadas em conta as experiências do movimento operário desde seu início e as deficiências fundamentais que nele se revelaram.

2. O nascimento do movimento operário ocorreu de modo diverso em cada país. Houve em comum, em todos os lugares, a rebelião espontânea do proletariado contra o capitalismo. Contudo, essa rebelião assume em cada nação uma forma específica, reflexo e consequência das particulares características nacionais dos elementos que, provenientes da pequena burguesia e do campesinato, contribuíram para formar a grande massa do proletariado industrial.

O marxismo constituiu o elemento consciente, científico, superior ao particularismo das várias tendências de caráter e origem nacional e trava contra elas uma luta nos terrenos teórico e organizativo. Todo o processo

---

[1] [Parte IV das Teses do III Congresso do Partido Comunista da Itália (PCd'I), realizado em Lyon, França, em janeiro de 1926.] Essas teses foram preparadas por Gramsci e Togliatti, segundo o testemunho do próprio Togliatti. Ver Marcella Ferrara e Maurizio Ferrara, *Conversando con Togliatti* (Roma, Edizioni di Cultura Sociale, 1952), p. 152 e seg. (N. E. I.)

[2] Sobre a tarefa de bolchevização dos partidos comunistas, ver "A situação interna do nosso partido e as tarefas do próximo congresso", p. 161 deste volume.

A SITUAÇÃO ITALIANA E AS TAREFAS DO PCI | 215

de formação da Primeira Internacional teve como eixo essa luta, que se concluiu com a expulsão do bakuninismo[3] da Internacional. Quando a Primeira Internacional deixou de existir, o marxismo já havia triunfado no movimento operário. Com efeito, todos os partidos que formaram a Segunda Internacional reivindicavam o marxismo e o tomavam como fundamento de suas táticas em todas as questões essenciais.

Depois da vitória do marxismo, as tendências de caráter nacional contra as quais ele havia triunfado buscaram manifestar-se por outros caminhos, ressurgindo no próprio seio do marxismo como formas de revisionismo. Esse processo foi favorecido pela fase de desenvolvimento imperialista do capitalismo. São estreitamente ligados a esse fenômeno os três seguintes fatos:

1) o desaparecimento nas fileiras do movimento operário de crítica ao Estado, parte essencial da doutrina marxista, que foi substituída pelas utopias democráticas;

2) a formação de uma aristocracia operária;

3) um novo deslocamento de massas da pequena burguesia e do campesinato para o proletariado e, portanto, uma nova difusão entre o proletariado de correntes ideológicas de caráter nacional, opostas ao marxismo.

O processo de degenerescência da Segunda Internacional adquiriu, assim, a forma de uma luta contra o marxismo, que se travava no interior do próprio marxismo. Isso culminou na desagregação provocada pela guerra.

O único partido que se salvou dessa degenerescência foi o Partido Bolchevique, que conseguiu se manter à frente do movimento operário do próprio país, expulsou de suas fileiras as tendências antimarxistas e elaborou, com a experiência de três revoluções, o leninismo, que é o marxismo da época do capitalismo monopolista, das guerras imperialistas e da revolução proletária. Determinou-se assim, historicamente, o lugar do Partido Bolchevique na fundação e na liderança da Terceira Internacional. Além disso, foram colocados os termos da formação de partidos bolcheviques em cada país: trata-se do problema de reconduzir

---

[3] Referência ao teórico e militante anarquista russo Mikhail Bakunin (1814-1876).

216 | Os líderes e as massas

a vanguarda do proletariado à doutrina e à prática do marxismo revolucionário, superando e liquidando completamente qualquer doutrina antimarxista.

3. Na Itália, as origens e as vicissitudes do movimento operário foram de tal ordem que jamais se constituiu, antes da guerra, uma corrente de esquerda marxista com características de permanência e continuidade. O caráter originário do movimento operário italiano foi muito confuso; nele confluíram tendências diversas, desde o idealismo mazziniano[4] até o humanitarismo genérico dos cooperativistas e dos defensores do mutualismo e do bakuninismo, que sustentava que existiam na Itália, mesmo antes de um desenvolvimento capitalista, as condições para uma passagem imediata para o socialismo. A origem tardia e a debilidade da indústria fizeram que faltasse o elemento clarificador, dado pela existência de um proletariado forte, e tiveram como consequência que até mesmo a cisão entre anarquistas e socialistas só ocorresse com duas décadas de atraso (em 1892, no Congresso de Gênova)[5].

No Partido Socialista Italiano (PSI), tal como emergiu do Congresso de Gênova, eram duas as correntes dominantes. Por um lado, havia um grupo de intelectuais, que não representava nada mais que a tendência a uma reforma democrática do Estado: o marxismo desse grupo não ia além da proposta de suscitar e organizar as forças do proletariado para pô-las a serviço da instauração da democracia (Turati[6], Bissolati[7] etc.). Por outro, um grupo mais diretamente ligado ao movimento proletário, representante de uma tendência operária, mas desprovido de qualquer cons-

---

[4] Referência à linha política de Giuseppe Mazzini (1805-1872), um dos mais importantes líderes de orientação democrático-popular do Risorgimento, processo de unificação da Itália no fim do século XIX.

[5] Em 1892, em Gênova, surgiu o Partido dos Trabalhadores Italianos, que em 1893 se tornou o Partido Socialista dos Trabalhadores Italianos e em 1895, em Parma, assumiu finalmente a denominação Partido Socialista Italiano.

[6] Filippo Turati (1857-1932) foi deputado do reino da Itália entre 1895 e 1925 e um dos fundadores do Partido dos Trabalhadores Italianos, precursor do PSI. Pertencia à ala direita do partido, de orientação reformista.

[7] Leonida Bissolati (1857-1920) foi um dos fundadores do Partido Socialista Reformista Italiano após sua expulsão do PSI, em 1912.

ciência teórica adequada (Lazzari)[8]. Até 1900, os objetivos que o partido se propunha eram todos de caráter democrático. Conquistada, depois de 1900, a liberdade de organização e iniciada uma fase democrática, tornou--se evidente a incapacidade de todos os grupos que compunham o PSI de lhe dar a fisionomia de um partido marxista do proletariado.

Ocorreu, ao contrário, uma separação cada vez maior entre os elementos intelectuais e a classe operária, e a tentativa, feita por outro estrato de intelectuais e pequeno-burgueses, de constituir uma esquerda marxista que tomasse forma no sindicalismo não teve êxito. Como reação a essa tentativa, triunfou no partido a fração integrista, que com sua retórica conciliadora vazia foi a expressão de uma característica fundamental do movimento operário italiano, que também pode ser explicada pela debilidade da indústria e pela deficiente consciência crítica do proletariado. O revolucionarismo dos anos que antecederam a guerra manteve intacta essa característica, jamais superando os limites de um genérico populismo para chegar à construção de um partido da classe operária e à aplicação do método da luta de classe.

No seio dessa corrente revolucionária, já antes da guerra, começou a se diferenciar um grupo de "extrema esquerda" que defendia as teses do marxismo revolucionário, mas de modo esporádico e sem exercer influência real sobre o desenvolvimento do movimento operário.

Explica-se, assim, o caráter negativo e equívoco da oposição do Partido Socialista à guerra, bem como o fato de que esse partido, depois da guerra, tenha se encontrado diante de uma situação revolucionária imediata, sem ter resolvido nem sequer formulado nenhum dos problemas fundamentais que a organização política do proletariado tem de resolver para cumprir suas tarefas: em primeiro lugar, o problema da "opção de classe" e da forma organizativa adequada a ela; em segundo, o problema do programa do partido, sua ideologia; e, finalmente, os problemas de estratégia e tática, cuja resolução leva a agrupar em torno do proletariado as forças que lhe são naturalmente aliadas na luta contra o Estado e a orientá-lo no sentido da conquista do poder.

---

[8] Costantino Lazzari (1857-1927), membro do PSI, foi deputado do reino da Itália entre 1919 e 1926.

218 | Os líderes e as massas

A acumulação sistemática de uma experiência capaz de contribuir, de modo positivo, para a resolução desses problemas se inicia na Itália apenas depois da guerra. Somente com o Congresso de Livorno[9] são criadas as bases constitutivas do partido de classe do proletariado, o qual – para se tornar um partido bolchevique e desempenhar plenamente sua função – deve liquidar todas as tendências antimarxistas que fazem tradicionalmente parte do movimento operário.

ANÁLISE DA ESTRUTURA SOCIAL ITALIANA

4. O capitalismo é o elemento predominante na sociedade italiana e a força que prevalece na determinação de seu desenvolvimento. Desse dado fundamental deriva a consequência de que não existe na Itália a possibilidade de uma revolução que não seja a socialista. Nos países capitalistas, a única classe que pode realizar uma transformação social real e profunda é a classe operária. Somente a classe operária é capaz de traduzir em ato as mudanças de caráter econômico e político necessárias para que as energias de nosso país tenham a liberdade e a possibilidade de um completo desenvolvimento. O modo como ela exercerá essa sua função revolucionária depende do grau de desenvolvimento do capitalismo na Itália e da estrutura social que lhe corresponde.

5. A indústria, que é a parte essencial do capitalismo, é bastante débil na Itália. Suas possibilidades de desenvolvimento são limitada tanto pela situação geográfica quanto pela falta de matéria-prima. Ela não consegue absorver a maioria da população italiana (4 milhões de operários industriais, contra 3,5 milhões de operários agrícolas e 4 milhões de camponeses). Opõe-se à indústria uma agricultura que se apresenta naturalmente como a base da economia do país. Contudo, as variadíssimas condições do solo e as consequentes diferenças de cultura e de sistema de trabalho provocam uma forte diferenciação das camadas rurais, com predominância

---

[9] Referência ao XVII Congresso do PSI, realizado em Livorno entre 15 e 21 de janeiro de 1921 e no qual a fração comunista decidiu fundar o PCd'I.

dos estratos pobres, mais próximos das condições do proletariado e mais propensos a sofrer sua influência e aceitar sua liderança. Entre as classes industriais e agrárias, situa-se uma pequena burguesia urbana bastante ampla e de grande importância. É formada sobretudo por artesãos, profissionais liberais e funcionários públicos.

6. A debilidade intrínseca do capitalismo obriga a classe industrial a adotar expedientes para garantir para si o controle de toda a economia do país. Esses expedientes se reduzem, essencialmente, a um sistema de compromissos econômicos entre uma parte dos industriais e uma parte das classes agrícolas, precisamente aquela formada pelos grandes proprietários rurais. Portanto, não há a tradicional luta econômica entre industriais e latifundiários nem a alternância de grupos dirigentes que tal luta determina em outros países. Ao mesmo tempo, os industriais não têm necessidade de defender, contra os latifundiários, uma política econômica que garanta o contínuo afluxo de mão de obra do campo para as fábricas, já que tal afluxo é assegurado pela abundância de população agrícola pobre, que caracteriza a Itália. O acordo industrial-agrário se baseia numa solidariedade de interesses entre alguns grupos privilegiados, em prejuízo dos interesses gerais da produção e da maioria dos trabalhadores. Isso determina uma acumulação de riqueza nas mãos dos grandes industriais que é consequência de uma espoliação sistemática de categorias inteiras da população e de regiões inteiras do país. Com efeito, os resultados dessa política econômica são o déficit orçamentário, a paralisia do desenvolvimento econômico de regiões inteiras (Sul, ilhas), a impossibilidade de que surja e se desenvolva uma economia mais adequada à estrutura do país e a seus recursos, a miséria crescente da população trabalhadora, a existência de uma corrente contínua de emigração e o consequente empobrecimento demográfico.

7a. Como, naturalmente, não controla toda a economia, a classe industrial também não consegue organizar por si só toda a sociedade e o Estado. A construção de um Estado nacional só lhe é possível pela exploração de fatores de política internacional (o chamado *Risorgimento*). Para o fortalecimento desse Estado e para sua defesa, é necessário o compromisso com as classes sobre as quais a indústria exerce uma hegemonia

220 | Os líderes e as massas

limitada, em particular os latifundiários e a pequena burguesia. Disso resultam uma heterogeneidade e uma debilidade de toda a estrutura social, bem como do Estado que a expressa.

7b. Um reflexo da debilidade da estrutura social aparece de modo típico, antes da guerra, no exército. Um círculo restrito de oficiais, desprovidos do prestígio de líderes (velhas classes dirigentes rurais, novas classes industriais), tem sob seu comando uma casta burocratizada de oficiais subalternos (pequena burguesia), incapaz de servir como ligação com a massa dos soldados, indisciplinada e abandonada a si mesma. Na guerra, todo o exército é obrigado a se reorganizar a partir de baixo, depois da eliminação dos graus superiores e da transformação da estrutura organizativa, o que corresponde ao advento de uma nova categoria de oficiais *subalternos*. Esse fenômeno antecede a mudança análoga que o fascismo promoverá em relação ao Estado, em escala mais ampla.

8. As relações entre indústria e agricultura, que são essenciais para a vida econômica de um país e para a determinação de suas superestruturas políticas, têm uma base territorial na Itália. No Norte, a produção e a população agrícolas estão concentradas em alguns grandes centros. Em consequência disso, todas as contradições inerentes à estrutura social do país contêm um elemento que se refere à unidade do Estado e a põe em perigo. Os grupos dirigentes burgueses e rurais buscam solucionar esse problema mediante um compromisso. Nenhum desses grupos tem naturalmente um caráter unitário e uma função unitária. Porém, o compromisso por meio do qual a unidade é salva é de tal natureza que a situação se torna mais grave. Tal compromisso atribui às populações trabalhadoras do Sul uma posição análoga àquela das populações coloniais. A grande indústria do Norte assume diante delas a função da metrópole capitalista; ao contrário, os latifundiários e a própria burguesia média do Sul colocam-se na situação daqueles segmentos que, nas colônias, aliam-se às metrópoles para manter subjugada a massa do povo trabalhador. A exploração econômica e a opressão política, portanto, unem-se para fazer da população trabalhadora do Sul uma força continuamente mobilizada contra o Estado.

9. O proletariado tem na Itália uma importância superior à que tem em outros países europeus, mesmo naqueles de capitalismo mais

avançado, importância comparável somente àquela que tinha na Rússia antes da revolução. Isso decorre, em primeiro lugar, do fato de que, por causa da escassez de matérias-primas, a indústria se baseia predominantemente na mão de obra (trabalhadores especializados); decorre também, em segundo lugar, da heterogeneidade e das contradições de interesses que enfraquecem as classes dirigentes. Diante dessa heterogeneidade, o proletariado se apresenta como o único elemento que, por sua própria natureza, tem uma função unificadora e coordenadora de toda a sociedade. Seu programa de classe é o único programa "unitário", ou seja, o único cuja realização não leva ao aprofundamento das contradições entre os diversos elementos da economia e da sociedade e não leva ao rompimento da unidade do Estado. De resto, ao lado do proletariado industrial, existe uma grande massa de proletários agrícolas, concentrada sobretudo no vale do Pó, facilmente influenciável pelos operários industriais e, portanto, também facilmente mobilizável na luta contra o capitalismo e o Estado.

Verifica-se na Itália uma confirmação da tese de que as condições mais favoráveis à revolução proletária nem sempre ocorrem nos países onde o capitalismo e a indústria chegaram a seu grau mais alto de desenvolvimento; mas, ao contrário, podem ocorrer onde o tecido do sistema capitalista, em função de suas debilidades estruturais, oferece menos resistência a um ataque da classe revolucionária e de seus aliados.

A POLÍTICA DA BURGUESIA ITALIANA

10. O objetivo que as classes dirigentes italianas se propuserem alcançar, desde as origens do Estado unitário até hoje, foi o de manter subjugadas as grandes massas da população trabalhadora e impedir que se tornem, organizando-se em torno do proletariado industrial e agrícola, uma força revolucionária capaz de realizar uma completa transformação social e política e fazer surgir um Estado proletário. A debilidade intrínseca do capitalismo, porém, obrigou-as a pôr como base do ordenamento econômico e do Estado burguês uma unidade obtida por meio de compromissos entre grupos não homogêneos. Visto de uma ampla perspectiva

222 | OS LÍDERES E AS MASSAS

histórica, esse sistema demonstra não ser adequado ao objetivo proposto. Com efeito, toda forma de compromisso entre os diferentes grupos que dirigem a sociedade italiana tem como consequência criar obstáculos ao desenvolvimento de uma ou outra parte da economia do país. Assim são geradas novas contradições e novas reações da maioria da população, tornando necessário acentuar a pressão sobre as massas, e produz-se um impulso cada vez mais decidido no sentido da mobilização para uma revolta contra o Estado.

11. O primeiro período de existência do Estado italiano (1870-1890) é o de sua maior debilidade. As duas partes que compõem a classe dirigente – por um lado, os intelectuais burgueses e, por outro, os capitalistas – convergem no propósito de manter a unidade, mas se dividem sobre a forma que se deve dar ao Estado unitário. Falta entre elas uma homogeneidade positiva. Os problemas que o Estado se propõe resolver são limitados, referem-se mais à forma que à substância do domínio político da burguesia; predomina acima de tudo o problema do equilíbrio orçamentário, que é um problema de mera conservação. Somente com o início do "transformismo" surge a consciência de que é necessário ampliar a base das classes que dirigem o Estado[10].

Nesse período, a maior debilidade do Estado é dada pelo fato de que o Vaticano, atuando por fora de tudo isso, reúne em torno de si um bloco reacionário e antiestatal, constituído pelos latifundiários e pela grande massa dos camponeses atrasados, controlados e dirigidos pelos latifundiários e pelos padres. O programa do Vaticano consta de duas partes: ele

---

[10] O termo "transformismo" nasceu no interior do Parlamento italiano e se tornou frequente no vocabulário político a partir de 1876, como sinônimo de "corruptela" e "confusão". Ver Ettore Albertoni, *La teoria della classe politica nella crisi del parlamentarismo* (Milão, Istitutto Editoriale Cisalpino, 1968). No cárcere, ao analisar o período pós-unificação (a partir de 1870), Gramsci sistematizou e deu universalidade a esse termo, formulando, então, o conceito de transformismo como uma das "formas históricas da revolução passiva". Nesse sentido, os processos de transformismo consistem em expressões políticas das ações de direção de classe que se caracterizam pela "absorção dos elementos ativos vindos das classes aliadas e também daquelas inimigas", de forma que "a absorção das elites das classes inimigas leva à decapitação destas e a sua impotência". Antonio Gramsci, *Quaderni del carcere: edizione crittica dell'Istituto Gramsci a cura di Valentino Gerratana* (Turim, Einaudi, 1975), p. 41, 962.

A SITUAÇÃO ITALIANA E AS TAREFAS DO PCI | 223

quer lutar contra o Estado burguês unitário e "liberal" e, ao mesmo tempo, constituir com os camponeses um exército de reserva contra o avanço do proletariado socialista, provocado pelo desenvolvimento da indústria. O Estado reage à sabotagem promovida contra ele pelo Vaticano, o que dá lugar a toda uma legislação de conteúdo e finalidade anticlericais.

12. No período que vai de 1890 a 1900, a burguesia se coloca resolutamente o problema da organização da sua própria ditadura – e o resolve mediante uma série de medidas de caráter político e econômico que determinam a subsequente história italiana.

Em primeiro lugar, resolve-se o problema da dissensão entre a burguesia intelectual e os industriais: o sinal disso é o advento de Crispi no poder[11]. A burguesia, assim fortalecida, resolve o problema de suas relações com o exterior (Tríplice Aliança), adquirindo uma segurança que lhe permite tentar o ingresso no campo da concorrência internacional pela conquista de mercados coloniais[12]. Internamente, a ditadura burguesa se instaura no terreno político restringindo o direito de voto, o que reduz o corpo eleitoral a pouco mais de 1 milhão de votantes, num total de 30 milhões de habitantes. No terreno econômico, a introdução do protecionismo industrial-agrário corresponde ao propósito do capitalismo de obter o controle de toda a riqueza nacional. Com isso, é estabelecida uma aliança entre industriais e latifundiários. Tal aliança subtrai ao Vaticano parte das forças que ele reunira em torno de si, sobretudo entre os latifundiários do Sul, e faz com que elas ingressem no quadro do Estado burguês. De resto, o próprio Vaticano percebe a necessidade de dar maior destaque à parte de seu programa reacionário referente à resistência ao movimento operário, o que o leva a tomar posição contra o socialismo na encíclica *Rerum*

---

[11] Francesco Crispi (1818-1901), político liberal moderado, foi presidente do Conselho de Ministros em 1887-1891 e 1893-1896. Crispi governou a Itália em uma fase de profunda crise econômica, "marcada pelo protecionismo e por uma guerra alfandegária com a França que leva a uma redução de 40% das exportações italianas, além de escândalos de corrupção e da derrocada do sistema bancário". Gianni Fresu, *Nas trincheiras do Ocidente: lições sobre fascismo e antifascismo* (Ponta Grossa, Editora UEPG, 2017), p. 38.

[12] Durante os governos Crispi houve, pela primeira vez na história da Itália, uma política externa imperialista, inserindo "o país numa guerra de agressão colonial contra a Eritreia. A derrota dessa aventura, terminada num desastre, marcou a crise do seu governo". Ibidem, p. 39.

Novarum[13]. Contudo, ao perigo que o Vaticano continua a representar para o Estado, as classes dirigentes reagem por meio de sua organização unitária na maçonaria, com um programa anticlerical.

Os primeiros progressos reais do movimento operário ocorrem efetivamente nesse período. A instauração da ditadura industrial-agrária põe em seus termos reais o problema da revolução, determinando-lhe os fatores históricos. Surge no Norte um proletariado industrial e agrícola, enquanto no Sul a população rural – submetida a um sistema de exploração "colonial" – continua mantida em estado de sujeição, mediante uma repressão política cada vez mais forte. Nesse período, os termos da "questão meridional" são colocados de modo claro. E espontaneamente, sem a intervenção de um fator consciente e até mesmo sem que o Partido Socialista tivesse deduzido desse fato uma indicação para sua estratégia de partido da classe operária, verifica-se nesse período, pela primeira vez, a confluência das tentativas insurrecionais do proletariado do Norte com uma revolta dos camponeses do Sul (*fasci* sicilianos)[14].

13. Derrotadas as primeiras tentativas insurrecionais dos operários e dos camponeses contra o Estado, a burguesia italiana consolidada pôde adotar, para obstaculizar os progressos do movimento operário, os métodos exteriores da democracia e aqueles da corrupção política contra a parte mais avançada da população trabalhadora (aristocracia operária), com o objetivo de torná-la cúmplice da ditadura reacionária que essa burguesia continua a exercer e de impedi-la de converter-se no centro da insurreição popular contra o Estado. Essa foi a política de Giolitti. Entre 1900 e 1910, porém, ocorre uma fase de concentração industrial e agrária. O proletariado agrícola cresce 50%, em detrimento das categorias de

---

[13] A encíclica *Rerum Novarum* foi promulgada em 15 de maio de 1891, pelo papa Leão XIII, e a partir dela a Igreja católica se posicionou sobre questões sociais e inaugurou a doutrina social da Igreja.

[14] Os *fasci siciliani* (feixes, agremiações, grupos sicilianos), também conhecidos como *fasci dei lavoratori* [feixes dos trabalhadores] formaram um movimento na Sicília entre 1891 e 1894, composto por camponeses e mineiros, que se somou, no contexto da crise agrária de 1893, aos movimentos de protesto no campo. Foram duramente reprimidos pelo governo Crispi, terminando com dezenas de mortos e centenas de presos.

A SITUAÇÃO ITALIANA E AS TAREFAS DO PCI | 225

colonos, meeiros e arrendatários. Disso resultam uma onda de movimentos agrários e uma nova orientação dos camponeses que obrigam o Vaticano a reagir com a fundação da "Ação Católica" e um movimento "social" que, em suas formas extremas, termina por assumir a aparência de uma reforma religiosa (modernismo). A essa reação do Vaticano para não perder o controle das massas corresponde o acordo dos católicos com as classes dirigentes para dar ao Estado uma base mais segura (abolição do *non expedit*, pacto Gentiloni)[15]. Por volta do fim desse terceiro período (1914), os diversos movimentos parciais do proletariado e dos camponeses culminam numa nova tentativa inconsciente de conjugar as diversas forças antiestatais de massa numa insurreição contra o Estado reacionário. Essa tentativa já coloca, com bastante destaque, o problema que aparecerá em toda a sua amplitude no pós-guerra, ou seja, o da necessidade de que o proletariado organize, a partir de si mesmo, um partido de classe, que o torne capaz de se colocar à frente da insurreição e de dirigi-la.

14. O máximo de concentração econômica no terreno industrial ocorre no pós-guerra. O proletariado alcança o mais alto grau de organização, e a isso corresponde o grau máximo de desagregação das classes dirigentes e do Estado. Todas as contradições imanentes ao organismo social italiano afloram com a máxima crueza, graças ao despertar para a vida política, até mesmo das massas mais atrasadas, provocado pela guerra e por suas consequências imediatas. E, como sempre, o avanço dos operários da indústria e da agricultura é acompanhado de uma profunda agitação das massas camponesas, tanto do Sul como de outras regiões. As grandes greves e a ocupação das fábricas ocorrem ao mesmo tempo que a ocupação das terras. A resistência das forças reacionárias se exerce ainda segundo a direção tradicional. O Vaticano permite que, ao lado da "Ação Católica", se forme um partido propriamente dito, o qual se propõe inserir as massas camponesas no quadro do Estado burguês, satisfazendo aparentemente suas aspirações de redenção econômica e de democracia política[16]. As

---

[15] O *non expedit* foi uma determinação da Igreja católica que proibiu a participação dos fiéis na vida política na Itália, aplicada, por derivação, à participação nas eleições.

[16] Logo após a revogação do *non expedit*, em 1919, foi fundado o Partido Popular Italiano (PPI), inspirado na doutrina social da Igreja católica.

classes dirigentes, por sua vez, põem em prática, em grande estilo, o plano de corrupção e desagregação interna do movimento operário, dando aos líderes oportunistas a possibilidade de que uma aristocracia operária colabore com o governo, numa tentativa de solução "reformista" do problema do Estado (governo de esquerda). Mas, num país pobre e desunido como a Itália, o simples anúncio de uma solução "reformista" do problema do Estado inevitavelmente provoca a desagregação da unidade estatal e social, que não resiste ao choque dos numerosos grupos em que estão pulverizadas as classes dirigentes e as classes intermediárias. Cada grupo tem suas próprias exigências de proteção econômica e autonomia política; e, na ausência de um núcleo homogêneo de classe que saiba impor, com sua ditadura, uma disciplina de trabalho e produção a todo o país, desbaratando e eliminando os exploradores capitalistas e latifundiários, o governo se torna inviável e a crise do poder permanece continuamente aberta.

Nesse período decisivo, a derrota do proletariado revolucionário se deve às deficiências políticas, organizativas, táticas e estratégicas do partido dos trabalhadores. Em consequência dessas deficiências, o proletariado não consegue liderar a insurreição da grande maioria da população nem orientá-la no sentido da criação de um Estado operário. Ao contrário, esse partido sofre a influência de outras classes sociais, o que paralisa sua ação. A vitória do fascismo em 1922 deve, portanto, ser considerada não uma vitória obtida contra a revolução, mas uma consequência da derrota imposta às forças revolucionárias por suas próprias deficiências.

O FASCISMO E SUA POLÍTICA

15. O fascismo, como movimento de reação armada que tem como meta desagregar e desorganizar a classe trabalhadora a fim de imobilizá-la, inscreve-se no quadro da política tradicional das classes dirigentes italianas e na luta do capitalismo contra a classe operária. Por isso, ele é favorecido indistintamente – em suas origens, sua organização e sua trajetória – por todos os velhos grupos dirigentes, mas sobretudo pelos latifundiários, que sentem de modo mais ameaçador a pressão das plebes rurais.

Socialmente, porém, o fascismo tem sua base na pequena burguesia urbana e numa nova burguesia agrária surgida de uma transformação da propriedade rural em algumas regiões (fenômenos de capitalismo agrário na Emília, surgimento de setores médios no campo, "bancos da terra", novas divisões de terrenos). Esse fato e o fato de ter encontrado uma unidade ideológica e organizativa nas formações militares em que se revive a tradição da guerra (arditismo)[17] e que servem na guerrilha contra os trabalhadores permitem ao fascismo conceber e pôr em prática um plano de conquista do Estado em oposição às velhas camadas dirigentes. É absurdo falar aqui em revolução. Mas as novas camadas que se agrupam em torno do fascismo trazem de sua origem uma homogeneidade e uma mentalidade comum de "capitalismo nascente". Isso explica que seja possível a luta contra os políticos do passado e que tais camadas possam justificá-la com uma construção ideológica contraposta às teorias tradicionais do Estado e de suas relações com os cidadãos. Em essência, o fascismo modifica o programa de conservação e de reação que sempre dominou a política italiana tão somente por adotar um modo diverso de conceber o processo de unificação das forças reacionárias. Os fascistas substituem a tática dos acordos e dos compromissos pelo objetivo de realizar uma estreita unidade de todas as forças da burguesia num só organismo político, sob o controle de uma única central, que deveria dirigir ao mesmo tempo o partido, o governo e o Estado. Esse objetivo corresponde à vontade de resistir até o fim contra qualquer ataque revolucionário, o que permite ao fascismo recolher as adesões da parte mais decididamente reacionária da burguesia e dos latifundiários.

---

[17] Em 1917, durante a Primeira Guerra Mundial, o termo *arditismo* foi empregado oficialmente para referir-se a uma elite entre as Forças Armadas italianas. O termo *arditi* como adjetivo significa "audazes", por isso é utilizado para nomear os soldados voluntários agrupados em unidades de ataque que formavam a elite no campo de batalha. O futurista Filippo Tommaso Marinetti lutou nessas tropas de elite e ajudou a construir uma ideologia que distinguia os *arditi* das demais partes do exército. Posteriormente, com o fim da guerra, os *arditi* passaram a integrar as fileiras fascistas. Mais tarde surgiram os *arditi del popolo* [audazes do povo], movimento de resistência ao fascismo. Ver V. Gentili, *Roma combatente: dal "biennio rosso" agli arditi del popolo, la storia mai raccontata degli uomini e delle organizzazioni che inventarono la lotta armata in Italia* (Roma, Castelvecchi, 2010), p. 28.

228 | Os líderes e as massas

16. O método fascista de defesa da ordem, da propriedade e do Estado desagrega a unidade social e suas superestruturas políticas ainda mais que o sistema tradicional dos compromissos e da política de esquerda. As reações que ele provoca devem ser examinadas em relação à sua aplicação tanto no terreno econômico quanto no terreno político.

No campo político, cabe observar, antes de mais nada, que a unidade orgânica da burguesia no fascismo não se realiza imediatamente após a conquista do poder. Permanecem fora do fascismo os centros de uma oposição burguesa ao regime. Por um lado, não é absorvido o grupo que continua a crer na solução giolittiana do problema do Estado. Esse grupo se liga a um segmento da burguesia industrial e, com um programa de reformismo "trabalhista", exerce influência sobre estratos de operários e pequeno-burgueses. Por outro lado, o programa de fundar o Estado na democracia rural do Sul e na parte "sadia" do capitalismo do Norte (*Corriere della Sera*, livre-cambismo, Nitti) tende a se tornar programa de uma organização política de oposição ao fascismo, que tem sua base de massa no Sul (União Nacional)[18].

O fascismo é obrigado a lutar vivamente não só contra a sobrevivência desses grupos, mas ainda mais radicalmente contra a maçonaria, que ele considera corretamente o centro de organização de todas as forças tradicionais de sustentação do Estado. Essa luta – que, voluntária ou involuntariamente, é indício de uma fissura no bloco das forças conservadoras e antiproletárias – pode favorecer, em determinadas condições, o desenvolvimento e a afirmação do proletariado como terceiro e decisivo fator de uma situação política.

No campo econômico, o fascismo age como instrumento de uma oligarquia industrial e agrária para concentrar nas mãos do capitalismo o controle de todas as riquezas do país. Isso deve levar necessariamente a um descontentamento da pequena burguesia, que acreditava que, com o advento do fascismo, havia chegado a era de sua dominação.

---

[18] A União Nacional (*Unione Nazionale*) foi um grupo antifascista que fez parte da Assembleia das Oposições realizada no dia 30 de novembro de 1924. Sobre isso, conferir Gianni Fresu, *Nas trincheiras do Ocidente*, cit., p. 188.

Toda uma série de medidas foi adotada pelo fascismo para favorecer uma nova concentração industrial (fim do imposto sobre sucessões, política financeira e fiscal, aumento do protecionismo), e a elas correspondem outras medidas em favor dos latifundiários e contra os pequenos e médios agricultores (impostos, tributo sobre o grão, "batalha do grão"). A acumulação gerada por essas últimas medidas não representa um aumento da riqueza nacional, mas a espoliação de uma classe em favor de outra, ou seja, das classes trabalhadoras e médias em favor da plutocracia. O objetivo de favorecer a plutocracia aparece desavergonhadamente no projeto de legalizar, pelo novo código comercial, o regime das ações privilegiadas: desse modo, um pequeno punhado de financistas passa a poder dispor, sem controle, de grandes massas de poupança provenientes da média e da pequena burguesia, e esses segmentos são expropriados do direito de dispor de sua riqueza. No mesmo plano, mas com consequências políticas mais amplas, insere-se o projeto de unificação dos bancos emissores, ou seja, na prática, a supressão dos dois grandes bancos meridionais. Esses dois bancos desempenham hoje a função de absorver as poupanças do Sul e as remessas dos emigrantes (600 milhões), ou seja, desempenham a função que, no passado, era do Estado, com a emissão de bônus do Tesouro, e pelo Banco de Descontos, no interesse de parte da indústria pesada do Norte. Os bancos meridionais foram controlados até agora pelas próprias classes dirigentes do Sul, que encontraram nesse controle uma base real para sua dominação política. A supressão dos bancos meridionais como bancos emissores fará com que essa função se transfira para a grande indústria do Norte, que controla, por meio do Banco Comercial, o Banco da Itália; com isso, não só se acentuarão a exploração econômica "colonial" e o empobrecimento do Sul, como será acelerado o longo processo de separação entre o Estado e a pequena burguesia meridional.

A política econômica do fascismo se completa com medidas voltadas a elevar o curso da moeda, sanear o orçamento do Estado, pagar as dívidas de guerra e favorecer a intervenção do capital anglo-americano na Itália. Em todos esses campos, o fascismo realiza o programa da plutocracia (Nitti) e de uma minoria industrial-agrária em detrimento da grande maioria da população, cujas condições de vida pioram progressivamente.

230 | Os líderes e as massas

Coroamento de toda a propaganda ideológica e da ação política e econômica do fascismo é sua tendência ao "imperialismo". Esta é a expressão da necessidade sentida pelas classes dirigentes industriais-agrárias italianas de encontrar os elementos para a resolução da crise da sociedade italiana fora do campo nacional. Nela residem os germes de uma guerra, que será travada aparentemente em nome da expansão italiana, mas na qual a Itália fascista será, na verdade, um instrumento nas mãos de um dos grupos imperialistas que disputam o domínio do mundo.

17. Em consequência da política do fascismo, há profundas reações das massas. O fenômeno mais grave é a separação cada vez mais decidida entre as populações agrárias do Sul e das ilhas e o sistema de forças que sustenta o Estado. A velha classe dirigente local (Orlando, Di Cesarò, De Nicola etc.) não mais exerce de modo sistemático sua função de elo com o Estado. A pequena burguesia, portanto, tende a aproximar-se dos camponeses. O fascismo leva ao extremo o sistema de exploração e opressão das massas meridionais; isso facilita a radicalização também das categorias intermediárias e põe a questão meridional em seus verdadeiros termos, isto é, como questão que só será resolvida pela insurreição dos camponeses aliados do proletariado na luta contra os capitalistas e os latifundiários.

Também os camponeses médios e pobres de outras partes da Itália conquistam uma função revolucionária, se bem que mais lentamente. O Vaticano – cuja função reacionária foi assumida pelo fascismo – não tem mais o controle completo das populações rurais que tinha por intermédio dos padres, da "Ação Católica" e do Partido Popular. Uma parcela dos camponeses – que foi despertada para as lutas em defesa de seus interesses pelas organizações criadas e dirigidas pelas autoridades eclesiásticas –, agora sob a pressão econômica e política do fascismo, acentua sua orientação de classe e começa a sentir que seu destino não pode ser separado daquele da classe operária. Indício dessa tendência é o fenômeno Miglioli[19]. Outro sintoma bastante interessante da mesma tendência é o fato de que as organizações "brancas", que, sendo parte da "Ação Católica", subordinam-se

---

[19] Referência a Guido Miglioli (1879-1954), que dirigiu as primeiras greves das ligas camponesas católicas em 1915 e foi deputado entre 1913 e 1923 e membro da esquerda do Partido Popular até 1925, quando saiu da Itália em função da repressão do regime fascista.

diretamente ao Vaticano, tiveram de ingressar nos comitês intersindicais com as Ligas Vermelhas, expressão daquele perigo proletário que, desde 1870, os católicos indicavam como algo iminente na sociedade italiana. Quanto ao proletariado, a atividade desagregadora de suas forças encontra um limite na resistência ativa da vanguarda revolucionária e na resistência passiva da grande massa, que permanece fundamentalmente classista e dá sinais de que voltará a se mover tão logo diminua a pressão física do fascismo e se tornem mais fortes os estímulos do interesse de classe. A tentativa de provocar uma cisão no interior dos sindicatos fascistas pode ser considerada fracassada. Os sindicatos fascistas, mudando seu programa, tornam-se agora instrumentos diretos de repressão reacionária a serviço do Estado.

18a. Aos perigosos deslocamentos e aos novos alinhamentos das forças, provocados por sua política, o fascismo reage fazendo cair sobre toda a sociedade o peso de uma força militar e de um sistema de repressão que mantêm toda a população aprisionada no fato mecânico da produção, sem possibilidade de ter uma vida própria, de manifestar sua vontade e de organizar-se para a defesa de seus interesses.

A chamada legislação fascista tem como única finalidade consolidar e tornar permanente esse sistema. A nova lei político-eleitoral, as modificações do ordenamento administrativo (com a introdução do *podestà*[20] para os municípios rurais) etc., têm como objetivo garantir o fim da participação das massas na vida política e administrativa do país. O controle sobre as associações impede qualquer forma permanente e "legal" de organização das massas. A nova política sindical retira da Confederação do Trabalho e dos sindicatos de classe a possibilidade de firmar acordos, excluindo-os, assim, do contato com as massas que se organizaram em seu entorno. A imprensa proletária é suprimida. O partido de classe do proletariado é reduzido a uma vida de completa ilegalidade. As violências físicas e as perseguições policiais são empregadas de modo sistemático, sobretudo no campo, com o objetivo de incutir o terror e manter uma situação de estado de sítio.

---

[20] No regime fascista, o *podestà* era um interventor que concentrava num único mandatário as funções anteriormente atribuídas ao alcaide (prefeito) e ao conselho municipal.

O resultado dessa complexa atividade de reação e repressão é o desequilíbrio entre a relação real das forças sociais e a relação das forças organizadas, razão pela qual a um aparente retorno à normalidade e à estabilidade corresponde um aguçamento de contradições que, a qualquer momento, podem irromper por outros caminhos.

18b. A crise que se seguiu ao assassinato de Matteotti forneceu um exemplo da possibilidade de que a aparente estabilidade do regime fascista seja abalada em suas bases pela súbita irrupção de contradições econômicas e políticas que se aprofundaram sem que tal aprofundamento fosse percebido. Ao mesmo tempo, forneceu a prova de que a pequena burguesia, no atual período histórico, é incapaz de levar a cabo a luta contra a reação industrial-agrária.

FORÇAS MOTRIZES E PERSPECTIVAS DA REVOLUÇÃO

19. As forças motrizes da revolução italiana, como agora resulta de nossa análise, são as seguintes, por ordem de importância:

a) a classe operária e o proletariado agrícola;

b) os camponeses do Sul e das ilhas e os camponeses das demais partes da Itália.

O desenvolvimento e a rapidez do processo revolucionário não são previsíveis se forem desligados da avaliação dos elementos subjetivos, ou seja, do grau em que a classe operária é capaz de adquirir uma figura política própria, uma consciência de classe resoluta e uma independência em face de todas as demais classes, bem como do grau em que ela é capaz de organizar suas forças, isto é, de exercer de fato uma ação de guia dos demais fatores e, em primeiro lugar, de concretizar politicamente sua aliança com os camponeses.

Pode-se afirmar – em linhas gerais, mas também com base na experiência italiana – que passaremos do período da preparação revolucionária para um período revolucionário "imediato" quando o proletariado industrial e agrícola do Norte tiver reconquistado, graças à situação objetiva e mediante uma série de lutas parciais e imediatas, um alto grau de organização e combatividade.

A SITUAÇÃO ITALIANA E AS TAREFAS DO PCI | 233

Quanto aos camponeses, aqueles do Sul e das ilhas devem ser situados em primeiro plano, entre as forças com as quais a insurreição deve contar em sua luta contra a ditadura industrial-agrária, ainda que não se deva atribuir a eles, se considerados fora da aliança com o proletariado, uma importância resolutiva. A aliança entre eles e os operários é resultado de um processo histórico natural e profundo, favorecido por todas as vicissitudes do Estado italiano. Para os camponeses das outras partes da Itália, o processo de orientação para a aliança com o proletariado é mais lento e deverá ser favorecido por uma atenta ação política do partido do proletariado. De resto, os sucessos já obtidos nesse terreno, na Itália, indicam que o problema do rompimento da aliança entre os camponeses e as forças reacionárias deve ser posto em grande parte, tal qual em outros países da Europa ocidental, como o problema da aniquilação da influência da organização católica sobre as massas rurais.

20. Os obstáculos para o desenvolvimento da revolução, além daquele da pressão fascista, estão relacionados com a variedade dos grupos em que se divide a burguesia. Cada um desses grupos se esforça para exercer influência ou sobre um segmento da população trabalhadora, com o objetivo de impedir que se amplie a influência do proletariado, ou sobre o próprio proletariado, com o objetivo de fazê-lo perder sua figura e sua autonomia de classe revolucionária. Constitui-se, assim, uma cadeia de forças reacionárias que, a partir do fascismo, compreende também: os grupos antifascistas que não têm uma grande base de massa (liberais); os que têm uma base nos camponeses e na pequena burguesia (democratas, ex-combatentes, populares, republicanos) e, em parte, também nos operários (Partido Reformista); e, finalmente, os que, tendo uma base proletária, buscam manter a massa operária numa condição de passividade, fazendo-a seguir a política de outras classes (Partido Maximalista). O grupo que dirige a Confederação do Trabalho deve ser avaliado segundo esse mesmo critério, ou seja, como o veículo de uma influência desagregadora de outras classes sobre os trabalhadores. Cada um dos grupos indicados mantém ligada a si uma parcela da população trabalhadora italiana. A modificação desse estado de coisas só pode ser concebida como consequência de uma sistemática e ininterrupta ação política da vanguarda proletária organizada no Partido Comunista.

234 | Os líderes e as massas

Uma atenção particular deve ser dada aos grupos e partidos que têm uma base de massa, ou tentam formá-la enquanto partidos democráticos ou regionais, junto à população agrícola do Sul e das ilhas (União Nacional, partidos de ação da Sardenha, do Molise, da Irpínia etc.). Esses partidos não exercem influência direta sobre o proletariado, mas são um obstáculo à realização da aliança entre os operários e os camponeses. Orientando as classes agrícolas do Sul para uma democracia rural e soluções democráticas regionais, eles rompem a unidade do processo de libertação da população trabalhadora italiana, impedindo os camponeses de levar a cabo sua luta contra a exploração econômica e política praticada pela burguesia e pelos latifundiários e preparando sua transformação em uma guarda branca da reação. O sucesso político da classe operária, também nesse campo, está ligado à ação política do partido do proletariado.

21. A possibilidade de uma derrubada do regime fascista mediante a ação de grupos antifascistas que se dizem democráticos só existiria se tais grupos conseguissem, neutralizando a ação do proletariado, controlar o movimento de massas até o ponto de frear seu desenvolvimento. A função da oposição burguesa democrática é, ao contrário, colaborar com o fascismo para impedir a reorganização da classe operária e a realização de seu programa de classe. Nesse sentido, um compromisso entre fascismo e oposição burguesa está em curso e deverá inspirar a política de toda formação de "centro" que vier a surgir das ruínas do Aventino. A oposição só poderá voltar a ser protagonista da ação de defesa do regime capitalista quando a própria repressão fascista não for mais capaz de impedir o desencadeamento dos conflitos de classe e quando o perigo de uma insurreição proletária e de sua convergência com uma guerra camponesa se revelar grave e iminente. Portanto, a possibilidade de que a burguesia e o próprio fascismo recorram ao sistema da reação mascarada sob a aparência de um "governo de esquerda" deve estar continuamente presente em nossas perspectivas[21].

22. Desta análise dos fatores da revolução e de suas perspectivas deduzem-se as tarefas do Partido Comunista. Vinculam-se a tal análise os

---

[21] Para a divisão do trabalho de funções entre fascismo e democracia, ver *Teses do V Congresso da Internacional Comunista*, realizado em julho de 1924. (N. E. I.)

critérios de sua atividade organizativa e de sua ação política. Dela decorrem as linhas diretivas e fundamentais de seu programa.

TAREFAS FUNDAMENTAIS DO PARTIDO COMUNISTA

23. Depois de ter resistido vitoriosamente à onda reacionária que pretendia destruí-lo (1923); depois de ter contribuído com sua ação para gerar um primeiro momento de contenção no processo de dispersão das forças trabalhadoras (eleições de 1924); depois de ter se valido da crise Matteotti para reorganizar uma vanguarda proletária que se opôs, com notável sucesso, à tentativa de instaurar um predomínio pequeno-burguês na vida política (Aventino) e de ter lançado as bases de uma efetiva política do proletariado em face dos camponeses, o partido se encontra hoje na fase da preparação política da revolução.

Sua tarefa fundamental pode ser apontada nestes três pontos:

1) organizar e unificar o proletariado industrial e agrícola para a revolução;

2) organizar e mobilizar em torno do proletariado todas as forças necessárias para a vitória revolucionária e para a fundação do Estado operário;

3) apresentar ao proletariado e seus aliados o problema da insurreição contra o Estado burguês e da luta pela ditadura proletária, bem como guiá-los política e materialmente para a solução desse problema mediante uma série de lutas parciais.

A CONSTRUÇÃO DO PARTIDO COMUNISTA COMO PARTIDO "BOLCHEVIQUE"

24. A organização da vanguarda proletária em Partido Comunista é a parte essencial de nossa atividade organizativa. Os operários italianos aprenderam com a própria experiência (1919-1920) que, onde falta a direção de um partido comunista, construído como partido da classe operária e como

partido da revolução, não é possível ter sucesso na luta pela derrubada do regime capitalista. A construção de um partido comunista que seja de fato partido da classe operária e partido da revolução – isto é, que seja um partido "bolchevique" – liga-se diretamente aos seguintes pontos fundamentais:

a) a ideologia do partido;

b) a forma da organização e sua coesão;

c) a capacidade de funcionar em contato com a massa;

d) a capacidade estratégica e tática.

Todos esses pontos estão estreitamente ligados entre si e não poderiam, em termos lógicos, ser separados. Com efeito, cada um deles indica e abarca uma série de problemas cujas soluções interferem e se sobrepõem reciprocamente. O exame em separado só será útil se tivermos presente que nenhum deles se resolve sem que todos sejam formulados em conjunto e sem que se encontre uma solução comum para eles.

A IDEOLOGIA DO PARTIDO

25. Uma completa unidade ideológica é necessária ao Partido Comunista para que ele possa cumprir em cada momento sua função de guia da classe operária. A unidade ideológica é elemento da força do partido e de sua capacidade política. É indispensável para transformá-lo num partido bolchevique. Base da unidade ideológica é a doutrina do marxismo e do leninismo, entendido este último como a doutrina marxista adequada aos problemas do período do imperialismo e do início da revolução proletária[22].

O Partido Comunista da Itália formou sua ideologia na luta contra a social-democracia (reformista) e o centrismo político representado pelo Partido Maximalista. Contudo, ele não encontra, na história do movimento operário italiano, uma rigorosa e contínua corrente de pensamento marxista à qual se remeter. De resto, falta em suas fileiras um conhecimento profundo e difundido das teorias do marxismo e do leninismo. Isso, portanto, possibilita os desvios.

---

[22] *Teses sobre a bolchevização do Executivo ampliado*, abril de 1925, n. 4 e 6. (N. E. I.)

A SITUAÇÃO ITALIANA E AS TAREFAS DO PCI | 237

A elevação do nível ideológico do partido deve ser obtida mediante uma sistemática atividade interna que se proponha levar a todos os membros uma completa consciência das metas imediatas do movimento revolucionário, certa capacidade de análise marxista das situações e uma consequente capacidade de orientação política (escola de partido). Deve-se recusar uma concepção que afirme que os fatores de consciência e maturidade revolucionária, que constituem a ideologia, possam ter lugar no partido sem que também se verifiquem num amplo número dos indivíduos que o compõem.

26. Não obstante suas origens na luta contra as degenerescências direitistas e centristas do movimento operário, o perigo de desvios de direita está presente no Partido Comunista da Itália.

No terreno teórico, ele é representado pelas tentativas de revisão do marxismo feitas pelo companheiro Graziadei, sob a veste de elucidação "científica" de alguns dos conceitos fundamentais da doutrina de Marx[23]. Decerto, as tentativas de Graziadei não podem levar à criação de uma corrente nem, portanto, de uma fração que ponha em risco a unidade ideológica e a solidez do partido. Mas nelas está implícito o apoio a correntes e desvios políticos de direita. De qualquer modo, indicam a necessidade de que o partido realize um estudo aprofundado do marxismo e adquira uma consciência teórica mais elevada e mais segura.

O perigo de que se crie uma tendência de direita está ligado à situação geral do país. A própria repressão exercida pelo fascismo tende a alimentar a opinião segundo a qual, já que o proletariado não pode derrubar rapidamente o regime, a melhor tática é aquela que conduz, se não a um bloco burguês-proletário para a eliminação constitucional do fascismo, pelo menos a uma passividade da vanguarda revolucionária, a uma não intervenção ativa do Partido Comunista na luta política imediata, de modo a permitir que a burguesia se sirva do proletariado como massa de manobra eleitoral contra o fascismo. Esse programa se apresenta na fórmula segundo a qual o Partido Comunista deve ser

---

[23] Antonio Graziadei (1873-1953) foi um economista e político italiano, um dos fundadores PCd'I. Concentrou seus estudos na crítica à teoria marxista do valor e da exploração capitalista.

a "ala esquerda" de uma oposição constituída por todas as forças que conspiram para a derrubada do regime fascista. Trata-se da expressão de um profundo pessimismo quanto às capacidades revolucionárias da classe operária.

O mesmo pessimismo e os mesmos desvios levam à interpretação errada da natureza e da função histórica dos partidos social-democratas no momento atual, ao esquecimento de que a social-democracia, embora ainda tenha sua base social em grande parte no proletariado, deve ser considerada, no que se refere à ideologia e à função política que desempenha, não uma ala direita do movimento operário, mas uma ala esquerda da burguesia, a ser desmascarada diante das massas.

O perigo de direita deve ser combatido com propaganda ideológica, contrapondo ao programa de direita um programa revolucionário da classe operária e de seu partido, mas também com meios disciplinares normais, sempre que a situação exigir.

27. O perigo de desvio de esquerda com relação à ideologia marxista e leninista também está ligado às origens do partido e à situação geral do país. Esse perigo é representado pela tendência extremista liderada pelo companheiro Bordiga. Tal tendência se formou no quadro da particular situação de desagregação e incapacidade programática, organizativa, estratégica e tática em que se encontrava o Partido Socialista Italiano, desde o fim da guerra até o Congresso de Livorno. De resto, sua origem e seu êxito decorrem do fato de que, sendo a classe operária uma minoria da população trabalhadora italiana, há o perigo contínuo de que seu partido seja corrompido pelas infiltrações de outras classes, em particular da pequena burguesia. A tendência de extrema esquerda reagiu a essa condição da classe operária, bem como à situação do Partido Socialista Italiano, desenvolvendo uma ideologia específica, ou seja, uma concepção da natureza do partido, de sua função e de sua tática, que está em contradição com a do marxismo e do leninismo:

a) A extrema esquerda define o partido (deixando de lado ou subestimando seu conteúdo social) como um "órgão" da classe operária que se constitui pela síntese de elementos heterogêneos. O partido, ao contrário, deve ser definido pondo-se em destaque, antes de mais nada, o fato de que ele é uma "parte" da classe operária. O erro na definição do partido leva a uma formulação errada dos problemas de organização e tática.

b) Para a extrema esquerda, a função do partido não é guiar a classe em todos os momentos, esforçando-se para manter contato com ela em qualquer mudança de situação objetiva, mas formar quadros preparados para guiar as massas quando o desenvolvimento da situação as tiver trazido para o partido, fazendo com que elas aceitem as posições programáticas e de princípio por ele fixadas.

c) No que se refere à tática, a extrema esquerda afirma que ela não deve ser determinada em função das situações objetivas e da posição das massas, de modo que ela esteja sempre intimamente ligada à realidade e permita contínuo contato com os mais amplos estratos da população trabalhadora, mas que deve ser determinada com base em preocupações formalistas. É própria do esquerdismo a concepção de que os desvios de princípio da política comunista não são evitados com a construção de partidos "bolcheviques" capazes de pôr em prática, sem cometer desvios, toda ação política exigida para a mobilização das massas e para a vitória revolucionária, mas podem ser evitados simplesmente pondo limites rígidos e formais, de caráter exterior, à tática (no campo organizativo, "adesão individual", ou seja, sem "fusões", que em determinadas condições, ao contrário, podem ser um eficientíssimo meio para ampliar a influência do partido; no campo político, distorção dos termos do problema da conquista da maioria, frente única sindical e não política, nenhuma diversidade no modo de lutar contra a democracia, conforme o grau de adesão das massas a formações democráticas contrarrevolucionárias e da iminência e gravidade de um perigo reacionário; recusa da palavra de ordem do governo operário e camponês). Portanto, recorre-se ao exame da situação dos movimentos de massa somente para verificação da linha deduzida, com base em preocupações formalistas e sectárias; desse modo, está sempre ausente, na determinação da política do partido, o elemento particular. Quebra-se a unidade e a completude de visão que é própria de nosso método de investigação política (dialética); a atividade do partido e suas palavras de ordem perdem eficiência e valor, conservando-se como atividades e palavras de simples propaganda.

Os líderes e as massas

Como consequência de tais posições, é inevitável a passividade política do partido, da qual o "abstencionismo" foi um aspecto no passado[24]. Isso permite uma aproximação entre o esquerdismo, por um lado, e, por outro, o maximalismo e os desvios de direita. De resto, tal como as tendências de direita, esse esquerdismo é a expressão de um ceticismo acerca da possibilidade de que a massa operária organize, a partir de si mesma, um partido de classe capaz de guiar a grande massa e mantê-la ligada a si em todos os momentos.

Deve-se travar a luta ideológica contra o esquerdismo de esquerda contrapondo a ele a concepção marxista e leninista do partido do proletariado como partido de massa e demonstrando a necessidade de que ele adapte sua tática às situações com o objetivo de poder transformá-las, de não perder o contato com as massas e de conquistar zonas de influência cada vez maiores.

O esquerdismo foi a ideologia oficial do Partido Comunista Italiano no primeiro período de sua existência. É defendido por companheiros que estiveram entre seus fundadores e deram uma enorme contribuição a sua construção depois [do Congresso] de Livorno. Portanto, há motivos que explicam por que essa concepção permaneceu tanto tempo enraizada na maioria dos companheiros, ainda que resultasse não de uma avaliação crítica integral da parte deles, mas sobretudo de um estado de espírito difuso. Por isso, é evidente que o perigo de extrema esquerda deve ser considerado uma realidade imediata, um obstáculo não apenas à unificação e à elevação ideológicas, mas também ao desenvolvimento político do partido e à eficiência de sua ação. Ele deve ser combatido enquanto tal, não só pela propaganda, mas também por uma ação política e, eventualmente, por medidas organizativas.

---

[24] Abstencionismo *lato sensu*, significava, na época, abster-se do direito de voto. No cárcere, Gramsci analisou o abstencionismo católico (a proibição pela Igreja católica da participação nas eleições por meio do *non expedict*), o abstencionismo do sindicalismo revolucionário e aquele presente na extrema esquerda do PCd'I, representada por Bordiga. Em linhas gerais, Gramsci considerava o abstencionismo "produto de uma forma de escolástica ou de uma filosofia positivista. Mas, sobretudo, é uma forma de economicismo [...] e de subestimação da política". Marcos del Roio, "Abstencionismo", em Guido Liguori e Pasquale Voza (orgs.), *Dicionário gramsciano (1926-1937)* (São Paulo, Boitempo, 2017), p. 29.

A SITUAÇÃO ITALIANA E AS TAREFAS DO PCI | 241

28. Elemento da ideologia do partido é o grau de espírito internacionalista que penetrou em suas fileiras. Ele é bastante forte entre nós como espírito de solidariedade internacional, mas não tanto como consciência de pertencimento a um partido mundial. Contribui para essa debilidade a tendência a apresentar a concepção da extrema esquerda como uma concepção nacional ("originalidade" e valor "histórico" das posições da "esquerda italiana"), que se opõe à concepção marxista e leninista da Internacional Comunista e busca substituí-la. Reside aqui a origem de uma espécie de "patriotismo de partido", que recusa enquadrar-se numa organização mundial segundo os princípios que são próprios dessa organização (recusa de cargos, luta internacional de frações etc.). Essa falta de espírito internacionalista cria o terreno para que repercuta no partido a campanha da burguesia contra a Internacional Comunista que a qualifica de órgão do Estado russo. Algumas das teses da extrema esquerda sobre isso estão ligadas às costumeiras teses dos partidos contrarrevolucionários. Elas devem ser combatidas com extremo vigor, mediante uma propaganda que demonstre ser historicamente competência do partido russo uma função predominante e dirigente na construção de uma internacional comunista e que esclareça qual é a posição do Estado operário russo – primeira e única conquista real da classe operária na luta pelo poder – em face do movimento operário internacional.

A BASE DA ORGANIZAÇÃO DO PARTIDO

29. Todos os problemas de organização são problemas políticos. Sua solução deve possibilitar ao partido a realização de sua tarefa fundamental, qual seja, fazer com que o proletariado adquira uma completa independência política, emprestar-lhe uma fisionomia, uma personalidade e uma consciência revolucionária precisas, impedir qualquer infiltração e influência desagregadora de classes e elementos que, mesmo tendo interesses contrários ao capitalismo, não desejam travar a luta contra ele até as últimas consequências.

Antes de mais nada, estamos diante de um problema político: a base da organização. A organização do partido deve ter como base a produção

242 | Os líderes e as massas

e, portanto, o local de trabalho (células). Esse princípio é essencial para a criação de um partido "bolchevique". Ele decorre do fato de que o partido deve estar aparelhado para dirigir o movimento de massa da classe operária, que é naturalmente unificada pelo desenvolvimento do capitalismo segundo o processo da produção.

Ao situar a base organizativa no local da produção, o partido opta pela classe sobre a qual ele se baseia. Proclama que é um partido de classe e de uma classe só, a classe operária.

Todas as objeções ao princípio que põe a base da organização do partido na produção partem de concepções ligadas a classes estranhas ao proletariado, ainda que sejam apresentadas por companheiros e grupos que se dizem de "extrema esquerda". Elas se apoiam numa avaliação pessimista das capacidades revolucionárias do operário e do operário comunista, sendo expressão do espírito antiproletário do pequeno-burguês intelectual, que acredita ser o sal da terra e vê o operário como instrumento material da transformação social e não como protagonista consciente e inteligente da revolução.

Sobre a questão das células, reproduzem-se no Partido Comunista Italiano a discussão e o conflito que na Rússia levaram à cisão entre bolcheviques e mencheviques a propósito do mesmo problema da opção de classe, do caráter de classe do partido e do modo de adesão ao partido de elementos não proletários. De resto, no caso da situação italiana, isso tem notável importância. É a própria estrutura social, as condições e as tradições da luta política que fazem com que na Itália seja bem mais sério que em outros lugares o perigo de construir o partido com base numa "síntese" de elementos heterogêneos, ou seja, abrir o caminho para a influência paralisante de outras classes. Ademais, trata-se de um perigo que se tornará cada vez mais sério em razão da própria política do fascismo, que empurrará para o terreno revolucionário estratos inteiros da pequena burguesia.

É certo que o Partido Comunista não pode ser apenas um partido de operários. A classe operária e seu partido não podem dispensar os intelectuais nem ignorar o problema de agrupar em torno de si e guiar todos os elementos que, por um caminho ou outro, sejam impelidos a revoltar-se contra o capitalismo. O Partido Comunista também não pode fechar as portas para os camponeses: ao contrário, deve ter camponeses em seu seio e valer-se deles para estreitar o vínculo político entre o proletariado e as classes rurais. Mas deve rechaçar energicamente, como contrarrevolucionária, qualquer concessão que transforme o partido numa "síntese" de elementos heterogêneos, em vez de afirmar, sem concessões desse tipo, que ele é uma parte do proletariado, que a marca da organização que lhe é própria deve ser dada pelo proletariado e que nele deve ser garantida ao proletariado uma função dirigente.

30. Não têm consistência as objeções práticas à organização com base na produção (células) que afirmam que essa estrutura organizativa não permitiria superar a concorrência entre as diversas categorias de operários e entregaria o partido ao arbítrio do burocratismo.

A prática do movimento de fábrica (1919-1920) demonstrou que somente uma organização aderente ao local e ao sistema de produção permite estabelecer um contato entre os estratos superiores e inferiores da massa trabalhadora (trabalhadores qualificados, não qualificados e manuais) e criar vínculos de solidariedade que minem pela base qualquer fenômeno de "aristocracia operária".

A organização por células leva à formação no partido de um estrato bastante amplo de dirigentes (secretários de célula, membros dos comitês de célula etc.), os quais são parte da massa e a ela permanecem ligados, ainda que exercendo funções dirigentes, ao contrário dos secretários de seções territoriais, que eram necessariamente elementos separados da massa trabalhadora. O partido deve dedicar particular atenção à educação desses companheiros, que formam o tecido conectivo da organização e são o instrumento de ligação com as massas. Qualquer que seja o ponto de vista a partir do qual for considerada, a transformação da estrutura com base na produção permanece sendo tarefa fundamental do partido no presente momento; trata-se de um meio para solucionar os mais importantes de seus problemas. Devemos insistir em tal transformação e intensificar todo o trabalho ideológico e prático para que isso ocorra.

SOLIDEZ DA ORGANIZAÇÃO DO PARTIDO. FRACIONISMO

31. A organização de um partido bolchevique deve ser, em todos os momentos da vida partidária, uma organização centralizada, dirigida pelo Comitê Central não só nas palavras, mas também nos fatos. Uma férrea disciplina proletária deve reinar em suas fileiras. Isso não significa que o partido deva ser dirigido de cima para baixo, com sistemas autocráticos. Tanto o Comitê Central como os órgãos inferiores de direção são formados com base em eleição e seleção de elementos capazes, realizada pela prova do trabalho e da experiência do movimento. Esse segundo requisito garante que os critérios para a formação dos grupos dirigentes locais e do grupo dirigente central não sejam mecânicos, formais e "parlamentares", mas correspondam a um processo real de formação de uma vanguarda proletária homogênea e ligada às massas.

O princípio da eleição dos órgãos dirigentes – democracia interna – não é absoluto, mas relativo às condições da luta política. Mesmo quando tal princípio sofre limitações, os órgãos centrais e periféricos devem sempre considerar seu poder não o resultado de uma imposição pelo alto, mas algo originário da vontade do partido; devem esforçar-se para acentuar seu caráter proletário e multiplicar seus laços com a massa dos companheiros e a classe operária. Essa última necessidade é particularmente sentida na Itália, onde a reação obrigou e ainda obriga a uma forte limitação da democracia interna.

A democracia interna depende também do grau de capacidade política dos órgãos periféricos e dos companheiros que trabalham na periferia. A ação que o centro exerce para ampliar essa capacidade possibilita uma extensão dos sistemas "democráticos" e a consequente redução, cada vez maior, do sistema de "cooptação" e das intervenções pelo alto para resolver questões organizativas locais.

32. A centralização e a solidez do partido exigem que não haja em seu seio grupos organizados que assumam caráter de fração. Isso diferencia fortemente um partido bolchevique dos partidos social-democratas, os quais contêm uma grande variedade de grupos e nos quais a luta de frações é a forma normal de elaboração das diretrizes políticas e de

A SITUAÇÃO ITALIANA E AS TAREFAS DO PCI | 245

seleção dos grupos dirigentes. Os partidos comunistas e a Internacional Comunista surgiram em consequência de uma luta de frações no interior da Segunda Internacional. Constituindo-se como partidos e organização mundial do proletariado, escolheram como norma de vida e desenvolvimento não mais a luta de frações, mas a colaboração orgânica de todas as suas tendências, por intermédio da participação nos órgãos dirigentes.

Com efeito, a existência e a luta de frações são incompatíveis com a essência do partido do proletariado, já que quebram sua unidade, abrindo caminho para a influência de outras classes. Isso não significa que não possam surgir tendências no partido e que, em alguns casos, as tendências não tentem se organizar em frações; no entanto, significa que se deve lutar energicamente contra essa última eventualidade para fazer com que os conflitos de tendências, a elaboração teórica e a seleção dos dirigentes sigam a forma que é própria dos partidos comunistas, ou seja, a de um processo de desenvolvimento real e unitário (dialético) e não a de controvérsias e lutas de caráter "parlamentar".

33. A experiência do movimento operário – que fracassou em consequência da impotência do Partido Socialista Italiano, pela luta de frações e pelo fato de que cada fração desenvolvia sua política independentemente do partido, paralisando a ação das demais frações e do próprio partido – oferece um bom terreno para criar e manter a solidez e a centralização que devem ser próprias de um partido bolchevique.

Entre os diversos grupos que originaram o Partido Comunista da Itália subsistem algumas diferenças, mas estas devem desaparecer com o aprofundamento da comum ideologia marxista e leninista. Somente entre os seguidores da ideologia antimarxista da extrema esquerda foi que se mantiveram por mais tempo uma homogeneidade e uma solidariedade de caráter fracionista. De resto, houve uma tentativa de passar de um fracionismo larvar para a luta aberta de fração, com a criação do chamado "comitê de entendimento"[25]. A intensidade com que o partido reagiu a essa tentativa insana de cindir suas forças atesta com segurança que, nesse

---

[25] O "Comitê de entendimento" foi uma tentativa da extrema esquerda do PCd'I de estabelecer uma fração organizada de oposição ao Comitê Central do partido. Ver "O significado e os resultados do III Congresso do Partido Comunista da Itália", p. 270 deste volume.

terreno, cairá no vazio toda tentativa de nos fazer voltar aos costumes da social-democracia.

O perigo de um fracionismo existe, em certa medida, também por causa da fusão com os "terceiro-internacionalistas" do Partido Socialista. Os "terceiro-internacionalistas" não têm uma ideologia comum, mas entre eles subsistem vínculos de caráter essencialmente corporativo, criados nos dois anos em que existiram como fração no seio do PSI: esses vínculos se afrouxaram cada vez mais, e não será difícil eliminá-los por completo.

A luta contra o fracionismo deve consistir, antes de mais nada, numa propaganda dos justos princípios organizativos; mas ela não terá sucesso enquanto o Partido Comunista Italiano não for capaz de voltar a considerar a discussão de seus problemas atuais e daqueles da Internacional como um fato normal e orientar suas tendências em relação a tais problemas.

O FUNCIONAMENTO DA ORGANIZAÇÃO DO PARTIDO

34. Um partido bolchevique deve ser organizado de modo a poder funcionar, em qualquer condição, em contato com a massa. Esse princípio adquire a maior importância entre nós, dada a repressão que o fascismo exerce com o objetivo de impedir que as reais relações de força se traduzam em relações de força organizadas. Somente com as máximas concentração e intensidade da atividade do partido será possível neutralizar, pelo menos em parte, esse fator negativo, impedindo que ele obstaculize de modo profundo o processo da revolução. Para isso, devem ser levados em consideração:

a) O número dos inscritos e sua capacidade política – esse número deve ser suficiente para permitir a contínua ampliação de nossa influência. Deve ser combatida a tendência a manter artificialmente reduzido o número dos quadros: isso leva à passividade, à atrofia. Todo inscrito, porém, deve ser um elemento ativo, capaz de difundir a influência do partido e pôr continuamente em prática suas diretrizes, dirigindo uma parte da massa trabalhadora.

b) A utilização de todos os companheiros num trabalho prático.

c) A coordenação unitária dos diversos tipos de atividade por intermédio de comitês nos quais se articule todo o partido enquanto órgão de trabalho entre as massas.

d) O funcionamento coletivo dos organismos centrais do partido, considerado condição para a constituição de um grupo dirigente "bolchevique", homogêneo e compacto.

e) A capacidade dos companheiros de trabalhar entre as massas, estar continuamente presente em seu seio, ocupar a primeira fila de todas as lutas, saber em todas as ocasiões assumir e manter a posição que é própria da vanguarda do proletariado. Enfatizamos esse ponto porque a necessidade do trabalho subterrâneo e a equivocada ideologia da "extrema esquerda" limitaram a capacidade de trabalho entre as massas e com as massas.

f) A capacidade dos organismos periféricos e dos companheiros individuais de enfrentar situações imprevistas e tomar atitudes corretas mesmo antes da chegada de indicações dos organismos superiores. Deve-se combater a forma de passividade, também ela resíduo das falsas concepções organizativas do esquerdismo, que consiste em não fazer mais do que "esperar as ordens de cima". O partido deve ter "iniciativa" em suas bases, ou seja, os organismos de base devem saber reagir imediatamente a qualquer situação imprevista e inesperada.

g) A capacidade de efetuar um trabalho "subterrâneo" (ilegal) e de defender o partido contra todo tipo de reação, sem perder o contato com as massas, mas, ao contrário, utilizando como defesa o próprio contato com os mais amplos segmentos da classe trabalhadora. Na atual situação, uma defesa do partido e de seu aparelho obtida somente pelo exercício de mera atividade de "organização interna" deve ser considerada um abandono da causa da revolução.

Cada um desses pontos deve ser considerado com atenção, já que indica ao mesmo tempo uma deficiência do partido e um progresso a ser realizado. Eles são tanto mais importantes quando é de esperar que os golpes da reação enfraqueçam ainda mais o aparelho de ligação entre o centro e a periferia, por maiores que sejam os esforços para mantê-lo intacto.

ESTRATÉGIA E TÁTICA DO PARTIDO

35. A capacidade estratégica e tática do partido é a capacidade de organizar e unificar, em torno da vanguarda proletária e da classe operária, todas as forças necessárias à vitória revolucionária e dirigi-las efetivamente à revolução, valendo-se para isso das situações objetivas e dos deslocamentos de forças que tais situações provocam, tanto entre a população trabalhadora quanto entre os inimigos da classe operária. Com sua estratégia e sua tática, o partido "dirige a classe operária" nos grandes movimentos históricos e em suas lutas cotidianas. Essas duas direções estão ligadas entre si e se condicionam reciprocamente.

36. O princípio de que o partido dirige a classe operária não deve ser interpretado de modo mecânico. Não se deve crer que o partido possa dirigir a classe operária por uma imposição autoritária vinda de fora; isso não é verdade para o período que antecede nem para aquele que sucede à conquista do poder. O erro de uma interpretação mecânica desse princípio deve ser combatido, no Partido Comunista Italiano, como uma possível consequência dos desvios ideológicos de extrema esquerda. Com efeito, tais desvios levam a uma arbitrária supervalorização formal do partido no que se refere a sua função de guia da classe. Afirmamos, ao contrário, que a capacidade de dirigir a classe decorre não do fato de que o partido se "proclame" o órgão revolucionário dessa classe, mas de que ele "efetivamente" se revele capaz, enquanto parte da classe operária, de se ligar a todos os segmentos dessa mesma classe e de imprimir à massa um movimento na direção desejada e favorecida pelas condições objetivas. Somente em consequência de sua ação entre as massas o partido poderá fazer com que estas o reconheçam como "seu" partido (conquista da maioria), e somente quando tal condição se efetivar o partido poderá presumir que está sendo seguido pela classe operária. A necessidade dessa ação entre as massas supera qualquer "patriotismo" de partido.

37. O partido dirige a classe penetrando em todas as organizações nas quais a massa trabalhadora se agrupa e realizando nelas e por meio delas uma mobilização sistemática de energias, segundo o programa da luta de classe, e uma ação de conquista da maioria para as diretrizes comunistas.

A SITUAÇÃO ITALIANA E AS TAREFAS DO PCI | 249

As organizações em que o partido trabalha e que tendem, por sua natureza, a incorporar toda a massa operária não podem jamais substituir o Partido Comunista, que é a organização política dos revolucionários, ou seja, a vanguarda do proletariado. Está excluída assim uma relação de subordinação, ou mesmo de "igualdade", entre as organizações de massa e o partido (como foi o caso do pacto sindical de Stuttgart ou do pacto de aliança entre o Partido Socialista e a Confederação Geral do Trabalho)[26]. A relação entre sindicatos e partido é uma relação especial de direção que se realiza mediante a atividade que os comunistas desenvolvem no seio dos sindicatos. Os comunistas se organizam em fração nos sindicatos e em todas as formações de massa; participam na linha de frente da vida dessas organizações e das lutas que elas travam, defendendo no interior delas o programa e as palavras de ordem do seu partido.

Toda tendência a alhear-se da vida das organizações nas quais for possível entrar em contato com as massas trabalhadoras, quaisquer que sejam essas organizações, deve ser combatida como um desvio perigoso, indício de pessimismo e fonte de passividade.

38. Nos países capitalistas, os sindicatos são os órgãos específicos de agrupamento das massas trabalhadoras. A ação nos sindicatos deve ser considerada essencial para a realização dos objetivos do partido. O partido que renuncia à luta para exercer sua influência nos sindicatos e conquistar sua direção renuncia, de fato, à conquista da massa operária e à luta revolucionária pelo poder.

Na Itália, a ação dos sindicatos assume uma importância particular, porque permite trabalhar, com intensidade maior e melhores resultados, pela reorganização do proletariado industrial e agrícola, que deve lhe devolver uma posição de predomínio em relação às demais classes sociais. Mas a repressão fascista e, em particular, a nova política sindical do fascismo criam uma situação de fato inteiramente peculiar. A Confederação do Trabalho e os sindicatos de classe foram despojados da possibilidade

---

[26] Em 1907, em Stuttgart, Alemanha, ocorreu o VII Congresso Internacional Socialista, no qual se tratou, entre outros temas, das relações entre o partido e os sindicatos. Em setembro de 1918, na Itália, foi firmado o Pacto de Aliança entre o PSI e a CGL para definição da colaboração na direção das greves e mobilizações do período.

250 | Os líderes e as massas

de desempenhar, nos moldes tradicionais, uma atividade de organização e defesa econômica. Tendem a se reduzir a simples escritórios de propaganda. Contudo, ao mesmo tempo, a classe operária, sob o impulso da situação objetiva, é levada a reagrupar suas próprias forças de acordo com novas formas de organização. O partido, portanto, deve ser capaz de desenvolver uma ação de defesa do sindicato de classe e de suas reivindicações de liberdade e, ao mesmo tempo, deve apoiar e estimular a tendência à criação de organismos representativos de massa, aderentes ao sistema da produção. Paralisada a atividade do sindicato de classe, a defesa do interesse imediato dos trabalhadores tende a realizar-se por uma fragmentação da resistência e da luta por fábrica, por categoria, por seção de trabalho etc. O Partido Comunista deve saber acompanhar todas essas lutas e dirigi-las de modo efetivo, impedindo que nelas se perca o caráter unitário e revolucionário das contradições de classe e, ao contrário, servindo-se delas para favorecer a mobilização de todo o proletariado e sua organização numa frente de combate (*Teses sindicais*)[27].

39a. O partido dirige e unifica a classe operária, participando de todas as lutas de caráter parcial, formulando e agitando um programa de reivindicações de interesse imediato da classe trabalhadora. As ações parciais e limitadas são consideradas pelo partido momentos necessários para a mobilização progressiva e a unificação de todas as forças da classe trabalhadora.

O partido combate a concepção segundo a qual não se deveria apoiar ou participar de ações parciais, sob a alegação de que os problemas que interessam à classe trabalhadora só podem ser resolvidos com a derrubada do regime capitalista e com uma ação geral de todas as forças anticapitalistas. O partido está consciente de que é impossível melhorar as condições

---

[27] As *Teses sindicais* foram elaboradas por Gramsci e Angelo Tasca para o II Congresso do PCd'I, realizado em Roma de 20 a 24 de março de 1922. Elas retratavam as disputas entre a perspectiva da democracia operária e da burocracia reformista. Gramsci e Tasca defendiam o controle a partir de baixo sobre os cargos executivos, favorecendo, assim, a participação direta na administração federal sindical, de modo que o sindicato fosse capaz de permear "a vida molecular da classe trabalhadora". Giancarlo Bergami, "Gramsci e il Fascismo nel Primo Tempo del Partito Comunista d'Italia", em *Belfagor* (Florença, Casa Editrice Leo S. Olschki s.r.l.), 31 de março de 1978, v. 33, n. 2, p. 159-72).

dos trabalhadores, de modo sério e duradouro, sob o imperialismo e antes que o regime capitalista seja derrubado. A agitação de um programa de reivindicações imediatas e o apoio às lutas parciais, contudo, são o único modo possível de atingir as grandes massas e mobilizá-las contra o capital. Por sua vez, toda agitação ou vitória de categorias operárias no campo das reivindicações imediatas torna mais aguda a crise do capitalismo, apressando sua queda até mesmo no plano subjetivo, na medida em que desloca o instável equilíbrio econômico sobre o qual seu poder se baseia hoje.

O Partido Comunista liga toda reivindicação imediata a um objetivo revolucionário; serve-se de cada luta parcial para mostrar às massas a necessidade da ação geral, da insurreição contra o domínio reacionário do capital; e tenta fazer com que cada luta de caráter limitado seja preparada e dirigida de modo tal que possa levar à mobilização e à unificação das forças proletárias, e não a sua dispersão. Ele sustenta essas suas concepções no interior das organizações de massa às quais cabe a direção dos movimentos parciais, diante dos partidos políticos que tomam a iniciativa de tais movimentos, ou ele mesmo toma a iniciativa de propor ações parciais, tanto no interior dos organismos de massa quanto na interlocução com outros partidos (tática da frente única). Em cada caso, ele se serve da experiência do movimento e do êxito de suas propostas para ampliar sua influência, demonstrando com os fatos que seu programa de ação é o único que corresponde aos interesses das massas e à situação objetiva, bem como para conduzir a uma posição mais avançada um setor atrasado da classe trabalhadora.

A iniciativa direta do Partido Comunista em favor de uma ação parcial pode ocorrer quando ele controlar, por meio de organismos de massa, parte significativa da classe trabalhadora ou quando estiver seguro de que uma palavra de ordem direta sua será igualmente seguida por parte significativa dessa classe. O partido, contudo, só tomará essa iniciativa quando, em face da situação objetiva, ela for capaz de produzir a seu favor um deslocamento das relações de força e representar um passo à frente na mobilização e na unificação da classe no terreno revolucionário.

Está excluída a possibilidade de que uma ação violenta de indivíduos ou de grupos sirva para tirar da passividade as massas operárias quando o partido não estiver profundamente ligado a tal ação. Em particular, a atividade de grupos armados, até mesmo como reação à violência física dos fascistas, só terá valor na medida em que estiver ligada a uma reação das massas ou for capaz de suscitá-la e prepará-la, obtendo no campo da mobilização das forças materiais o mesmo valor que têm as greves e as agitações econômicas particulares para a mobilização geral das energias dos trabalhadores em defesa de seus interesses de classe.

39b. É um erro imaginar que as reivindicações imediatas e as ações parciais só podem ter um caráter econômico. Dado que, com o aprofundamento da crise do capitalismo, as classes dirigentes capitalistas e agrárias são obrigadas, para manter seu poder, a limitar e suprimir as liberdades políticas e de organização do proletariado, a reivindicação de tais liberdades oferece um ótimo terreno para agitações e lutas parciais que podem chegar à mobilização de amplos estratos da população trabalhadora. Portanto, toda a legislação com a qual os fascistas suprimem, na Itália, até mesmo as mais elementares liberdades da classe operária deve fornecer ao Partido Comunista temas para a agitação e a mobilização das massas. Será tarefa do Partido Comunista ligar cada palavra de ordem que lançar nesse terreno às diretrizes gerais de sua ação, em particular à demonstração prática da impossibilidade de o regime instaurado pelo fascismo sofrer limitações e transformações radicais em sentido "liberal" e "democrático" sem que se tenha desencadeado contra o fascismo uma luta de massas, que deverá desembocar inexoravelmente na guerra civil. Essa convicção deve difundir-se nas massas, na medida em que conseguirmos, ligando as reivindicações parciais de caráter político àquelas de caráter econômico, transformar os movimentos "revolucionários democráticos" em movimentos revolucionários operários e socialistas.

Isso deverá ser obtido, em particular, no que se refere à agitação contra a monarquia. A monarquia é um dos sustentáculos do regime fascista; é a forma estatal do fascismo italiano. A mobilização antimonarquista das massas da população italiana é uma das metas que o Partido Comunista deve propor. Ela servirá para desmascarar de modo eficaz alguns dos grupos autointitulados antifascistas que se coligaram no Aventino. Contudo, tal mobilização deve ser sempre feita em comum com a agitação e a luta contra os outros pilares fundamentais do regime fascista: a plutocracia industrial e os latifundiários. Na agitação antimonarquista, de resto, o problema da forma do Estado será apresentado pelo Partido Comunista em relação contínua com o problema do conteúdo de classe que os comunistas pretendem emprestar ao Estado. Num passado recente (junho de 1925), o partido conseguiu ligar esses problemas adotando, como fundamento de sua ação política, a seguinte palavra de ordem: "Assembleia republicana com base em comitês operários e camponeses; controle operário na indústria; terra para os camponeses".

40. A tarefa de unificar as forças do proletariado e de toda a classe trabalhadora num terreno de luta é a parte "positiva" da tática da frente única e, nas circunstâncias atuais da Itália, é a tarefa fundamental do partido.

Os comunistas devem considerar a unidade da classe trabalhadora um resultado concreto, real, a obter, no esforço para impedir que o capitalismo ponha em prática seu plano de desagregar permanentemente o proletariado e tornar impossível qualquer luta revolucionária. Devem saber trabalhar de todos os modos para alcançar essa meta e, sobretudo, devem tornar-se capazes de se aproximar dos operários de outros partidos e daqueles sem partido, superando hostilidades e incompreensões descabidas e apresentando-se sempre como os campeões da unidade da classe operária na luta por sua defesa e por sua libertação.

A "frente única" de luta antifascista e anticapitalista que os comunistas se empenham para criar deve ser uma frente única organizada, ou seja, ter como base organismos em torno dos quais toda a massa encontre uma forma e se agrupe. Trata-se dos organismos representativos que as próprias massas tendem hoje a constituir, a partir das fábricas e por ocasião de cada agitação, depois que as possibilidades de funcionamento normal dos sindicatos começaram a ser limitadas. Os comunistas devem levar em conta essa tendência das massas e saber estimulá-la, desenvolvendo os elementos positivos que ela contém e combatendo os desvios particularistas a que ela pode dar lugar. O problema deve ser enfrentado sem preferências fetichistas por determinada forma de organização, tendo presente que nosso objetivo fundamental é alcançar uma mobilização e uma unidade orgânica de forças cada vez mais amplas. Para atingir tal objetivo, é preciso saber adaptar-se a todos os terrenos oferecidos pela realidade, explorar todos os motivos de agitação, insistir numa ou noutra forma de organização de acordo com as necessidades e segundo as possibilidades de desenvolvimento de cada uma delas[28].

41. A palavra de ordem dos comitês operários e camponeses deve ser considerada a fórmula que sintetiza toda a ação do partido, na medida em que se propõe criar uma frente única organizada da classe trabalhadora. Os comitês operários e camponeses são órgãos de unidade da classe trabalhadora em sua mobilização tanto para lutas de caráter imediato quanto para ações políticas de maior alcance. A palavra de ordem da criação de comitês operários e camponeses, portanto, é uma palavra de ordem de realização imediata em todos aqueles casos nos quais o partido conseguir, com sua atividade, mobilizar um segmento da classe trabalhadora bastante amplo (mais que uma só fábrica, mais que uma só categoria em uma localidade), mas, ao mesmo tempo, é uma solução política e uma palavra de agitação adequada a todo um período da vida e da ação do partido. Ela torna evidente e concreta a necessidade de que os trabalhadores organizem suas forças e as contraponham efetivamente àquelas de todos os grupos de origem e natureza burguesas, a fim se tornar o elemento determinante e preponderante da situação política.

42. A tática da frente única enquanto ação política (manobra) destinada a desmascarar partidos e grupos pretensamente proletários e revolucionários com base de massa é estreitamente ligada ao problema da direção das massas pelo Partido Comunista e ao problema da conquista da maioria. Na forma como foi definida pelos congressos mundiais [da Internacional Comunista], essa tática é aplicável a todos os casos em que, por causa da adesão das massas aos grupos que combatemos, a luta frontal contra eles não é suficiente para nos assegurar resultados rápidos e profundos. O êxito dessa tática depende do grau em que for precedida ou sucedida por uma efetiva obra de unificação e de mobilização de massas, obtida pelo partido com uma ação a partir de baixo.

---

[28] Ver *Teses sindicais*, capítulos relativos às comissões internas, aos comitês de agitação, às conferências de fábrica. (N. E. I.)

Na Itália, a tática da frente única deve continuar a ser adotada pelo partido, na medida em que ele ainda está longe de ter conquistado uma influência decisiva na maioria da classe operária e da população trabalhadora. As específicas condições italianas asseguram a vitalidade de formações políticas intermediárias, baseadas no equívoco e favorecidas pela passividade de uma parte da massa (maximalistas, republicanos, socialistas unitários). O grupo centrista que, com toda a probabilidade, surgirá da desagregação do Aventino será uma formação desse tipo. Só é possível lutar plenamente contra o perigo representado por essas formações com a tática da frente única. Mas não se deve supor que ela terá sucesso se não for seguida pelo trabalho que será feito, ao mesmo tempo, para pôr fim à passividade das massas.

42b. O problema do Partido Maximalista deve ser considerado com o mesmo parâmetro com que é considerado o problema de todas as outras formações intermediárias que o Partido Comunista combate enquanto obstáculo à preparação revolucionária do proletariado e diante das quais adota, conforme as circunstâncias, a tática da frente única. É certo que, em algumas zonas, o problema da conquista da maioria está especificamente ligado, para nós, ao problema de destruir a influência do PSI e de seu jornal. Os líderes do PSI, por sua vez, estão cada vez mais situados entre as forças contrarrevolucionárias e de conservação da ordem capitalista (campanha pela intervenção do capital americano, solidariedade de fato com os dirigentes sindicais reformistas). Nada permite excluir de vez a possibilidade de sua aproximação com os reformistas e de sua posterior fusão com eles. O Partido Comunista deve levar em conta essa possibilidade, empenhando-se desde já para que, quando essa fusão se realizar, as massas que ainda são controladas pelos maximalistas (mas que mantêm um espírito classista) afastem-se resolutamente deles e unam-se estreitamente às massas que se agrupam em torno da vanguarda comunista. Os bons resultados obtidos pela fusão com a fração "terceiro-internacionalista", decidida pelo V Congresso [da Internacional], ensinaram ao PCI como, em determinadas condições, é possível, mediante uma ação política bem preparada, obter resultados que não seriam obtidos por meio de uma atividade normal de propaganda e organização.

256 | Os líderes e as massas

43. Enquanto agita seu programa de reivindicações classistas imediatas e concentra sua atividade com o propósito de obter a mobilização e a unificação das forças operárias e trabalhadoras, o partido pode apresentar, para facilitar o desenvolvimento de sua própria ação, soluções intermediárias para os problemas políticos gerais, agitando tais soluções entre as massas que ainda aderem a partidos e formações contrarrevolucionárias. Essa apresentação e essa agitação de soluções intermediárias – distantes tanto das palavras de ordem do partido quanto do programa de inércia e passividade dos grupos que queremos combater – permitem incorporar ao partido forças mais amplas, evidenciar a contradição entre as palavras dos dirigentes e partidos de massa contrarrevolucionários e suas reais intenções, impulsionar as massas para soluções revolucionárias e ampliar nossa influência (exemplo: a proposta do "antiparlamento"). Não é possível prever todas essas soluções intermediárias, já que elas devem sempre aderir à realidade. Contudo, devem ser de tal natureza que possam constituir uma ponte para as palavras de ordem do partido; e deve ficar sempre evidente para as massas que uma eventual realização dessas palavras de ordem resultaria numa aceleração do processo revolucionário e no início de lutas mais profundas.

A apresentação e a agitação dessas soluções intermediárias são a forma específica de luta a ser usada contra os partidos pretensamente democráticos, que na realidade são um dos mais fortes sustentáculos da vacilante ordem capitalista e, nessa condição, alternam-se no poder com os grupos reacionários, quando esses partidos pretensamente democráticos são ligados a estratos importantes e decisivos da população trabalhadora (como ocorreu na Itália nos primeiros meses da crise Matteotti) e quando é iminente e grave o perigo reacionário (tática adotada pelos bolcheviques diante de Keriénski durante o golpe de Kornílov)[29]. Nesses casos, o Partido Comunista obtém os melhores resultados agitando as soluções

---

[29] Aleksandr Fëdorovič Keriénski (1881-1970), político russo de orientação social-democrata, após fevereiro de 1917 tornou-se ministro da Justiça e da Guerra e primeiro-ministro da Rússia. Lavr Georgievich Kornílov (1870-1918), general do Exército russo, tentou um golpe de Estado em agosto de1917. Ambos foram retirados do poder durante o processo da Revolução Russa.

que deveriam ser próprias dos partidos pretensamente democráticos caso estes soubessem travar pela democracia uma luta consequente, com todos os meios exigidos pela situação. Tais partidos, postos assim diante da prova dos fatos, são desmascarados perante as massas e perdem sua influência sobre elas.

44. Todas as agitações específicas conduzidas pelo partido e as atividades que ele põe em prática, em todos os terrenos, com o objetivo de mobilizar e unificar as forças da classe trabalhadora devem convergir e se sintetizar numa fórmula política capaz de ser facilmente compreendida pelas massas e que tenha junto a elas a máxima capacidade de agitação. Essa fórmula é a do "governo operário e camponês". Ela indica, mesmo às massas mais atrasadas, a necessidade da conquista do poder para a solução dos problemas que lhes interessam e, ao mesmo tempo, fornece os meios para levá-las ao terreno que é próprio da vanguarda proletária mais evoluída (luta pela ditadura do proletariado). Nesse sentido, trata-se de uma fórmula de agitação, mas que não corresponde a uma fase real do desenvolvimento histórico, a não ser no mesmo sentido que as soluções intermediárias mencionadas no parágrafo anterior. Com efeito, a realização de tal fórmula só pode ser concebida pelo partido como início de uma luta revolucionária direta, ou seja, da guerra civil conduzida pelo proletariado, em aliança com os camponeses, para a conquista do poder. O partido poderia ser levado a graves desvios de sua tarefa de guia da revolução se interpretasse o "governo operário e camponês" como algo correspondente a uma fase real de desenvolvimento da luta pelo poder, ou seja, se considerasse que essa palavra de ordem indica a possibilidade de que o problema do Estado seja resolvido, no interesse da classe operária, de outro modo que não pela ditadura do proletariado.

O SIGNIFICADO E OS RESULTADOS DO III CONGRESSO DO PARTIDO COMUNISTA DA ITÁLIA[1]

CINCO ANOS DE VIDA DO PARTIDO COMUNISTA

Dada a dificuldade de publicar imediatamente um relato jornalístico dos trabalhos do III Congresso do nosso partido, julgamos oportuno oferecer aos companheiros e à massa de leitores um exame e uma informação geral dos resultados do próprio congresso.

Apressamo-nos, portanto, a anunciar que o relatório material do congresso será publicado em breve em nosso jornal, e as deliberações e teses, em seu texto definitivo, serão posteriormente reunidas em um volume.

Os resultados numéricos dos votos no congresso foram os seguintes:

– ausentes e não consultados: 18,9%;

– dentre os presentes no congresso: votos pelo Comitê Central, 90,8%; para a extrema esquerda: 9,2%.

Nosso partido nasceu em janeiro de 1921, isto é, no momento mais crítico tanto da crise geral da burguesia italiana quanto da crise do movimento operário. A cisão, se historicamente necessária e inevitável, encontrou as grandes massas despreparadas e relutantes. Em tal situação, a organização material do novo partido encontrou as condições mais difíceis. Aconteceu, portanto, que o trabalho puramente organizativo, dada a dificuldade das condições em que teve de ser realizado, absorveu quase completamente as energias criativas do partido. Os problemas políticos que surgiram, por um lado, em razão da decomposição do pessoal dos antigos grupos dirigentes

---

[1] *L'Unità*, 24 de fevereiro de 1926 (N. E. I.). [Este documento foi ditado por Gramsci a Riccardo Ravagnan, que o transcreveu para *L'Unità*. Ele consiste na única sistematização conhecida sobre os resultados do Congresso de Lyon. Ver Antonio Gramsci, *Escritos políticos* (Lisboa, Seara Nova, 1977), v. 4, p. 87.]

burgueses e, por outro, por um processo análogo do movimento operário não puderam ser suficientemente aprofundados. Toda a linha política do partido nos anos imediatamente seguintes à cisão foi condicionada sobretudo pela necessidade de manter as fileiras do partido, fisicamente atacadas pela ofensiva fascista, por um lado, e, por outro, pelos miasmas cadavéricos da decomposição socialista. Era natural que, em tais condições, sentimentos e humores corporativos e sectários se desenvolvessem dentro do nosso partido. O problema político geral, inerente à existência e ao desenvolvimento do partido, não era visto no sentido de uma atividade para a qual o partido devesse tender a fim de conquistar as massas mais amplas e organizar as forças sociais necessárias para derrotar a burguesia e conquistar o poder, mas era visto como o problema da própria existência do partido.

A CISÃO DE LIVORNO

O fato da cisão foi visto em seu valor imediato e mecânico, e cometemos, em outro sentido, o mesmo erro que havia sido cometido por Serrati[2]. O companheiro Lênin havia dado a fórmula lapidar do significado das cisões na Itália quando disse ao companheiro Serrati: "Separe-se de Turati[3] e depois faça uma aliança com ele". Essa fórmula devia ter sido adotada por nós na cisão, que ocorreu de forma diferente daquela prevista por Lênin. Devíamos, isto sim, como era indispensável e historicamente necessário, ter nos separado não só do reformismo, mas também do maximalismo, que na realidade representava e representa o típico oportunismo italiano do movimento operário; mas depois disso, e continuando a luta ideológica e organizacional contra eles, devíamos ter tentado fazer uma aliança contra a reação. Para os dirigentes do nosso partido, toda ação da Internacional [Comunista] visando a uma aproximação com essa linha parecia um repúdio implícito à cisão de Livorno, como uma manifestação de arrependimento. Dizia-se que, aceitando tal abordagem da luta política, admitia-se que o nosso partido era

[2] Sobre Giacinto Menotti Serrati, ver "Amsterdã e Moscou", p. 87 deste volume.

[3] Filippo Turati era um expoente da ala direita do PSI, de orientação reformista.

260 | Os líderes e as massas

apenas uma nebulosa indefinida, enquanto estava certo e era preciso afirmar que o nosso partido, em seu nascimento, havia resolvido definitivamente o problema da formação histórica do partido do proletariado italiano. Essa opinião foi reforçada pelas experiências não muito distantes da revolução soviética na Hungria, onde a fusão entre comunistas e sociais-democratas foi certamente um dos elementos que contribuíram para a derrota.

O ALCANCE DA EXPERIÊNCIA HÚNGARA

Na realidade, a abordagem dada a esse problema pelo nosso partido era falsa e cada vez mais se manifestava como tal para as amplas massas do partido. Era justamente a experiência húngara[4] que devia ter nos convencido de que a linha seguida pela Internacional na formação do Partido Comunista não era a que atribuíamos a ela. Sabe-se, de fato, que o companheiro Lênin tentou vigorosamente opor-se à fusão entre os comunistas húngaros e os sociais-democratas, apesar de estes últimos se declararem partidários da ditadura do proletariado. Pode-se então dizer que o companheiro Lênin, via de regra, era contrário às fusões? Certamente não. O problema foi visto pelo companheiro Lênin e pela Internacional como um processo dialético pelo qual o elemento comunista, que é a parte mais avançada e consciente do proletariado, é colocado, tanto na organização partidária da classe trabalhadora quanto na função de liderança das grandes massas, à frente de tudo aquilo que de honesto e ativo se formou e existe na classe. Na Hungria, foi um erro destruir a organização comunista independente, no momento da tomada do poder, para dissolver e diluir o agrupamento constituído na maior e mais amorfa organização social-democrata, que não poderia deixar de recuperar o domínio. Também

---

[4] Em 1919 instaurou-se, na Hungria, com base numa aliança entre comunistas e sociais-democratas, uma república soviética que durou apenas cinco meses (de março a agosto). Em 1920, as páginas do semanário dirigido por Gramsci, *L'Ordine Nuovo*, registraram o debate entre Karl Radek (1885-1939) e Paul Levi (1883-1930), que, a despeito das divergências, concordavam na avaliação de que o erro teria sido a coalizão com a social-democracia. Ver *L'Ordine Nuovo*, ano II, n. 13, 21 de agosto de 1920, p. 99-101.

para a Hungria, o companheiro Lênin formulou a linha do nosso velho partido como uma aliança com a social-democracia, não como uma fusão. A fusão viria mais tarde, quando o processo de predomínio do agrupamento comunista estivesse mais desenvolvido no campo da organização sindical e do aparelho de Estado, e isso com a separação orgânica e política dos trabalhadores revolucionários dos líderes oportunistas.

Para a Itália, o problema apresentava-se em termos ainda mais simples do que na Hungria, porque não só o proletariado não havia conquistado o poder, mas um grande movimento de retirada estava começando no momento da formação do partido. Colocar na Itália a questão da formação do partido, como havia sido indicado pelo companheiro Lênin na fórmula expressa a Serrati, significava – na retirada do proletariado que então começava – dar ao nosso partido a possibilidade de reagrupar em torno de si os elementos do proletariado que tinham vontade de resistir, mas que, sob a direção maximalista, tinham sido abatidos pela debandada geral e caído progressivamente na passividade. Isso significa que a tática sugerida por Lênin e pela Internacional era a única capaz de fortalecer e desenvolver os resultados da cisão de Livorno e fazer do nosso partido o partido dominante da classe operária, de forma real e imediata, e não apenas em abstrato e como afirmação histórica, mas de maneira efetiva. Devido a essa falsa abordagem do problema, nós nos mantivemos sozinhos nas posições avançadas, junto com a fração das massas imediatamente mais próximas do partido, mas não fizemos o que era necessário para manter o proletariado como um todo em nossas posições. Este, no entanto, ainda era animado por um grande espírito de luta, como demonstram os muitos episódios, frequentemente heroicos, de resistência contra o avanço adversário.

O PARTIDO NOS ANOS 1921 E 1922

Outra fragilidade da nossa organização consistiu no fato de que esses problemas, dada a dificuldade da situação e dado que as forças partidárias foram absorvidas pela luta imediata para sua própria defesa física, não se

262 | Os líderes e as massas

tornaram objeto de discussão na base e, portanto, um elemento de desenvolvimento da capacidade ideológica e política do partido.

Aconteceu, desse modo, que o I Congresso do Partido Comunista[5], realizado em Livorno, no Teatro San Marco, imediatamente após a cisão, estabeleceu apenas tarefas de natureza organizativa imediata: formação dos órgãos centrais e organização geral do partido. O II Congresso[6] poderia e talvez devesse ter examinado e formulado as questões mencionadas, mas se contrapuseram a isso os seguintes elementos:

1) o fato de que não só a massa, mas também grande parte dos elementos mais responsáveis e mais próximos da direção do partido ignoravam, literalmente, que existiam divergências profundas e essenciais entre a linha seguida pelo nosso partido e aquela defendida pela Internacional;

2) o fato de o partido estar absorvido na luta física direta levou-o a subestimar as questões ideológicas e políticas em comparação com as puramente organizativas; era natural, portanto, que surgisse no partido um estado de ânimo que se opunha *a priori* ao aprofundamento de qualquer questão que pudesse despertar o risco de conflitos graves no grupo dirigente constituído em Livorno;

3) o fato de a oposição ter se revelado no Congresso de Roma e afirmado ser ela a única representante das diretrizes da Internacional foi, na situação dada, uma expressão do estado de exaustão e passividade de algumas áreas do partido.

A crise sofrida tanto pela classe dominante quanto pelo proletariado no período anterior ao advento do fascismo no poder confrontou, mais uma vez, o nosso partido com os problemas que o Congresso de Roma não teve a oportunidade de resolver. Em que consistiu essa crise? Os grupos de esquerda da burguesia, defensores, no discurso, de um governo democrático que se propunha estancar vigorosamente o movimento fascista, fizeram o Partido Socialista de árbitro para aceitar ou não aceitar essa solução, de modo a liquidá-lo politicamente sob o peso da responsabilidade por um acordo

---

[5] Realizado em Livorno em 21 de janeiro de 1921, após a divisão da fração comunista, no fim do XVII Congresso do PSI.

[6] Realizado em Roma de 20 a 24 de março de 1922.

antifascista fracassado. Nessa mesma forma de colocar a questão por parte dos democratas estava implícita a capitulação preventiva diante do movimento fascista, fenômeno que se reproduziu então no período da crise de Matteotti. No entanto, essa abordagem, se a princípio teve o poder de determinar um esclarecimento da situação no Partido Socialista, tendo produzido a separação entre maximalistas e reformistas, acabou agravando a situação do proletariado. De fato, a cisão tornou infrutífera a tática proposta pelos democratas, pois o governo de esquerda pensado por eles deveria incluir o Partido Socialista unido, ou seja, a captura da maioria da classe trabalhadora organizada pela máquina do Estado burguês, antecipando a legislação fascista e tornando politicamente inútil o experimento fascista direto. Por outro lado, a cisão, como ficou claro depois, apenas levara, mecanicamente, a um deslocamento para a esquerda dos maximalistas, os quais, se alegavam querer ingressar na Internacional Comunista e, portanto, reconhecer o erro cometido em Livorno, moviam-se, porém, com tantas reservas e reticências mentais a ponto de neutralizar o despertar revolucionário que a cisão provocara nas massas, levando-as a novas desilusões e a uma recaída na passividade, da qual se aproveitou o fascismo para marchar sobre Roma.

O NOVO RUMO DO PARTIDO

Essa nova situação se refletiu no IV Congresso da Internacional Comunista[7], no qual se chegou à formação do comitê de fusão, após incertezas e resistências ligadas à convicção, enraizada na maioria dos delegados do nosso partido, de que o movimento dos maximalistas representava apenas uma oscilação transitória e sem futuro. Em todo caso, é a partir desse momento que se inicia um processo de diferenciação, dentro do nosso partido, no grupo dirigente de Livorno, processo que prossegue incessantemente e sai do campo do fenômeno localizado de grupo para se tornar de todo o partido, quando se sentem e se desenvolvem os elementos da crise do fascismo iniciada com o Congresso de Turim do Partido Popular.

[7] Realizado em Moscou entre 5 de novembro e 5 de dezembro de 1922.

264 | Os líderes e as massas

Torna-se cada vez mais evidente que é necessário tirar o partido das posições defendidas em 1921-1922 se o que se quer é que o movimento comunista se desenvolva paralelamente à crise pela qual passa a classe dominante. As noções que tiveram tanta importância no passado, segundo as quais era necessário, antes de tudo, manter a unidade organizacional do partido, deviam-se ao fato de que, na situação de conflito entre o nosso partido e a Internacional, constituía-se em nossas fileiras um estado de fracionismo latente que encontrou expressão em grupos claramente de direita, muitas vezes de caráter liquidacionista. Tardar ainda mais para colocar em toda a sua amplitude as questões fundamentais da tática, sobre as quais hesitamos até agora em iniciar a discussão, significaria causar uma crise geral do partido, sem saída.

Surgiram assim novos agrupamentos que continuaram a desenvolver-se até as vésperas do nosso III Congresso[8], quando foi possível constatar que não só a grande maioria da base do partido (que nunca tinha sido abertamente questionada), mas também a grande maioria do antigo grupo dirigente, desvinculou-se claramente da concepção e da posição política da extrema esquerda para colocar-se completamente no terreno da Internacional e do leninismo.

A IMPORTÂNCIA DO III CONGRESSO

Do que foi dito até agora, fica claro quão grandes foram a importância e as tarefas do nosso III Congresso. Este deveria encerrar uma época inteira na vida do nosso partido, pondo fim às crises internas e determinando um conjunto estável de forças que permitisse ao partido desenvolver normalmente sua capacidade de liderança política das massas e, portanto, sua capacidade de ação.

O congresso realmente resolveu essas tarefas? Sem dúvida, todos os trabalhos do congresso mostraram como, apesar das dificuldades da situação, nosso partido conseguiu resolver sua crise de desenvolvimento, atingindo um nível notável de homogeneidade, unidade e estabilidade, certamente

---

[8] Realizado em Lyon de 20 a 26 de janeiro de 1926.

superior ao de muitas outras seções da Internacional. As intervenções nas discussões do congresso dos delegados de base, alguns dos quais vindos das regiões onde a atividade do partido é mais difícil, mostraram como os elementos fundamentais do debate entre a Internacional e o Comitê Central, por um lado, e a oposição, por outro, não só foram absorvidos mecanicamente pelo partido, mas, tendo determinado uma convicção consciente e difundida, contribuíram para elevar de forma imprevisível, até mesmo para os companheiros mais otimistas, o tom da vida intelectual da massa de companheiros e sua capacidade de direção e iniciativa política.

Esse nos parece ser o significado mais relevante do congresso. Descobriu-se que o nosso partido pode se chamar de massa não apenas pela influência que exerce sobre as amplas camadas da classe operária e do campesinato, mas porque adquiriu, nos elementos individuais que o compõem, capacidades de análise das situações, de iniciativa política e de força dirigente que lhe faltavam no passado e são a base de sua capacidade de direção coletiva.

Por outro lado, todo o trabalho realizado na base para organizar o congresso ideologicamente e na prática nas regiões e províncias onde a repressão policial observa com mais intensidade cada movimento dos nossos companheiros e o fato de que conseguimos manter durante sete dias mais de sessenta companheiros reunidos para o congresso do partido e quase o mesmo número para o congresso da juventude são em si mesmos a prova do desenvolvimento já mencionado. Está claro para todos que esse movimento de companheiros e organizações não é apenas um fato puramente organizativo, mas constitui, em si, uma manifestação muito alta de valor político.

Alguns números a esse respeito. Foram realizadas, na primeira fase da preparação congressual, de 2 mil a 3 mil reuniões de base que culminaram em mais de uma centena de congressos provinciais e interprovinciais, nos quais os delegados do congresso foram escolhidos após longas discussões.

VALOR POLÍTICO E RESULTADOS ALCANÇADOS

Todo operário é capaz de apreciar o significado desses poucos números que é possível publicar, após cinco anos do período de ocupação das fábricas e três anos de governo fascista, o qual intensificou o trabalho geral de controle sobre todas as massas e criou uma organização policial muito superior às organizações policiais anteriormente existentes.

Como a maior fragilidade da organização operária tradicional se manifestava essencialmente no desequilíbrio permanente – que se tornou catastrófico nos momentos culminantes da atividade de massa – entre o potencial dos quadros organizativos do partido e o impulso espontâneo vindo de baixo, é evidente que o nosso partido conseguiu, apesar das condições extremamente desfavoráveis do período atual, superar em grande medida essa debilidade e preparar forças organizacionais coordenadas e centralizadas que protejam a classe trabalhadora contra os erros e deficiências ocorridos no passado. Esse é outro dos significados mais importantes do nosso congresso: a classe operária é capaz de ação e demonstra que é historicamente capaz de cumprir sua missão dirigente na luta anticapitalista, na medida em que consegue extrair de seu seio todos os elementos técnicos que se mostram indispensáveis na sociedade moderna para a organização concreta de instituições nas quais o programa proletário será realizado. E, desse ponto de vista, é necessário analisar toda a atividade do movimento fascista desde 1921 até as últimas leis fascistíssimas; estas visam sistematicamente à destruição dos quadros que o movimento proletário e revolucionário havia formado meticulosamente em quase cinquenta anos de história.

Dessa forma, o fascismo conseguiu, com as práticas imediatas, privar a classe operária de sua autonomia e sua independência política e forçou-a ou à passividade, isto é, a uma subordinação inerte ao aparelho de Estado, ou, em momentos de crise política, como no período Matteotti, a buscar quadros de luta em outras classes menos expostas à repressão.

O nosso partido continua sendo o único mecanismo que a classe operária tem à disposição para selecionar novos quadros dirigentes da classe, ou seja, para recuperar autonomia e sua independência política. O congresso mostrou quão brilhantemente o nosso partido conseguiu resolver essa tarefa essencial.

Eram dois os objetivos fundamentais que precisavam ser alcançados pelo congresso:

1) após as discussões e os novos alinhamentos de forças, como dissemos anteriormente, era necessário unificar o partido tanto no campo dos princípios e da prática de organização quanto no terreno mais estritamente político;

2) o congresso foi chamado a estabelecer a linha política do partido para o futuro próximo e elaborar um programa de trabalho prático em todos os campos de atividade das massas.

Os problemas que se colocavam para alcançar objetivos concretos não são naturalmente independentes uns dos outros, mas são coordenados no âmbito da concepção geral do leninismo. Assim, a discussão do congresso, mesmo quando girava em torno dos aspectos técnicos de cada questão prática em particular, levantou a questão geral da aceitação ou não do leninismo. O congresso deveria, portanto, servir para destacar até que ponto o nosso partido se tornou um partido bolchevique.

OS OBJETIVOS FUNDAMENTAIS

Partindo de uma apreciação histórica e política imediata da função da classe trabalhadora em nosso país, o congresso deu uma solução a toda uma série de problemas que podem ser agrupados da seguinte forma:

1) Relações entre o Comitê Central e a massa do partido:

a) nesse grupo de problemas entra a discussão geral sobre a natureza do partido, a necessidade de ser um partido de classe, não apenas abstratamente, isto é, na medida em que o programa aceito por seus membros expressa as aspirações do proletariado, mas, por assim dizer, fisiologicamente, isto é, na medida em que a grande maioria de seus membros é formada por proletários e nisso refletem-se e resumem-se apenas as necessidades e a ideologia de uma única classe: o proletariado;

b) a subordinação completa de todas as energias do partido, desse modo socialmente unificado, à direção do Comitê Central.

A lealdade de todos os elementos do partido ao Comitê Central deve tornar-se não apenas um fato puramente organizativo e disciplinado, mas um verdadeiro princípio de ética revolucionária. É necessário incutir nas massas do partido uma convicção tão arraigada dessa necessidade que as iniciativas fracionistas e qualquer tentativa em geral de quebrar a estrutura do partido encontrem na base uma reação espontânea e imediata que as sufoque no nascimento. A autoridade do Comitê Central, entre um congresso e outro, nunca deve ser questionada, e o partido deve se tornar um bloco homogêneo. Somente nessa condição o partido poderá vencer os inimigos de classe. Como poderá a massa dos sem-partido confiar em que o instrumento da luta revolucionária, o partido, será capaz de levar a cabo a luta implacável para conquistar e manter o poder, sem hesitação e sem flutuações, se a Central do partido não tem a capacidade e a energia necessárias para eliminar todas as fraquezas que podem quebrar sua unidade?

Seria impossível realizar os dois pontos anteriores se, no partido, à homogeneidade social e à unidade monolítica de organização não se somasse a consciência difusa de uma homogeneidade ideológica e política.

Concretamente, a linha que o partido deve seguir pode ser expressa nesta fórmula: o núcleo da organização do partido consiste em um comitê central forte, intimamente ligado à base proletária do próprio partido no terreno da ideologia e da tática do marxismo-leninismo.

Sobre essa série de problemas, a enorme maioria do congresso se pronunciou claramente a favor das teses do Comitê Central e rejeitou, não apenas sem a menor concessão, mas insistindo na necessidade de intransigência teórica e inflexibilidade prática, as concepções da oposição, que poderiam manter o partido em estado de esmaecimento e de amorfismo político e social.

2) Relações do partido com a classe proletária (isto é, com a classe da qual o partido é o representante direto, com a classe que tem a tarefa de dirigir a luta anticapitalista e organizar a nova sociedade). Esse conjunto de problemas inclui a valorização da função do proletariado na sociedade italiana, isto é, do grau de maturidade dessa sociedade para se transformar de capitalista em socialista e, portanto, da possibilidade de o proletariado se tornar uma classe independente e dominante.

Assim, o congresso discutiu:

a) a questão sindical, que para nós é essencialmente uma questão de organização das mais amplas massas como classe autônoma, com base em interesses econômicos imediatos, e como base para a educação política revolucionária;

b) a questão da frente única, isto é, das relações de direção política entre a parte mais avançada do proletariado e as suas frações menos avançadas.

3) Relações da classe proletária como um todo com as demais forças sociais que estão objetivamente no terreno anticapitalista, embora sejam dirigidas por partidos políticos e grupos ligados à burguesia; daí, em primeiro lugar, as relações entre o proletariado e o campesinato. Também em toda essa outra série de problemas a grande maioria do congresso rejeitou as concepções incorretas da oposição e se posicionou a favor das soluções dadas pelo Comitê Central.

COMO SE ALINHARAM AS FORÇAS DO CONGRESSO

Já mencionamos a atitude da esmagadora maioria do congresso em relação às soluções a serem dadas aos problemas essenciais do atual período. No entanto, convém analisar mais detalhadamente a atitude assumida pela oposição e mencionar, ainda que de maneira breve, outras atitudes que se apresentaram ao congresso como atitudes individuais, mas que no futuro poderão coincidir com certos momentos transitórios no desenvolvimento da situação italiana e que, portanto, devem ser denunciadas e combatidas desde agora.

Já mencionamos, nos primeiros parágrafos desta exposição, as maneiras e formas que caracterizaram a crise de desenvolvimento do nosso partido nos anos 1921 a 1924. Recordaremos brevemente como, no V Congresso Mundial[9], a própria crise encontrou uma solução organizativa provisória com o estabelecimento de um comitê central que, como um todo, se colocou completamente no terreno do leninismo e da tática da Internacional Comunista e se dividiu em três partes: uma, que tinha a maioria mais um no próprio comitê, representava os elementos de esquerda que se

---

[9]   Realizado em Moscou entre os dias 17 de junho e 8 de julho de 1924.

270 | Os líderes e as massas

desvincularam do antigo grupo de Livorno após o IV Congresso; outra representava a oposição formada no congresso contra as teses de Roma; e a terceira representava os elementos retardatários, que aderiram ao partido após a fusão. Apesar de suas fragilidades intrínsecas, no entanto, devido ao fato de que a função dirigente dentro dele era claramente exercida pelo chamado grupo de centro, ou seja, pelos elementos de esquerda que se desvinculavam do grupo de liderança de Livorno, o Comitê Central conseguiu estabelecer e resolver vigorosamente o problema da bolchevização do partido e seu pleno acordo com as diretrizes da Internacional Comunista.

ATITUDES DA EXTREMA ESQUERDA

Certamente houve alguma resistência, e o episódio culminante, de que todos os companheiros se recordam, foi a constituição do Comitê de Entendimento, ou seja, a tentativa de estabelecer uma fração organizada que se opusesse ao Comitê Central na direção do partido. Na realidade, a constituição do Comitê de Entendimento foi o sintoma mais relevante da desintegração da extrema esquerda, que, por sentir que gradualmente perdia terreno nas fileiras do partido, tentou galvanizar, com um ato sensacional de rebelião, as poucas forças que ainda lhe restavam.

É notável que, após a derrota ideológica e política sofrida pela extrema esquerda, já no período de pré-convenção, seu núcleo mais resistente assumiu posições cada vez mais sectárias e hostis em relação ao partido, do qual se sentia cada dia mais distante e desvinculado. Esses companheiros não só continuaram no terreno da oposição mais enérgica em certos pontos concretos da ideologia e da política do partido e da Internacional, como também procuraram sistematicamente razões de oposição em todos os pontos, de modo a apresentar-se em bloco, quase como um partido dentro do partido. É fácil imaginar que, partindo de tal posição, se devesse chegar, no decorrer do congresso, a atitudes teóricas e práticas nas quais a dramaticidade que refletia a situação geral na qual o partido deve se mover dificilmente se distinguia de um certo histrionismo que aparecia de certo modo para aqueles que realmente lutaram e se sacrificaram pela classe operária.

Nessa ordem de acontecimentos deve ser colocada, por exemplo, a questão de ordem apresentada pela oposição, logo na abertura do congresso, com a qual se contestava a sua validade deliberativa, procurando assim preestabelecer um álibi para uma possível retomada de atividade fracionária e para um possível não reconhecimento da autoridade da nova direção do partido. Para a massa dos congressistas, que sabiam quantos sacrifícios e quantos esforços de organização custara a preparação do congresso, essa questão de ordem parecia ser uma verdadeira provocação, e não é sem significado que o único aplauso (o regulamento do congresso proibia, por razões compreensíveis, qualquer manifestação ruidosa de consentimento ou desaprovação) tenha sido dirigido ao orador que estigmatizou a atitude assumida pela oposição e defendeu a necessidade de reforçar, de maneira exemplar, o novo comitê que seria eleito, com mandato específico de rigor implacável contra qualquer iniciativa que na prática colocasse em dúvida a autoridade do congresso e a eficiência de suas deliberações.

AFLORAMENTO DOS DESVIOS DE DIREITA

À mesma ordem de acontecimentos – e mais gravemente, dados o cálculo e a teatralidade – pertence a atitude assumida pela oposição antes do fim do congresso, quando estavam prestes a ser tiradas as conclusões políticas e organizativas dos trabalhos do próprio congresso. Mas os mesmos elementos da oposição puderam ter a clara demonstração de qual é o estado de espírito nas fileiras do partido: o partido não pretende permitir que se continue jogando com o fracionismo e a indisciplina; o partido quer alcançar o máximo de liderança coletiva e não permitirá que nenhum indivíduo, seja qual for seu valor pessoal, se oponha ao partido.

Nas sessões plenárias do congresso, a oposição de extrema esquerda foi a única oposição oficial e declarada. A atitude de oposição à questão sindical tomada por dois membros do Comitê Central, em razão de seu caráter improvisador e impulsivo, deve ser considerada mais um fenômeno individual de histeria política do que de oposição em sentido sistemático. Durante os trabalhos da Comissão Política, no entanto, houve uma manifestação que, se pode ser considerada por enquanto de caráter puramente individual[10], deve ser considerada, dados os elementos ideológicos que a fundamentaram, uma verdadeira plataforma de direita, que poderia ser apresentada ao partido em uma situação específica e que, portanto, deveria ser, como foi, rejeitada sem hesitação, especialmente porque um membro da antiga Central se fez porta-voz dela. Esses elementos ideológicos são:

1) a afirmação de que o governo operário e camponês pode ser constituído com base no parlamento burguês;

2) a afirmação de que a social-democracia não deve ser considerada a ala esquerda da burguesia, mas a ala direita do proletariado;

3) que na avaliação do Estado burguês é necessário distinguir entre a função de pressão de uma classe sobre a outra e a função de produzir determinadas satisfações a certas necessidades gerais da sociedade.

O primeiro e o segundo elementos são contrários às decisões do III Congresso; o terceiro elemento está fora da concepção marxista do Estado. Os três juntos revelam uma orientação para conceber a solução da crise da sociedade burguesa fora da revolução.

A LINHA POLÍTICA ESTABELECIDA PELO PARTIDO

Porque foi assim que se posicionaram as forças representadas no congresso, isto é, como oposição mais rígida dos remanescentes do "esquerdismo" às posições teóricas e práticas da maioria do partido, mencionaremos rapidamente apenas alguns pontos da linha estabelecida pelo congresso.

QUESTÃO IDEOLÓGICA

Sobre essa questão, o congresso afirmou a necessidade de o partido desenvolver todo um trabalho educativo que fortaleça o conhecimento da nossa

---

[10] Trata-se das posições sustentadas por Angelo Tasca (1892-1960). Ver Antonio Gramsci, *Escritos políticos*, v. 4, cit., p. 100.

doutrina marxista nas fileiras do partido e desenvolva as capacidades do estrato dominante mais amplo. Nesse ponto, a oposição tentou fazer uma hábil diversão: ressuscitou alguns artigos antigos ou excertos de artigos de companheiros da maioria do partido para argumentar que só relativamente tarde eles aceitaram plenamente a concepção de materialismo histórico que resulta das obras de Marx e Engels e sustentavam, em vez disso, a interpretação de materialismo histórico que era dada por Benedetto Croce[11]. Uma vez que se sabe que as teses de Roma também foram julgadas como essencialmente inspiradas na filosofia crociana, esse argumento da oposição parecia ser inspirado por pura demagogia congressual. Em todo caso, como a questão não é de indivíduos isolados, mas de massas, a linha estabelecida pelo congresso, da necessidade de um trabalho educativo específico para elevar o nível da cultura marxista geral do partido, reduz a polêmica da oposição a um puro exercício erudito de pesquisa de elementos mais ou menos interessantes sobre o desenvolvimento intelectual de companheiros tomados individualmente.

TÁTICA DO PARTIDO

O congresso aprovou e defendeu vigorosamente, contra os ataques da oposição, as táticas seguidas pelo partido no último período da história italiana, marcado pela crise de Matteotti. Deve-se dizer que a oposição não tentou se contrapor à análise da situação italiana que a Central fez nas teses para o congresso com outra análise que levaria ao estabelecimento de uma linha tática diferente nem com correções parciais que justificassem uma posição de princípio. De fato, revelou-se típico da falsa posição da extrema esquerda que suas observações e críticas nunca se baseassem em um exame profundo ou mesmo superficial do equilíbrio de poder e das condições gerais da sociedade italiana. Ficou claro, assim, que o método próprio da extrema esquerda – que ela diz ser dialético – não é o método da dialética materialista de Marx, mas o velho método da dialética conceitual típica da filosofia pré-marxista e mesmo pré-hegeliana.

[11] Benedetto Croce (1866-1952), filósofo italiano de orientação neoidealista, conhecido pelas polêmicas contra o materialismo histórico.

À análise objetiva das forças em luta e da direção que contraditoria-
mente elas tomam em relação ao desenvolvimento das forças materiais
da sociedade, a oposição contrapôs a afirmação de que possui uma "intuição" especial e misteriosa de acordo com a qual o partido deveria
ser dirigido. Estranha aberração que autorizou o congresso a julgar tal
método, extremamente perigoso e prejudicial ao partido, que só levaria
a uma política de improviso e de aventuras.

Por outro lado, que a oposição nunca tenha possuído um método próprio que fosse capaz de desenvolver as forças do partido e as energias revolucionárias do proletariado e que pudesse ser contraposto ao método
marxista e leninista é demonstrado pela atividade realizada pelo partido
no período 1921-1922, quando foi politicamente dirigido por alguns dos
atuais irredutíveis opositores. A propósito disso, o congresso analisou dois
momentos da situação italiana, a saber, a atitude da direção do partido
em fevereiro de 1921, quando o fascismo lançou uma ofensiva frontal na
Toscana e na Puglia, e a atitude da mesma direção em relação ao movimento Arditi del Popolo [Audazes do Povo]. Da análise desses dois momentos
viu-se que o método defendido pela oposição conduz à passividade e à
inação e, em última instância, consiste simplesmente em extrair dos acontecimentos que ocorreram sem a intervenção do partido como um todo
apenas ensinamentos de caráter pedagógico e propagandístico.

A QUESTÃO SINDICAL

No campo sindical, a difícil tarefa do partido consiste em encontrar um
acordo justo entre duas linhas de atividade prática:

1) defender os sindicatos de classe, tentando manter o máximo grau
de coesão e organização sindical entre as massas que tradicionalmente
participaram da própria organização sindical. Essa é uma tarefa de excepcional importância, porque o Partido Revolucionário deve sempre, mesmo nas piores situações objetivas, tender a preservar todo o acúmulo de
experiências e capacidades técnicas e políticas que se formou com os desenvolvimentos da história passada na massa proletária. Para o nosso partido, a Confederação Geral do Trabalho constitui, na Itália, a organização

que historicamente expressa de forma mais orgânica esse acúmulo de experiências e habilidades e, portanto, representa o terreno em que essa defesa deve ser conduzida;

2) tendo em conta que a atual dispersão das grandes massas trabalhadoras deve-se essencialmente a razões não internas à classe operária, para as quais existem possibilidades organizativas imediatas de natureza não estritamente sindical, o partido deve procurar favorecer e promover ativamente essas possibilidades. Essa tarefa só pode ser cumprida se o trabalho organizativo de massa for transportado do terreno corporativo para o terreno industrial da fábrica e os vínculos da organização de massa, bem como a adesão individual por meio da filiação sindical, se tornarem eletivos e representativos.

É claro, além disso, que essa tática do partido corresponde ao desenvolvimento normal da organização de massa proletária, tal como ocorreu durante e após a guerra, isto é, no período em que o proletariado começou a se colocar o problema de uma luta a fundo contra a burguesia para conquistar o poder. Nesse período, a forma tradicional de organização do sindicato foi integrada por todo um sistema de representantes eletivos de fábrica, ou seja, pelas comissões internas. Sabe-se também que, especialmente durante a guerra, quando as centrais sindicais aderiram aos comitês de mobilização industrial e assim determinaram uma situação de "paz industrial", semelhante em alguns aspectos à atual, as massas operárias de todos os países (Itália, França, Rússia, Inglaterra e até Estados Unidos) redescobriram os caminhos da resistência e da luta sob a liderança dos representantes eleitos dos operários de fábrica.

A tática sindical do partido consiste essencialmente em desenvolver toda a experiência organizativa das grandes massas, pressionando pelas possibilidades de realização mais imediata, dadas as dificuldades objetivas que são criadas no movimento sindical pelo regime burguês, por um lado, e pelo reformismo da confederação, por outro.

Essa linha foi integralmente aprovada pela esmagadora maioria do congresso. No entanto, as discussões mais acaloradas aconteceram em torno dela, e a oposição foi representada não apenas pela extrema esquerda, mas também por dois membros da Central, como já mencionamos. Um orador argumentou que o sindicato está historicamente superado, porque a única ação de massa do partido deve ser aquela que ocorre nas fábricas. Essa tese, ligada às posições mais absurdas do infantilismo esquerdista, foi rejeitada de forma contundente e enérgica pelo congresso.

Para outro orador, por outro lado, a única atividade do partido nesse campo deve ser a atividade de organização sindical tradicional: essa tese está intimamente ligada a uma concepção de direita, isto é, ao desejo de não colidir muito seriamente com a burocracia sindical reformista, que se opõe veementemente a qualquer organização de massa.

A oposição da extrema esquerda foi pautada por duas diretrizes fundamentais: a primeira, de cunho essencialmente congressual, que visava a demonstrar que a tática das organizações fabris, apoiadas pelo Comitê Central e pela maioria do congresso, está vinculada à concepção do semanário *L'Ordine Nuovo*, que, segundo a extrema esquerda, era proudhoniano[12], e não marxista; a outra está ligada à questão de princípio na qual a extrema esquerda se opõe claramente ao leninismo: o leninismo defende que o partido dirige a classe através das organizações de massa e, portanto, apoia o desenvolvimento da organização de massas; para a extrema esquerda, esse problema não existe, e o partido tem funções que podem levar, por um lado, às piores catástrofes e, por outro, aos mais perigosos aventureirismos.

O congresso rejeitou todas essas deformações das táticas sindicais comunistas, embora tenha julgado necessário insistir com particular energia na necessidade de uma participação maior e mais ativa dos comunistas no trabalho da organização sindical tradicional.

A QUESTÃO AGRÁRIA

O partido tentou, no que diz respeito a sua ação entre os camponeses, sair da esfera da simples propaganda ideológica, que tende a difundir apenas abstratamente os termos gerais da solução leninista para o próprio problema, para entrar no terreno prático da organização e da real ação

---

[12] Referência a Pierre-Joseph Proudhon (1809-1865), filósofo e político francês, precursor do anarquismo, membro da Assembleia Nacional francesa de 1848.

política. É evidente que isso foi mais fácil de conseguir na Itália do que em outros países, porque em nosso país o processo de diferenciação das grandes massas da população está, em alguns aspectos, mais avançado do que em outros, como consequência da situação política atual. Por outro lado, dado que o proletariado industrial é apenas uma minoria da população trabalhadora em nosso país, essa questão surge com maior intensidade do que em outros lugares. O problema de saber quais são as forças motrizes da revolução e da função diretiva do proletariado apresenta-se na Itália de uma forma que exige atenção particular do nosso partido e busca de soluções concretas para os problemas gerais que podem ser resumidos na expressão "questão agrária".

A grande maioria do congresso aprovou a abordagem que o partido deu a esses problemas e afirmou a necessidade de intensificar os trabalhos de acordo com a linha geral já parcialmente aplicada.

Em que consiste, na prática, essa atividade? O partido deve esforçar-se para criar, em todas as regiões, uniões regionais da Associação para a Defesa dos Camponeses; mas, dentro desses quadros organizativos mais amplos, é necessário distinguir quatro agrupamentos fundamentais das massas camponesas, e para cada um é necessário encontrar atitudes e soluções políticas bem precisas e completas.

Um desses agrupamentos é constituído pelas massas de camponeses eslavos da Ístria e do Friul, cuja organização está intimamente ligada à questão nacional. Um segundo é constituído pelo movimento camponês que se identifica pelo título de "Partido dos Camponeses" e cuja base se localiza especialmente no Piemonte; para esse agrupamento de caráter confessional e mais estritamente econômico, vale a aplicação dos termos gerais da tática agrária do leninismo, também porque esse agrupamento existe na região onde há um dos centros proletários mais eficientes da Itália. Os outros dois agrupamentos são, de longe, os mais importantes e os que exigem mais atenção do partido, a saber:

1) a massa dos camponeses católicos, agrupada no Centro e no Norte da Itália e organizada mais ou menos diretamente pela Ação Católica e pelo aparelho eclesiástico em geral, ou seja, pelo Vaticano;

2) a massa camponesa da Itália meridional e das ilhas.

Quanto aos camponeses católicos, o congresso decidiu que o partido deve continuar e deve desenvolver a linha que consiste em favorecer as formações de esquerda que ocorrem nesse campo e estão intimamente ligadas à crise agrária geral que começou antes da guerra no Centro e no Norte da Itália. O congresso afirmou que a atitude assumida pelo partido em relação aos camponeses católicos, embora contenha em si alguns dos elementos essenciais para a solução do problema político-religioso italiano, não deve de modo algum favorecer as tentativas que possam vir a ocorrer de movimentos ideológicos de natureza estritamente religiosa. A tarefa do partido consiste em explicar os conflitos que surgem no terreno da religião como decorrentes dos conflitos de classe, tendendo a enfatizar cada vez mais as características de classe desses conflitos, e não em favorecer soluções religiosas para os conflitos de classe, mesmo que tais soluções se apresentem como de esquerda, na medida em que questionam a autoridade da organização religiosa oficial.

A questão dos camponeses do Sul foi examinada pelo congresso com particular atenção. O congresso reconheceu que era correta a afirmação contida nas teses da Central, segundo as quais a função da massa camponesa do Sul na realização da luta anticapitalista italiana deve ser examinada em si mesma e deve levar à conclusão de que os camponeses do Sul são, depois do proletariado industrial e do setor agrícola do Norte, o elemento social mais revolucionário da sociedade italiana.

Qual é a base material e política dessa função das massas camponesas do Sul? As relações entre o capitalismo italiano e o campesinato do Sul não consistem apenas nas relações históricas normais entre cidade e campo, criadas pelo desenvolvimento do capitalismo em todos os países do mundo; no quadro da sociedade nacional essas relações são agravadas e radicalizadas pelo fato de toda a zona meridional e as ilhas funcionarem econômica e politicamente como um imenso campo, em comparação com o Norte da Itália, que funciona como uma imensa cidade. Tal situação determina na Itália meridional a formação e o desenvolvimento de certos aspectos de uma questão nacional, mesmo que não adquiram imediatamente uma forma explícita dessa questão como um todo, mas apenas a forma de uma luta muito viva de caráter regionalista e de profundas correntes orientadas para a descentralização e a autonomia locais.

O que torna característica a situação dos camponeses do Sul é o fato de que, ao contrário dos três agrupamentos descritos acima, eles não possuem, em seu conjunto, experiência organizacional autônoma. Eles se enquadram nos esquemas tradicionais da sociedade burguesa, pelos quais os proprietários rurais, parte integrante do bloco agrário-capitalista, controlam as massas camponesas e as dirigem de acordo com seus objetivos.

Como consequência da guerra e das agitações operárias do pós-guerra, que enfraqueceram profundamente o aparelho de Estado e quase destruíram o prestígio social das classes altas, as massas camponesas do Sul despertaram para sua própria vida e buscaram laboriosamente seu próprio enquadramento. Assim surgiram movimentos de ex-combatentes e vários partidos ditos "de renovação", que tentaram explorar esse despertar da massa camponesa, ora apoiando-o (como no período de ocupação das terras), ora tentando desviá-lo e assim consolidá-lo em posição de luta pela chamada democracia (como aconteceu recentemente com a constituição da "União Nacional").

Os últimos acontecimentos da vida italiana, que levaram à passagem em massa da pequena burguesia meridional para o fascismo, tornaram mais aguda a necessidade de dar aos camponeses do Sul uma direção própria para libertá-los definitivamente da influência burguesa agrária. O único organizador possível da massa camponesa meridional é o operário industrial, representado pelo nosso partido. Mas, para que esse trabalho de organização seja possível e eficaz, é necessário que o nosso partido se aproxime do camponês meridional, que o nosso partido destrua, no operário industrial, o preconceito que a propaganda burguesa lhe infundiu de que o *Mezzogiorno* [o Sul] é uma bola de chumbo que impede os desenvolvimentos grandiosos da economia nacional e destrua, no camponês do Sul, o preconceito ainda mais perigoso que vê no Norte da Itália um único bloco de inimigos de classe.

Para obter esses resultados é necessário que o nosso partido realize um intenso trabalho de propaganda também dentro de sua organização, para dar a todos os companheiros uma consciência exata dos termos da questão, que, se não for resolvida de forma clarividente e revolucionária por nós, permitirá que a burguesia derrotada em sua área se concentre no Sul para fazer dessa parte da Itália o palco da contrarrevolução.

Acerca de toda essa série de problemas, a oposição de extrema esquerda só pôde verbalizar piadas e clichês. Sua posição essencial era negar aprioristicamente que esses problemas concretos existam em si mesmos, sem qualquer análise ou demonstração mesmo que potencial. Com efeito, pode-se dizer que justamente no que se refere à questão agrária surgiu a verdadeira essência da concepção de extrema esquerda, que consistia em uma espécie de corporativismo que espera mecanicamente a realização de objetivos revolucionários a partir do mero desenvolvimento de condições objetivas gerais. Essa concepção foi, como dissemos, fortemente rejeitada pela esmagadora maioria do congresso.

OUTROS PROBLEMAS ABORDADOS

Quanto à questão da organização concreta do partido no período atual, o congresso, sem discussão, ratificou as deliberações da recente Conferência de Organização, já publicadas no jornal *L'Unità*.

O congresso, dada a sua forma de reunião e os objetivos a que se propôs, que diziam respeito especialmente à organização interna do partido e à recuperação da crise, não pôde tratar de forma ampla algumas questões que também são essenciais para um partido proletário revolucionário. Assim, apenas nas teses foi examinada a situação internacional em relação à linha política da Internacional Comunista. Na discussão do congresso, esse tema foi apenas abordado, e os problemas internacionais trataram somente da parte relativa às formas e relações de organização do Comintern, pois este era um elemento da crise interna do partido. O congresso, no entanto, tinha um relatório muito grande e abrangente sobre o trabalho do recente congresso do partido russo e sobre o significado das discussões nele realizadas.

Assim, o congresso não se ocupou do problema da organização no âmbito das mulheres nem da organização da imprensa, temas essenciais ao nosso movimento e que mereciam tratamento especial. A questão da redação do programa do partido, que havia sido incluída na agenda, também não foi tratada pelo congresso. Consideramos necessário sanar essas deficiências com as conferências do partido, especialmente convocadas para esse fim.

CONCLUSÃO

Apesar dessas falhas parciais, pode-se afirmar, em conclusão, que a massa de trabalho realizada pelo congresso foi realmente impressionante. O congresso elaborou uma série de resoluções e um programa de trabalho concreto que permitirá à classe proletária desenvolver sua energia e sua capacidade de liderança política na situação atual.

Uma condição é especialmente necessária para que as resoluções do congresso não apenas sejam aplicadas, mas deem todos os frutos que possam dar: é necessário que o partido permaneça estreitamente unido, que nenhum germe de desintegração, de pessimismo, de passividade, seja permitido em seu interior. Todos os companheiros do partido são chamados a cumprir essa condição. Ninguém pode duvidar que isso será feito, para a maior decepção de todos os inimigos da classe operária.

CRONOLOGIA — VIDA E OBRA

Vida de Gramsci	Eventos históricos
1891	
Em 22 de janeiro, nasce Antonio Gramsci na cidade de Ales, província de Cagliari, na Sardenha. O pai, Francesco Gramsci, nascido em Gaeta, na região do Lazio, era funcionário de cartório. Sua mãe, Giuseppina Marcias, era natural de Ghilarza, na Sardenha.	Em 24 de fevereiro, é promulgada a primeira Constituição da história do Brasil depois da Proclamação da República. Em maio, Giuseppe De Felice Giuffrida funda o primeiro Fascio Siciliani dei Lavoratori [Agrupamento siciliano dos trabalhadores], movimento de inspiração libertária e socialista. No mesmo mês, o papa Leão XIII proclama a encíclica *Rerum novarum* a respeito das relações entre capital e trabalho.
1898	
O pai de Gramsci é acusado de irregularidade administrativa, afastado do emprego e preso. A mãe, com os sete filhos, se transfere para Ghilarza, onde Gramsci frequenta a escola elementar.	Em 13 de janeiro, Émile Zola publica sua carta aberta *J'Accuse*, a respeito do Caso Dreyfus. Em 1º de março, é criado o Partido Operário Social-Democrata Russo (POSDR).
1903	
Com onze anos de idade, depois de concluir o ensino elementar, começa a trabalhar no cartório de Ghilarza.	Em julho-agosto, ocorre o II Congresso do POSDR. Em novembro o partido se divide em duas alas: a maioria (bolcheviques) e a minoria (mencheviques).

Vida de Gramsci	Eventos históricos
1905-1908	
Retoma os estudos e conclui os últimos três anos do ensino fundamental na cidade de Santu Lussurgiu, perto de Ghilarza. Começa a ler a imprensa socialista. Em 1908, inicia o ensino médio em Cagliari, no liceu clássico Giovanni Maria Dettori. Vive com o irmão Gennaro, que trabalha em uma fábrica de gelo e é membro do Partido Socialista Italiano (PSI).	Em 9 de janeiro (22 de janeiro no calendário gregoriano), as tropas do tsar reprimem violentamente uma manifestação de trabalhadores, dando início a uma revolução na Rússia.
1910	
Publica seu primeiro artigo no jornal *L'Unione Sarda*, de Cagliari.	Em 20 de novembro, tem início a Revolução Mexicana.
1911	
Termina o ensino médio e obtém uma bolsa de estudos que lhe permite inscrever-se no curso de Filologia Moderna na Faculdade de Filosofia e Letras da Universidade de Turim. Conhece Angelo Tasca.	Em 29 de setembro, tem início a ofensiva militar italiana para a conquista da Líbia.
1912	
Conhece Palmiro Togliatti e aproxima-se dos professores Matteo Bartoli (glotologia) e Umberto Cosmo (literatura italiana). No outono, é aprovado nos exames de geografia, glotologia e gramática grega e latina.	

Vida de Gramsci	Eventos históricos

1913

Em 5 de fevereiro, com o pseudônimo Alfa Gamma, publica o artigo "Pela verdade", no *Corriere Universitario*. Em outubro, adere ao Grupo de Ação e Propaganda Antiprotecionista em Ghilarza e acompanha a campanha eleitoral na Sardenha. Inscreve-se na seção turinesa do PSI. Sua saúde precária o impede de prestar os exames na universidade.

1914

Em março e abril, presta os exames de filosofia moral, história moderna e literatura grega. É leitor de *La Voce*, revista de Giuseppe Prezzolini, e de *L'Unità*, de Gaetano Salvemini. Planeja fundar uma revista socialista. Publica "Neutralidade ativa e operante", seu primeiro artigo no jornal *Il Grido del Popolo*, em 31 de outubro, defendendo uma orientação política próxima à do então socialista Benito Mussolini. O artigo recebe fortes críticas e Gramsci suspende sua colaboração com a imprensa socialista. Em novembro, presta o exame de línguas neolatinas.	Depois do assassinato de três manifestantes antiguerra na cidade de Ancona, tem lugar uma insurreição popular que chega até Turim, conhecida como a "Semana Vermelha" (7 a 14 de junho). A Confederação Geral do Trabalho convoca uma greve geral, que dura dois dias. Em 28 de junho, é assassinado em Sarajevo o arquiduque Francisco Fernando, herdeiro do trono do Império Austro-Húngaro. No dia 28 de julho, ocorre a invasão austro--húngara da Sérvia. Tem início a Primeira Guerra Mundial. A Itália permanece neutra no conflito. Em 4 de agosto, o Partido Social-Democrata Alemão, contrariando as resoluções antimilitaristas do movimento socialista, vota favoravelmente aos créditos de guerra. O episódio marca o que Lênin denominou a "falência da Segunda Internacional".

288 | Os líderes e as massas

Vida de Gramsci	Eventos históricos
	Em 18 de outubro, Mussolini publica no *Avanti!* o artigo "Da neutralidade absoluta à neutralidade ativa e operante", no qual defende a entrada da Itália na guerra. Em 15 de novembro, funda o jornal *Il Popolo d'Italia* e, em 29 de novembro, é expulso do PSI.
1915 Presta em abril seu último exame na faculdade (literatura italiana), abandonando o curso sem obter o título. Em outubro, volta a publicar no jornal *Il Grido del Popolo*. Em dezembro, começa a colaborar com a edição turinesa do jornal *Avanti!*.	A Itália entra na guerra ao lado da França, da Inglaterra e da Rússia. Uma forte campanha antigermânica tem lugar na Itália.
1917 Em fevereiro, redige sozinho e publica o número único do jornal *La Città Futura*, órgão da Federação Socialista Juvenil do Piemonte. Em outubro, após a prisão de seus companheiros, torna-se secretário da seção turinesa do PSI e passa a dirigir o jornal *Il Grido del Popolo*. Em novembro participa em Florença de uma reunião clandestina da fração intransigente revolucionária do PSI, à qual também compareçem o líder da corrente maximalista, Giacinto Menotti Serrati, e o dirigente dos abstencionistas, Amadeo Bordiga.	Em 23 de fevereiro (8 de março, no calendário gregoriano), tem início a Revolução Russa. Em 13 de agosto, ocorre uma grande manifestação socialista em Turim, de apoio à Revolução Russa. Dias depois, entre 23 e 26 de agosto, uma revolta contra a carestia agita a cidade. A reação é forte e um grande número de dirigentes socialistas é preso. Em 25 de outubro (7 de novembro, no calendário gregoriano), os sovietes, liderados pelos bolcheviques, conquistam o poder na Rússia. No início de novembro, o exército italiano sofre uma fragorosa derrota na Batalha de Caporetto. Mais de 250 mil italianos são

CRONOLOGIA – VIDA E OBRA | 289

Vida de Gramsci	Eventos históricos
	aprisionados. A derrota leva à queda do governo liderado por Paolo Boselli e ao afastamento do comando do general Luigi Cadorna.

1918

Em fevereiro, é denunciado na Procuradoria real por propaganda contra a guerra. Em dezembro conhece Piero Gobetti.	Em outubro, deixa de ser publicado *Il Grido del Popolo*, substituído pela edição piemontesa do *Avanti!*.
	Em 29 de outubro, um motim de marinheiros detona a Revolução Alemã; em 9 de novembro, a República é proclamada.

1919

Em abril, desenvolve propaganda da Brigada Sassari entre os soldados sardos, enviados a Turim para reprimir os grevistas. Em 1º de maio, sai o primeiro número da revista *L'Ordine Nuovo*, com o subtítulo *Rassegna settimanale di cultura socialista*. Gramsci é o secretário e dirige a publicação com Angelo Tasca, Palmiro Togliatti e Umberto Terracini. No mesmo mês, é eleito para a Comissão Executiva do PSI de Turim. Em julho, é preso durante uma greve de apoio às repúblicas socialistas da Rússia e da Hungria e liberado logo depois. Em outubro, conhece a socialista inglesa Sylvia Pankhurst.	Em janeiro, ocorre o levante espartaquista na Alemanha. O primeiro-ministro social-democrata autoriza as Freikorps a atacar os spartaquistas. Em 15 de janeiro, Rosa Luxemburgo e Karl Liebknecht são sequestrados e executados pelas Freikorps.
	De 2 a 6 de março, reúne-se em Moscou o Congresso de Fundação da Internacional Comunista (IC).
	Em 21 de março, é proclamada a República Soviética da Hungria, a qual duraria até o dia 1º de agosto.
	Em 23 de março, em Milão, Mussolini cria os *Fasci italiani di combattimento* [Agrupamentos italianos de combate].
	Em 12 de setembro, uma expedição liderada pelo poeta Gabriele D'Annunzio ocupa a cidade de Fiume, motivo de disputa entre a Itália e a Iugoslávia.

290 | Os líderes e as massas

Vida de Gramsci	Eventos históricos
	No Congresso de Bolonha (5 a 8 de outubro), o PSI vota sua adesão à IC. Em novembro, a assembleia da Federazione Italiana Operai Metallurgici (Federação Italiana dos Operários Metalúrgicos, FIOM) aprova a criação dos conselhos operários propostos pelo jornal *L'Ordine Nuovo*.

1920

Em janeiro, cria, em Turim, o Círculo Socialista Sardo. No dia 8 de maio, publica a moção "Por uma renovação do Partido Socialista", a qual havia sido apresentada no Conselho Nacional do PSI, em abril. No mesmo mês, participa como observador da Conferência da Fração Comunista Absenteísta, liderada por Bordiga. Discorda de Togliatti e Terracini sobre questões de estratégia e cria um pequeno círculo de "Educação comunista", próximo às posições da fração abstencionista de Bordiga. Em setembro, engaja-se no movimento de ocupações de fábrica. Em novembro, participa do encontro de Ímola, que constitui oficialmente a Fração Comunista do PSI.

O II Congresso da IC é realizado entre 19 de julho e 7 de agosto. São aprovadas as 21 condições para a admissão na IC; Serrati se opõe.

Lênin afirma que a moção escrita por Gramsci ("Por uma renovação do Partido Socialista") está "plenamente de acordo com os princípios da Internacional".

Em 27 de dezembro, chega ao fim a aventura d'annunziana em Fiume.

1921

Em 1º de janeiro, é publicado em Turim o primeiro número do jornal diário *L'Ordine Nuovo*, sob a direção de Gramsci.

De 15 a 21 de janeiro, ocorre, em Livorno, o XVII Congresso do PSI. A Fração Comunista é derrotada e seus delegados decidem fundar, no dia 21, o Partido

Vida de Gramsci	Eventos históricos
No dia 14, funda o Instituto de Cultura Proletária, seção da Proletkult de Moscou. Em 21 de janeiro, é eleito para o Comitê Central do novo Partido Comunista da Itália (PCd'I), mas não para seu Executivo. Em 31 de janeiro, *L'Ordine Nuovo* começa a ser publicado com o subtítulo "*Quotidiano del Partito Comunista*". Em 27 de fevereiro, conhece Giuseppe Prezzolini, antigo editor da influente revista *La Voce*. Em abril tenta encontrar-se com Gabriele D'Annunzio, sem sucesso. Em maio se candidata a deputado na lista do PCd'I, obtendo 48.280 votos, mas não se elege.	Comunista da Itália, seção da Internacional Comunista. Nas eleições de 15 de maio, os nacionalistas antissocialistas elegem 105 deputados, 35 dos quais fascistas, dentre eles Mussolini. De 22 de junho a 12 de julho, reúne-se o III Congresso da Internacional Socialista. No dia 7 de novembro, os *Fasci Italiani di combattimento* realizam seu III Congresso e fundam o Partito Nazionale Fascista [Partido Nacional Fascista].

1922

Participa em Roma do II Congresso do PCd'I, no qual a fração de Bordiga obtém ampla maioria. Gramsci é designado representante do partido no Comitê Executivo da IC, em Moscou, e parte para a cidade em 26 de maio. Em junho, começa a fazer parte do Executivo e do Presidium da IC. Em 18 de julho, durante um período de repouso no sanatório de Serebrianii Bor, conhece Eugenia Schucht. No segundo semestre, participa regularmente das reuniões do Presidium e em 1º de setembro é	Os fascistas realizam a Marcha sobre Roma em 28 de outubro. No dia seguinte, o rei Vittorio Emanuele III convoca Benito Mussolini para chefiar o governo. O IV Congresso da Internacional Comunista, realizado nos meses de novembro e dezembro, aprova a proposta de fusão entre o PCd'I e o PSI e a tática da frente única. Os delegados do PCd'I são contrários à fusão, mas se submetem à disciplina da IC e aceitam a proposta.

Os líderes e as massas

Vida de Gramsci	Eventos históricos
indicado membro da Comissão sobre Questões Sul-Americanas. No dia 8, escreve, a convite de Leon Trótski, uma carta sobre os futuristas italianos. Nesse mesmo mês, conhece sua futura esposa, Julia Schucht. De 5 de novembro a 5 de dezembro, participa do IV Congresso da Internacional Comunista. Participa das reuniões que discutem a fusão com o PSI e também da comissão que analisa a adesão do Partido Comunista do Brasil.	

1923

Recebe telegrama no dia 17 de janeiro, no qual é informado de que a polícia havia emitido um mandado de prisão contra ele na Itália. Em junho, é substituído por Terracini no Presidium da IC. No dia 12 de setembro, propõe, em carta ao Comitê Executivo do PCd'I, a criação de um jornal diário chamado *L'Unità*. Insiste na importância da questão meridional e na aliança entre operários e camponeses. Em novembro, Gramsci se recusa a assinar o manifesto de Bordiga contra a IC. No dia 4 de dezembro, chega a Viena com o propósito de estabelecer o contato do PCd'I com outros partidos comunistas europeus.	A polícia prende vários milhares de comunistas e dezenas de dirigentes, dentre eles Amadeo Bordiga. Em setembro, o mesmo Bordiga lança um manifesto com críticas à IC. Em 13 de setembro, na Espanha, Primo de Rivera lidera um golpe de Estado que dissolve o Parlamento e institui uma ditadura.

CRONOLOGIA – VIDA E OBRA | 293

Vida de Gramsci	Eventos históricos
1924	
Em carta a Togliatti e Terracini, do dia 9 de janeiro, expõe sua concepção de partido e a intenção de criar um novo grupo dirigente comunista, mais alinhado com a IC. Publica em *L'Ordine Nuovo* o artigo "Líder", sobre Lênin. No dia 6 de abril, é eleito deputado pelo distrito do Vêneto, com 1.856 votos dos 32.383 que o PCd'I obtém na região. No dia 12 de maio, regressa à Itália para assumir sua cadeira de deputado. Participa da 2ª Conferência do PCd'I. Entra para o Comitê Executivo do Partido, mas o grupo liderado por Bordiga permanece majoritário. Em agosto, após a adesão dos socialistas ao partido, Gramsci assume a secretaria--geral do partido. Em Moscou, Julia dá à luz seu primeiro filho, Delio.	Em 21 de janeiro, morre Lênin. Em 12 de fevereiro, sai o primeiro número do diário *L'Unità*. No dia 1º de março, sai o primeiro número do quinzenário *L'Ordine Nuovo. Rassegna di politica e di cultura operaria*. Em 10 de junho, é sequestrado o deputado italiano socialista Giacomo Matteotti, depois de pronunciar um duro discurso contra o governo fascista. Seu corpo é encontrado em 16 de agosto. A oposição parlamentar se retira do Parlamento e tem início uma profunda crise política que coloca sob ameaça o governo. Em junho-julho, ocorre o V Congresso da IC, o qual aprova a "bolchevização dos partidos comunistas" e reafirma a tática da frente única. Em agosto, a fração do PSI favorável à IC se dissolve e entra no PCd'I.
1925	
Em fevereiro, organiza uma escola do partido por correspondência. No mesmo mês, conhece Tatiana "Tania" Schucht, sua cunhada. Em março, viaja para Moscou para participar da reunião do Comitê Executivo da IC. Em 16 de maio, pronuncia seu único discurso na Câmara dos Deputados, sobre	Em 3 de janeiro, Mussolini pronuncia discurso assumindo a responsabilidade pela crise política e ameaçando a oposição, a qual não reage. Nos meses seguintes, são emitidos decretos e aprovadas leis que levam à rápida fascistização do Estado.

294 | OS LÍDERES E AS MASSAS

Vida de Gramsci	Eventos históricos
a proibição da maçonaria e das sociedades secretas. Julia e Delio chegam a Roma.	

1926

Vida de Gramsci	Eventos históricos
Participa do III Congresso do Partido Comunista e apresenta as teses sobre a situação nacional que redigiu juntamente com Togliatti (Teses de Lyon). É eleito para o Comitê Executivo do PCd'I. Em agosto, Julia, grávida, volta a Moscou com Delio. Em 14 de outubro, Gramsci envia carta ao Comitê Central (CC) do PC Russo sobre a luta fracional no partido. Embora não se alinhe com a oposição de Trótski, Zinóviev e Kámeniev, faz duras críticas aos métodos burocráticos do grupo de Stálin e Bukhárin. Na Rússia, Togliatti se opõe ao conteúdo da carta e uma áspera troca de correspondência tem lugar. Redige *Alguns temas da questão meridional*. No início de novembro, é abordado pela polícia em Milão e não consegue participar da reunião do CC que discutiria a questão russa. No dia 8 de novembro, na esteira da onda repressiva decorrente do atentado a Mussolini, é preso pela polícia fascista e conduzido ao cárcere de Regina Coeli. No dia 18, é condenado ao confinamento por cinco anos.	Em 31 de outubro, um estranho atentado contra a vida de Mussolini ocorre em Bolonha. O suposto autor, um jovem de quinze anos de uma família anarquista, é imediatamente linchado por fascistas. O atentado fornece o pretexto para as leis "fascistíssimas" de novembro, dentre as quais a supressão dos partidos e dos jornais antifascistas e a criação de uma polícia política. De 1º a 3 de novembro, ocorre uma reunião do CC do PCd'I com a participação de Humbert-Droz, representante da IC, para discutir as lutas internas no partido bolchevique.

CRONOLOGIA – VIDA E OBRA | 295

Vida de Gramsci	Eventos históricos
Chega no dia 7 de dezembro à ilha de Ustica.	

1927

Em 20 de janeiro, é transferido para o cárcere de San Vittore, em Milão, onde chega após dezenove dias de viagem. Em fevereiro, é autorizado a ler jornais e livros. No dia 19 de março, comunica à cunhada Tatiana seu plano de realizar um estudo *für ewig* [para sempre] sobre alguns temas.

Em dezembro, o XV Congresso do Partido Comunista da União Soviética, na época chamado Partido Comunista de toda a União (bolchevique), expulsa a Oposição de Esquerda e Trótski é enviado para o exílio em Alma-Ata, no Cazaquistão.

1928

Recebe uma carta do líder comunista Ruggero Grieco, com informações políticas. O promotor lhe convence de que a carta mostra que "tem amigos que querem prejudicá-lo". A carta estimula sua desconfiança contra o grupo dirigente do PCd'I e, particularmente, Togliatti. No dia 11 de maio, é conduzido a julgamento em Roma. No dia 4 de junho, o Tribunal Especial o condena a vinte anos, quatro meses e cinco dias de reclusão. Em 19 de julho, chega à Casa Penal Especial de Turi, na província de Bari, onde partilha uma cela com cinco outros presos. Em agosto, é transferido para uma cela individual. Em dezembro, sofre uma crise de uricemia.

Em fevereiro, o IX Pleno do Comitê Executivo da IC (CEIC) vota a política do Terceiro Período, caracterizado pelo colapso do capitalismo e pela iminência da revolução mundial. O VI Congresso da IC, realizado em julho-agosto, ratifica a política do CEIC.

Vida de Gramsci	Eventos históricos
1929	
Recebe permissão para escrever e começa a fazer traduções. No dia 8 de fevereiro, começa a redação do *Primeiro caderno*, com um elenco de temas sobre os quais desejava pesquisar e escrever. No dia 25 de março, comunica a Tatiana seu plano de estudos: "Decidi ocupar-me predominantemente e tomar notas sobre estes três assuntos: 1) A história italiana no século XIX, com especial referência à formação e ao desenvolvimento dos grupos intelectuais; 2) A teoria da história e da historiografia; 3) O americanismo e o fordismo".	Em julho, o X Pleno do CEIC aprova resolução segundo a qual em "países nos quais há partidos social-democratas fortes, o fascismo assume a forma particular de social-fascismo". Decide-se pelo afastamento de Nikolai Bukhárin e Jules Humbert-Droz da direção da IC. Na reunião o PCd'I, é acusado de ter agido de modo benevolente com a "oposição de direita", representada por Angelo Tasca. Palmiro Togliatti e Ruggero Grieco se alinham no Pleno à maioria stalinista. Reunido em agosto, o secretariado político do PCd'I realiza a autocrítica exigida e adota as teses da IC sobre o social--fascismo. Na reunião do CC de setembro, é abandonada a palavra de ordem da Assembleia Republicana e Tasca é expulso do partido.
	Em outubro, ocorre o colapso da bolsa de valores de Nova York e tem início a Grande Depressão econômica mundial.
1930	
Em junho, recebe a visita do irmão Gennaro, enviado pela direção do PCd'I para informá--lo a respeito da expulsão de Leonetti, Tresso e Ravazzoli, acusados de trotskistas, e saber sua opinião a respeito. Em agosto, pede que o irmão Carlo solicite permissão para que possa ler alguns livros de Trótski, mas sua carta é apreendida pelo diretor da prisão. Em	Em março, o CC do PCd'I expulsa Amadeo Bordiga, acusado de trotskismo. Em 9 de junho, Alfonso Leonetti, Pietro Tresso e Paolo Ravazzoli também são expulsos do partido sob a mesma acusação. Em 3 de outubro, tem início a chamada Revolução de 1930, no Brasil.

Vida de Gramsci	Eventos históricos
novembro, inicia discussões com seus colegas de prisão e manifesta discordância com a nova linha política do PCd'I, o qual havia abandonado a política da frente única. Nesse contexto, passa a defender a convocação de uma Assembleia Constituinte. Nessas discussões, enfrenta forte oposição dos presos alinhados com a direção do partido. Em novembro, escreve rapidamente a respeito dos "movimentos militares-populares na Argentina, no Brasil, Peru e México", uma das poucas referências ao Brasil nos *Cadernos do cárcere*.	

1931

Em 3 de agosto, tem uma grave crise de saúde. Em outubro, envia petição ao governo solicitando permissão para continuar a receber e ler algumas revistas. Em dezembro, a petição é parcialmente aceita.	Em abril, é realizado, na Alemanha, o IV Congresso do PCd'I, o qual consolida a nova política, alinhada com o giro esquerdista da IC e a política do social-fascismo.

1932

É projetada uma troca de prisioneiros entre a Itália e a União Soviética, a qual permitiria sua libertação, mas o plano não prospera. Em 15 de setembro, Tatiana encaminha petição ao governo para que Gramsci receba a visita de um médico de	Em 7 de julho, Antonio de Oliveira Salazar torna-se presidente do Conselho de Ministros e, no ano seguinte, instaura o Estado Novo.

Vida de Gramsci	Eventos históricos
confiança a fim de avaliar sua situação. Em outubro, é visitado por um médico do sistema prisional. Em novembro, sua pena é reduzida para dezesseis meses. Piero Sraffa tenta conseguir a liberdade condicional para Gramsci, mas o governo insiste que o prisioneiro peça clemência. No dia 30 de dezembro, morre a mãe de Gramsci, mas a notícia só lhe será transmitida pela família meses depois.	

1933

Em fevereiro, o governo concede que seja visitado por um médico de sua confiança. Em 7 de março, tem uma nova crise de saúde. Passa a ser cuidado pelo comunista Gustavo Trombetti e por outro operário preso. É revogada momentaneamente a permissão para escrever. No dia 20 de março, recebe a visita do médico Umberto Arcangeli, que sugere um pedido de clemência, ao qual Gramsci se opõe mais uma vez. Em seu relatório, Arcangeli registra: "Gramsci não poderá sobreviver muito tempo nas condições atuais; considero necessária sua transferência para um hospital civil ou uma clínica, a menos que seja possível conceder-lhe a liberdade condicional". Em julho,	Em 30 de janeiro, o Partido Nacional--Socialista dos Trabalhadores Alemães (NSDAP) chega ao poder na Alemanha e Adolf Hitler assume o posto de chanceler. Em maio, o relatório do doutor Arcangeli é publicado no jornal *L'Humanité*, de Paris, e é constituído um comitê para a liberação de Gramsci e dos prisioneiros do fascismo, do qual fazem parte Romain Rolland e Henri Barbusse.

CRONOLOGIA – VIDA E OBRA | 299

Vida de Gramsci	Eventos históricos
pede a Tatiana que intensifique os esforços para conseguir sua transferência para a enfermagem de outra prisão. Em outubro, as autoridades acolhem o pedido de transferência. Em 19 de novembro, é transferido provisoriamente para a enfermaria da prisão de Civitavecchia e, em 7 de dezembro, passa, definitivamente, para a clínica do doutor Giuseppe Cusumano, em Formia. Recebe as visitas do irmão Carlo e de Sraffa. Volta a ler, mas as condições de saúde não lhe permitem escrever.	

1934

Em 25 de outubro, recebe a liberdade condicional.	Em setembro, Romain Rolland publica o folheto *Antonio Gramsci: ceux qui meurent dans les prisons de Mussolini* [Antonio Gramsci: aqueles que morrem nas prisões de Mussolini].
Desde fevereiro, tem início o processo de aproximação entre comunistas e socialistas ao modo de pactos de unidade de ação. Em setembro, esses pactos já existiam na França, na Áustria, na Itália e na Espanha. Na Itália foi firmado em 17 de agosto.	

1935

Em junho, sofre nova crise e solicita ser transferido para outra clínica. Em 24 de agosto, transfere-se para a clínica Quisisana, de Roma, onde passa	Realizado entre julho e agosto, o VII Congresso da IC confirma o abandono da linha do "social-fascismo", ocorrida já no ano anterior e passa a propugnar a linha da frente popular antifascista.

Vida de Gramsci	Eventos históricos
a receber os cuidados de Tatiana. Recebe visitas frequentes do irmão Carlo e de Sraffa.	Em 3 de outubro, a Itália invade a Etiópia.

1936

Retoma a correspondência com a esposa e o filho.	Em 16 de fevereiro, a Frente Popular obtém a maioria eleitoral na Espanha, e Manuel Azaña, da Izquierda Republicana [Esquerda Republicana], assume a presidência do Conselho de Ministros. Em 17 de julho, ocorre uma tentativa de golpe militar contra o governo espanhol; após seu fracasso tem início a Guerra Civil Espanhola.

Em maio, o Front populaire [Frente Popular], uma coalizão de partidos de esquerda liderada pelo socialista Léon Blum, vence as eleições na França e assume o governo. |

1937

Em abril, Gramsci adquire a liberdade plena e planeja voltar à Sardenha para se recuperar. Em 25 de abril, sofre uma hemorragia cerebral e morre no dia 27. Suas cinzas são transferidas no ano seguinte para o Cemitério Acatólico para Cidadãos Estrangeiros de Testaccio, em Roma.	Em 8 de março, a Lutwaffe, apoiando os monarquistas liderados por Francisco Franco, bombardeia a cidade de Guernica, na Espanha.

No dia 9 de junho, são assassinados na França os antifascistas italianos Nello e Carlo Rosseli. Em 6 de novembro, a Itália passa a fazer parte do Pacto Anticomintern, ao lado da Alemanha e do Japão. |

SOBRE A COLEÇÃO ESCRITOS GRAMSCIANOS

Conselho editorial: Alvaro Bianchi, Daniela Mussi, Gianni Fresu, Guido Liguori, Marcos Del Roio, Virgínia Fontes

Os líderes e as massas é o terceiro título da coleção Escritos Gramscianos. Reúne, dando continuidade a *Homens ou máquinas?* (segundo volume da coleção), textos escritos entre 1921 e 1926. O primeiro lançamento havia sido *Odeio os indiferentes*, com artigos de 1917. Nosso objetivo é divulgar, com o devido cuidado editorial, uma voz que as forças retrógradas tentaram calar muito cedo e que, no entanto, repercute através dos tempos e tem muito a dizer para atuais e futuras gerações.

Operários leem o jornal *L'Unità* nos anos 1950.
Foto de Federico Patellani. Fonte: Wikimedia Commons.

Publicado em 2023, cem anos após Antonio Gramsci propor a fundação do jornal *L'Unità*, do Partido Comunista Italiano, este livro foi composto em Minion Pro, corpo 12/18, e impresso em papel Pólen Natural 70 g/m² pela gráfica Rettec, para a Boitempo, com tiragem de 4 mil exemplares.